世界国防科技年度发展报告（2018）

自主系统与人工智能领域科技发展报告

ZI ZHU XI TONG YU REN GONG ZHI NENG LING YU KE JI FA ZHAN BAO GAO

中国航天科工集团第三研究院三一〇所

国防工業出版社

·北京·

图书在版编目（CIP）数据

自主系统与人工智能领域科技发展报告/中国航天科工集团第三研究院三一〇所编．—北京：国防工业出版社，2019.4

（世界国防科技年度发展报告．2018）

ISBN 978-7-118-11892-6

Ⅰ．①自…　Ⅱ．①中…　Ⅲ．①国防科学技术—自动控制系统—研究报告—世界—2018②国防科学技术—人工智能—研究报告—世界—2018　Ⅳ．①E115

中国版本图书馆 CIP 数据核字（2019）第 127734 号

自主系统与人工智能领域科技发展报告

编　　者　中国航天科工集团第三研究院三一〇所
责任编辑　汪淳　王鑫
出版发行　国防工业出版社
地　　址　北京市海淀区紫竹院南路 23 号　100048
印　　刷　天津嘉恒印务有限公司
开　　本　710×1000　1/16
印　　张　21½
字　　数　253 千字
版 印 次　2019 年 4 月第 1 版第 1 次印刷
定　　价　128.00 元

《世界国防科技年度发展报告》

(2018)

编委会

《自主系统与人工智能领域科技发展报告》

编 辑 部

主　　编　谷满仓

副主编　徐　政　葛悦涛　李　磊

《自主系统与人工智能领域科技发展报告》

审稿人员（按姓氏笔画排序）

马洪忠　王飞跃　王长青　刘　伟

刘永才　刘成林　许玉明　杨宝奎

李向阳　时兆峰　范茂军　黄瑞松

撰稿人员（按姓氏笔画排序）

卫　宁　王　彤　王志伟　王桂枝

王雅琳　方　亚　计宏亮　史腾飞

朱正才　刘　伟　刘　佳　刘都群

孙　毅　杨慧君　李　磊　李志国

李晓文　李鹏飞　何银铜　谷全祥

沈寿林　宋　乐　张　宇　张　灿

张　哲　张国宁　张清亮　武坤琳

周　伟　孟令媛　郝明瑞　宫学源

夏文成　钱　宁　徐小倩　郭彦江

崔宝生　梁欣凯　葛悦涛　蒋　琪

程　进　程之年　谭惠文

编写说明

科学技术是军事发展中最活跃、最具革命性的因素，每一次重大科技进步和创新都会引起战争形态和作战方式的深刻变革。当前，以人工智能技术、网络信息技术、生物交叉技术、新材料技术等为代表的高新技术群迅猛发展，波及全球、涉及所有军事领域。智者，思于远虑。以美国为代表的西方军事强国着眼争夺未来战场的战略主动权，积极推进高投入、高风险、高回报的前沿科技创新，大力发展能够大幅提升军事能力优势的颠覆性技术。

为帮助广大读者全面、深入了解世界国防科技发展的最新动向，我们以开放、包容、协作、共享的理念，组织国内科技信息研究机构共同开展世界主要国家国防科技发展跟踪研究，并在此基础上共同编撰了《世界国防科技年度发展报告》（2018）。该系列报告由综合动向分析、重要专题分析和附录三部分构成。旨在通过跟踪研究世界军事强国国防科技发展态势，理清发展方向和重点，形成一批具有参考使用价值的研究成果，希冀能为实现创新超越提供有力的科技信息支撑。

由于编写时间仓促，且受信息来源、研究经验和编写能力所限，疏漏和不当之处在所难免，敬请广大读者批评指正。

军事科学院军事科学信息研究中心

2019 年 4 月

前言

2018年自主系统与人工智能领域科技发展迅猛，各种相关技术及产品不断涌现，并得到广泛认可。2017年7月，国务院印发了《新一代人工智能发展规划》，提出了面向2030年我国新一代人工智能发展的指导思想、战略目标、重点任务和保障措施，部署构筑我国人工智能发展的先发优势，加快建设创新型国家和世界科技强国。在军事科学院军事科学信息研究中心的支持下，中国航天科工集团第三研究院三一〇所承担了《自主系统与人工智能领域科技发展报告》的牵头编撰工作，将为我国自主系统与人工智能领域科技发展找准方向、选准突破口，为实现国防科技创新超越提供有力的科技信息支撑。

本书是在统一编撰思想指导下，以“小核心、大外围”的组织方式，集中了自主系统与人工智能相关优势单位的专家共同完成的。在本书撰写过程中，得到了中国航天科工集团第三研究院三部、中国航天科工集团第二研究院二〇八所、中国船舶重工集团公司第七一四研究所、中国船舶工业系统工程研究院、中国船舶工业综合经济技术研究院、中国兵器工业集团第二一〇研究所、中国电子科技集团公司第二十八研究所、中国航空工业发展研究中心、中国电子科技集团公司电子科学研究院、中国运载火箭技术研究院、军事科学院、国务院发展研究中心、国防科技大学、北京邮电大学、北京理工大学、清华大学、南京航空航天大学、中国科学院自动化所、陆军指挥学院、深圳航天工业技术研究院有限公司、中国人民解放军63983部队等单位的大力支持，在此表示感谢。

尽管编撰组做了大量工作，但由于时间紧张，水平有限，书中错误和疏漏之处在所难免，敬请读者批评指正。

编者

2019年3月

目　录

综合动向分析

重要专题分析

附录

ZONG HE

DONG XI ANG FEN XI

综合动向分析

2018 年自主系统领域科技发展综述

2018 年，世界主要军事强国高度重视无人自主系统的军事价值，从顶层进行规划布局，加速无人自主系统装备研制进程，并对关键技术开展研究攻关，全面推动无人自主系统快速发展。

一、加强顶层布局，全面推动无人自主系统快速发展

（一）美国发布新版无人系统路线图，同时各军兵种基于自身需求推出相应战略规划

美国于 2018 年 8 月正式发布《无人系统综合路线图（2017—2042）》，这是美国自 2001 年以来发布的第 8 版《无人系统综合路线图》，旨在指导军用无人机、无人潜航器、无人水面艇、无人地面车辆等无人系统的全面发展。

军兵种层面，2018 年 3 月，美国海军完成了《海军部无人系统战略路线图》，并于 5 月发布了执行摘要，为无人系统纳入海军作战的各个方面提供指南；12 月，美国海军发布《保持海上优势的规划》2.0 修订版，文件

要求加快采购多型无人机、无人潜航器和无人水面艇，并发展相关新技术和新作战概念，增加美国海军在高端战争中的优势。11 月，美国陆军发布《利用机器人和自主系统支持多域作战》白皮书，强调机器人和自主系统对联合部队执行多域作战至关重要，未来需要机器人和自主系统充分实践多域作战。

（二）俄罗斯从国家层面指导自主系统发展，并在叙利亚战场进行实战演练

2018 年 2 月，俄罗斯总统普京签署批准了《2018—2027 年国家武备计划》，该计划是俄罗斯实施装备升级换装的国家层面指导文件，其中重点指出发展无人机和作战机器人等自主装备。同时，俄罗斯在叙利亚战场先后部署了“石榴石” –4、“海鹰” –10 及“前哨”侦察无人机和“天王星” –6 无人战车等自主装备，在实战中检验自主系统的作战能力，暴露存在问题并解决迭代，极大促进了自主系统的升级发展。1 月，俄罗斯在驻叙空军基地利用防空系统和电子战系统，成功拦截了 13 架无人机组成的“简易蜂群”，积累了反无人机集群作战的宝贵经验。

（三）欧洲国家通过国际合作加强无人自主系统建设

2018 年 4 月，由欧盟 15 个国家共同开展的“海洋 2020”（OCEAN 2020）项目正式启动，将重点把包括水下无人系统在内的各类无人系统整合到舰队中，提高海上态势感知能力。10 月，包括美国、英国等 13 个北约成员国签署合作意向，在水面和水下无人系统的开发和部署方面进行更密切的合作，以应对俄罗斯潜艇威胁。

（四）日本国防计划重点研发自主系统并通过军贸采购增强无人预警和监控能力

2018 年 5 月，日本发布《2018 年防卫白皮书》，12 月公布新的《防卫计划大纲》和基于其制定的未来5年内日本国防力量调整计划——《中期防卫力整备计划》，其中指出将重点研究无人潜航器等尖端技术和装备，以持续监控偏远岛屿。11月，日本确定购买美国3架“全球鹰”无人机，并有意购买以色列“苍鹭”无人机，以增强预警侦察能力。

二、自主系统研发及改进持续推进，自主能力不断提升

（一）无人车研发和新型机器人探索取得新进展，提高工作效率，提高作战能力

1. 机器人系统工作效率不断提高

2018年4月，日本川崎重工推出了新型协作机器人系统“继承者”，该系统可通过重现工程师的动作实现远程协作；美国的NovarcTechnologies和ABICOR BINZEL公司宣布合作研发出全球首台协同式焊管机器人（SWR），可有效提高生产率、降低成本并改善焊接质量；德国Festo公司推出兼具行走和翻滚移动方式的仿生蜘蛛机器人，可在复杂地形上移动。5月，日本开发出用于组装大规模纳米结构的机器人系统，能够以比人类更快的速度堆叠范德华异质结构的二维材料。6月，BAE系统公司将使用协作机器人装配战斗机。

2. 作战无人车提升任务能力

2018年1月，俄罗斯完成了“战友”（Soratnik）首款无人车的模拟作战环境测试，该无人车可执行侦察、通信、巡逻、区域和关键设施防护任务，以及排雷和清障作业。1月，赛峰电子防务公司从法国武器装备总署获得采购合同，研发“狂怒”自主地面车辆，将发展3种外形尺寸不同的验证型无人平台，可在不同环境下执行建筑物侦察探测、为步兵携带载荷等

多种任务。3 月，HDT 全球公司为美国陆军的“班组多用途装备运输”（SMET）项目提供“猎人”无人车，该无人车可穿越狭窄路径、陡坡和茂密丛林，配装的 JP－8/电动混合动力系统具备“静音驱动”和“静默观察”功能。11 月，美国海军陆战队寻求通过装备新型无人车来减轻海军陆战队队员的载荷。

3. 探索类地面无人系统项目取得新进展

2018 年 10 月，“眼镜蛇”（Kobra）无人车入选 DARPA 的 SubT 地下挑战赛的第一阶段，该挑战赛旨在发展地下作战技术，研究各种绘制、导航和搜索复杂洞穴、城市地下空间、人造隧道系统等地下网络的方法；美国波士顿动力公司研制的机器人 Atlas，基于人工智能算法，完成跨越障碍和三级跳，在动作的连贯性上已经逼近人类的表现。

（二）水下无人潜航器和无人水面舰艇研发力度持续增加，核动力无人潜航器正式亮相

1. 多国推进水下无人潜航器研发部署

2018 年 2 月，美国海军计划研制超大型无人潜航器，重点领域包括发射、通信、指挥控制、导航、续航力、回收、有效载荷可行性以及任务规划和执行等。2 月，法国 ECA 集团发布了新款“A18－M”中型反水雷自主水下航行器（AUV），该 AUV 能够在水深 300 米处进行水雷检测和分类。6 月，英国皇家海军测试首个无人扫雷系统，该系统可用于处理近海现代化水雷。6 月，美国海军“刀鱼”（Knifefish）无人水下航行器，成功完成了海上接收试验，该系统能够在高杂波环境中探测、分类和识别水雷。10 月，俄罗斯先期研究基金会与“青金石”中央设计局开始研制具有强自主性无人潜航器。

2. 核动力无人潜航器正式亮相

2018 年 3 月，俄罗斯正式推出可携带核弹头的核动力无人潜航器“波塞冬”。7 月，俄罗斯国防部对“波塞冬”水下无人潜航器展开试验，以确认该装置在实际情况下发射的动态特性，并检查该装置在自动模式下的运动参数。

3. 无人水面系统向前稳步发展

2018 年 1 月，罗尔斯·罗伊斯公司提出了完全无人驾驶概念船，可航行 100 天不停靠港口。5 月，美国海军和佛罗里达大西洋大学启动开发自主式“机器人战舰”，该舰可向空中和海上发射/布放攻击型无人系统。11 月，美国海军第一艘反潜战持续跟踪无人艇原型艇“海上猎手”号在珍珠港接受多项测试。

（三）无人机研发项目保持快速发展，自主能力及作战能力取得突破

1. 不断研制及改进无人作战机

2018 年 1 月，极光飞行科学公司继续发展“猎户座”（Orion）无人机系统（UAS）。3 月，美国海军航空系统司令部寻求发展海军陆战队远征无人机（MUX），该无人机将提供 ISR、电子战、C^4、火力支援等功能支撑，预计 2028 年部署。6 月，德、法两国签署意向书开展“未来作战航空系统”研究，包括“新型战斗机”“下一代武器系统”“欧洲中空长航时”遥控驾驶飞机系统以及未来巡航导弹和蜂群无人机等；俄罗斯已制造出重达 7.5 吨的“牵牛星”侦察攻击无人机，并宣布即将进入空军服役。7 月，通用原子航空系统公司生产的 MQ－9B“天空卫士”（SkyGuardian）中空长航时无人机实现首次跨大西洋飞行。8 月，美国海军航空系统司令部授予波音公司 8 亿美元的 MQ－25A“黄貂鱼”航空母舰舰载无人加油机工程与制造发展合同；俄罗斯首次在演习中利用“前哨”无人机为“口径”巡航导弹和“宝石”反舰导弹提供目标指示。9 月，美军测试 MQ－9 无人机已具备空对空作战能力，测试中 MQ－9 携带空空导弹成功击中空中无人机目标。11 月，俄罗斯重型“猎人”攻击型无人机进行了首次地面滑行试验，测试中速度为200 千米/小时，期望2019 年进行首次飞行试验；欧洲装备采购局向空客防务与空间（德国）公司发布欧洲中空长航时无人机项目方案征询书，启动主承包商投标，预计2019 年将签署项目合同。12 月，俄罗斯国防部测试用于空中区域侦察、巡航、监视等的“海盗”无人机，并进入量产。

2. 美国提出另一高超声速无人机

2018 年1 月，继2017 年洛克希德·马丁公司开展 SR－72 高超声速飞机缩比验证机研制后，波音公司宣布了一款马赫数5 高超声速察打一体无人机概念模型。该无人机发动机将涡轮喷气发动机和冲压/超燃双模冲压发动机有机结合起来，可在不同速度范围内使用不同的循环模式；气动布局上该无人机与 SR－72 有诸多雷同之处，同是小展弦比高度后掠的无尾三角翼，与 SR－72 不同的为外倾双垂尾。波音公司将分两步进行研制，第一步参照 F－16 制造单发动机缩比验证机，用于验证高超声速气动布局及涡轮基联合循环发动机的可行性；第二步制造一架双发全尺寸原型机。

3. 各种新概念无人机涌现

2018 年3 月，美国国防部国防创新实验室（DIUx）正在寻求可从水下发射的无人机。该无人机能自我定位，可从水下穿越水层到达水面，可从发射进入飞行状态，借助搭载的传感器可执行 ISR 任务，续航大于1 小时，航程48 节，采用256 位的 AES 加密算法保护通信。5 月，以色列城市航空公司研发创新型垂直起降“鸬鹚”无人机，不同于现有大多数垂直起降无人机的构型，该无人机两副旋翼前后安装于机身内部，在飞行时的外部噪声仅为70 分贝，比其吨位相当的常规直升机低了25 分贝。9 月，英国 MB-

DA 公司推出新型“幽灵”作战无人机，旨在为前线地面部队提供及时、低成本、近距离的精确空中支援。该机采用侧旋翼、垂直起降（eVTOL）的电驱动，有 4 个 2 米侧旋翼，每个翼上配有一个旋转组件，当需快速穿越低空复杂地形时能快速切换到前飞模式。“幽灵”无人机既支持单机使用，也支持集群飞行，可在复杂的作战环境中“发现并锁定”视距之外的威胁，还有“观察和等待”模式，使其具备巡飞弹功能，此外，还具有自动导航、人在回路指挥控制、抗干扰 GPS 导航、蜂群协同作战等功能。

三、攻关关键技术，提升无人自主系统作战效能

（一）自主系统协同作战能力极大提升，改变作战模式

1. 有人—无人系统协同技术取得重大进展

2018 年 4 月，美国空军研究实验室（AFRL）和 DARPA 成功演示了基于分布式作战管理（DBM）项目的有人—无人协同空对地作战。8 月，美国空军依托乔治·梅森大学开展“机动式有人—无人分布式杀伤机载网络”（MUDLAN）项目的硬件和软件发展工作。9 月，空中客车公司成功完成了用于未来空战系统的有人—无人编队（MUT）技术试飞，试飞采用 5 架 Do－DT25靶机，验证了利用有人机控制无人系统的多项能力，包括有人机与无人机间的连通性、人机界面和基于任务的管理协同智能的方案等，MUT 的试飞成果将用于未来空战系统项目。

2. 不断探索异构平台的协同作战能力

2018 年 4 月，航空环境公司成功进行“美洲狮—弹簧刀”系统应对群目标的海上演示试验，该系统是无人机和巡飞弹组合系统无缝集成。9 月，美国海军举行 2018 年度“先进海军技术演习”（ANTX 2018），探索单平台

或异构平台在目标探测、定位和追踪方面的应用。泰莱达海洋公司演示了跨域无人系统反水雷作战任务能力。诺斯罗普·格鲁曼公司演示了无人潜航器、无人水面艇和无人机间的端到端多域连接。

（二）无人系统集群加速演示验证，人机交互能力不断提升

2018 年 3 月，美国海军陆战队开展了无人机集群携带物资补给演示验证。5 月，DARPA“小精灵”项目进入第三阶段，计划 2019 年下半年开展全尺寸验证机的飞行试验。7 月，海军陆战队成功测试可单人操控 6 架 RQ－11“拉文”无人机集群，其目标是同时控制 15 架无人机，并使这些无人机在空中停留数小时。8 月，波音公司利用其新型机载自动命令和控制技术，测试 1 名飞行员控制 5 架无人机，完成首次无人机协同飞行测试任务。10 月，DARPA 发布“进攻性集群战术”（OFFSET）项目第三波“集群冲刺”的跨部门公告，主要聚焦于人机编队和集群战术的技术开发。3 月，雷声公司正在为 OFFSET 项目开发士兵控制无人蜂群的技术。11 月，DARPA 的“拒止环境协同作战”（CODE）项目演示了装备 CODE 的无人机系统（UAS）在“反介入/区域拒止”环境下适应和响应意外威胁的能力。

（三）针对不同种类无人自主系统特征，发展对应关键技术

1. 促进无人车灵活性和集成架构发展

2018 年 6 月，美国陆军机器人合作技术联盟的主要研究人员举行一系列会议，就无人车和机器人技术领域发展进行研讨，未来将推动无人车感知、智能、人机交互和灵活性发展。美军还在积极发展无人车系统“即插即用”架构，旨在允许车辆无需改动结构就能实现新增组件的无缝集成，并进一步实现无人车与指挥控制系统的集成。

2. 水下和水面无人系统持续关注动力、导航及通信等关键技术领域

2018 年4 月，特利丹能源公司展示海底无人潜航器充电站，工作深度可达3000 米；加拿大 Cellula 机器人公司开始研发具备更高能量密度的燃料电池；美国伊利诺伊州立大学探索水下仿生偏振光技术，未来在水下导航领域具有巨大的潜在应用前景。8 月，麻省理工学院开展利用声振动和激光通信原理的不同水下通信技术。9 月，美国应用物理科学公司为“蓝狼”项目开展使用热动力、电化学或能量回收中两种及以上动力形式的混合动力系统研究，提高能量效率。

3. 先进机载系统技术进步为无人机提质增效

机载雷达探测方面，2018 年 7 月，俄罗斯 Zala 公司首次在无人机上部署激光雷达，提供更好的态势感知和更快的数据收集能力；9 月，诺斯罗普·格鲁曼公司的先锋监视雷达进入量产，为中型无人机执行电子支援/侦察探测和通信等多种任务。无 GPS 自主导航方面，美国“快速量轻自主”（FLA）项目于2018 年7 月完成关键能力验证，旨在开发一种先进的算法，实现无人机或无人车辆能够在没有人类操作员、GPS 或任何数据链的引导下自主运行。动力能源方面，5 月，美国海军授予 Alta Devices 公司合同，将太阳能技术集成到“混合虎”无人机上，未来还将集成其他动力能源以增强续航能力；6 月，美国海军研究实验室（NRL）研发“太阳能—翱翔”技术，使无人机能利用大气和太阳供给的能量实现续航时间超过 12 小时；7 月，DARPA 选定“沉默鹰”无人机技术公司为“泛在电能/能量补充——电能传输演示”（SUPER PBD）项目的主承包商，旨在验证激光束无人机远程充电的可行性；11 月，SKYCORP 公司推出欧洲首款具有先进的人工智能操作系统管理系统氢动力无人机——e – Drone Zero，该机采用氢燃料电池可大大提高飞行时间。

四、结束语

可以看出，2018 年，以美国为代表的世界军事强国，在军事需求和技术推动双牵引模式引导下，通过总体规划、装备新研与升级改造、技术探索、演示验证等手段，全面推动无人自主系统快速发展，并开展演习与实战应用。

（中国航天科工集团第三研究院三一〇所　王雅琳）

2018 年人工智能领域科技发展综述

2018 年，各军事强国高度重视人工智能领域的投入及军事应用的布局，积极推进在作战各方面的应用研究。美国进一步推进“算法战”新型作战概念，启动并推进“下一代人工智能”“人工智能探索”“可解释人工智能”等相关项目，加快了人工智能技术实战化的进程。

一、成立人工智能管理与指导部门，推进人工智能技术发展

人工智能技术是发展趋势，可能决定未来智能化战争的胜负，受到世界军事强国的关注。

（一）美国成立各种人工智能机构，全面推进人工智能发展

2018 年 5 月，美国白宫举行了人工智能研讨会，宣布成立人工智能专门委员会，负责协调各联邦机构的人工智能投资，包括与自动系统、生物识别、计算机视觉和机器人相关的研究。6 月，美国国防部成立联合人工智能中心（JAIC），聚焦短期快速形成能够支撑解决关键任务的智能化能力，将人工智能应用于“一系列密切相关的、紧迫的联合挑战”。11 月，成立人

工智能国家安全委员，从顶层统筹指引全美人工智能领域发展，进一步完善人工智能监管链条。

（二）欧洲组建人工智能团体，分析人工智能未来应用

2018 年 5 月，英国国防部长宣布成立人工智能实验室，研究范围覆盖自动驾驶汽车、智能系统、打击假新闻、利用信息来慑止和降级冲突，以及加强计算机网络防御和改善指挥官决策支持。4 月，发布《欧盟人工智能》。6 月，欧盟委员会组建新的人工智能高级小组，支持《欧盟人工智能》文件的实施，负责起草人工智能伦理指南、预见人工智能挑战和机遇，并指导欧洲机器学习投资的进程，这些建议将纳入欧盟人工智能政策制定流程、立法评估流程和下一代数字战略的制定。

二、加大投入力度，加快人工智能技术军事应用

国外军事强国加大投入，加快布局人工智能技术在军事方面的应用。

（一）美国积极开展战略谋划和研究项目，明确人工智能技术重点发展方向

2018 年 1 月，美国国防部发布新版《国防战略报告》，该报告认为先进计算、大数据分析、自主性、机器人等新技术的发展是影响安全环境的因素。3 月，美国陆军组建了认知计算和机器学习团队，研究增强陆军电子战、情报处理以及大数据分析等能力。7 月，美国空军采办负责人表示，空军将加速招募人工智能等新兴技术所需的软件人才。8 月，美国签署《2019 财年国防授权法案》，将人工智能列为重点研究领域之一，尤其在机器学习和超自然力方面提供了额外资金以加快其研发和应用；同时指出，国防部将在未来 5 年投入 17 亿美元用于建设联合人工智能中心。9 月，DARPA 宣

布未来5年将投资20亿美元开发下一代人工智能技术，专注于“第三波”人工智能技术的理论及应用。

（二）俄罗斯大力投资人工智能研发项目，明确智能技术是军用领域的发展方向

俄罗斯过去10年累计投入230亿卢布开展1300余项人工智能研发项目。据俄罗斯数字科技公司Cifra的研究，俄罗斯人工智能市场规模将于2021年达到3.8亿美元。3月，俄罗斯国防部部长绍伊古呼吁民用和军用设计师联手开发人工智能技术，由军方牵头的“人工智能和语义分析研究”项目正在开展。

（三）其他主要国家全面部署人工智能的发展和应用

2018年3月，法国国防部在人工智能领域增加1亿欧元经费，用于未来武器系统的创新研发；法国国防部公布了人工智能与创新路线图。3月，法国达索航空公司和泰雷兹集团联合开展人工智能技术未来空战应用的预研工作。4月，25个欧洲国家签署《加强人工智能合作宣言》，加强人工智能方面的合作，以保持其欧洲数字化领先地区的地位。5月，韩国政府制定了《人工智能发展战略》，计划在5年内投入20亿美元用于在国防、生命科学和公共安全领域应用人工智能解决方案。11月，德国联邦政府正式发布名为“人工智能德国制造”的人工智能战略，将人工智能的重要性提升到国家高度。11月，英国BAE系统公司宣布投资2000万英镑用于增强现实技术和人工智能的开发力度，来提高未来作战系统的能力。

三、专用芯片、深度学习、脑科学等基础科学技术领域继续发展

2018年人工智能技术在脑机交互、图像处理等领域不断获得突破，专

用芯片、深度学习和脑科学等基础科学技术领域研究重点转向解决实际应用问题。

（一）类脑芯片关键领域取得突破，专用芯片速度加快

2018 年 1 月，美国国家标准与技术研究院（NIST）开发出一种具备生物系统学习能力的超导开关，具有类似生物体内神经系统的信号传导功能，有望在未来类脑计算机中得到应用。2 月，美国西北大学研制出多端子“忆阻器晶体管”，运行方式与神经元相似，可以同时执行存储和处理两项工作。3 月，谷歌发布 72 量子比特芯片，将用于机器学习。7 月，美国空军研究实验室与 IBM 公司联合研制出“蓝鸦”类脑超级计算机，“蓝鸦”包含 64 个“真北”类脑计算芯片，可模拟 6400 万个生物神经元和 160 亿个生物突触进行计算，大幅提升数据处理和图像识别能力，进而支持决策制定。

（二）人工智能向经验学习、自主学习不断迈进

2018 年 7 月，休斯研究所与 DARPA 联合推动自主系统终身学习，在 DARPA“终身学习机”（L2M）项目资助下，将为自主系统开发超级图灵进化终身学习架构，该架构模拟人类大脑神经调节系统，结合持续学习的结构和功能可塑性机制，能够根据经验终身学习更新其知识，使自主系统能够快速适应不可遇见的情况。7 月，DARPA 启动“使用更少标签学习”（LwLL）的项目，将研究新的学习算法，减少训练或升级所需的信息量。9 月，DARPA 公布了一项总额超过 20 亿美元的“下一代人工智能”（AI Next）项目，将探索机器怎样才能获得类似人的沟通与推理能力，以及具备认知新态势和环境并适应的能力。9 月，在“可解释人工智能”（XAI）项目支持下，雷声公司与 DARPA 合作开发可“自我解释”的人工智能系统，允许人工智能程序“展示其工作”，增加人类用户对机器的信心。10 月，DARPA 设立“机器常识”项目，寻求向智能系统阐明并编码人类的基本背景知识。

（三）图像处理及识别能力不断提高

2018 年 5 月，美国国家地理空间情报局借鉴 Maven 的经验，加强机器学习和先进算法在图像处理中的应用。6 月，美国陆军研究实验室（ARL）开发了一种人工智能和机器学习技术，能够在弱光条件或夜间从捕捉人脸热图像中自动进行人脸识别。

（四）脑控技术持续发展，“混合智能”不断推进

2018 年 3 月，DARPA 启动了“通过规划活动态势场景收集和监测”（COMPASS）项目，利用人工智能在战争“灰色地带”冲突中了解敌人的意图，并向指挥官提供智能反应。4 月，美国麻省理工学院研发出一款拥有“读心术”能力的可佩戴设备 AlterEgo，让用户不说话也能操控电子用品。

（五）认知神经领域受到关注，加速人机交互技术发展

2018 年 3 月，DARPA 生物技术办公室提出“下一代非侵入性神经技术”（N3）项目，开发高分辨率的便携式神经接口，能够同时读取和写入人脑的多个位置，在非手术的情况下实现大脑和系统间的高水平通信，支持美国国防部在未来改善人机交互。4 月，DARPA 信息创新办公室（I2O）公布了人机探索软件安全（CHESS）项目，采用支持先进人机协作（CHC）的自动化程序分析技术，发现和解决所有类型的漏洞，应对已知和新出现的各种威胁。

四、人工智能颠覆战场情报收集与分析、指挥与控制、网络安全、后勤等领域

各国正在开发一些具有多种军事用途的人工智能应用，所开展的人工

智能研究涉及情报收集与分析、后勤、网络作战、指挥与控制以及军用自主系统等领域。

（一）情报收集与分析能力不断提升，颠覆战场情报处理模式

2018年5月，北极星阿尔法公司和雷声公司合作开发基于语义的反绎推理功能，为DARPA的“对不同方案的主动解释”（AIDA）项目提供技术支撑，以处理单兵用的多变、混乱、危险环境下的信息和情报，并对正在真实发生的事情进行解释。6月，美国军方利用人工智能辅助预测携带核弹头的导弹发射，并能跟踪和瞄准朝鲜与其他国家的移动发射装置。

2018年8月，美国空军为新情报、监视和侦察（ISR）战略寻求借助人工智能可以有效融合多军种平台数据和可公开获取信息的传感器网络。12月，美国中央情报局（CIA）旗下风险投资机构In－Q－Tel（IQT）对Immersive Wisdom进行战略投资，支撑其VR/AR/MR地理空间协作和情报软件平台及其他先进的人工智能技术应用于战地态势感知、任务规划和执行，以及军事情报挖掘与分析等。

（二）加大人工智能在作战指挥控制领域中的探索，增强指挥决策能力

2018年1月，美国空军发布“数字企业多源开发助手”（MEADE）项目的广泛机构公告，试图通过对话的方式来改进军事情报分析，同时支持决策制定。3月，DARPA启动“指南针”项目，旨在帮助作战人员通过衡量敌方对各种刺激手段的反应来弄清敌方的意图，然后使用人工智能技术在对手真实意图的基础上试图确定最有效的行动方案。

2018年5月，DARPA启动“城市自主侦察”（URSA）项目，通过结合人类行为、自主算法、集成传感器、多种传感器模式和可感知人体反应的新知识来克服城市环境固有的复杂性，以区分敌对个体和非战斗人员之间的细微差异。6月，DARPA和空军研究实验室授予BAE系统公司合同，为美国作战人员开发新型决策软件“知识转移、探索和时序模拟的因果建模”(CONTEXTS)，以开发自动化软件，模拟可能导致冲突的动态情况。

（三）网络管理防护、电子战引入人工智能技术，实现能力突破

1. 推进网络管理能力

2018 年 4 月，全球顶级安全会议（RSA 2018）在美国旧金山召开，会议专门设置了人工智能专题进行探讨，表明人工智能将成为驱动网络安全的新引擎。

DARPA 正在利用人工智能（AI）技术来完善频谱管理，以满足军用和民用领域射频（RF）通信的发展需求。DARPA 启动的频谱合作挑战(SC2)，探索自主无线电系统是否能快速而灵活地协作用于管理射频频谱。2018 年 9 月，DARPA 启动“黑杰克自主”的项目，以开发用于未来低成本的低地球轨道军事卫星（LEO）的人工智能、机器自主和网络安全技术，支撑自主、集成的在轨网络安全，以及在轨加密解决方案。

2. 网络防护能力不断探索

2018 年 4 月，美国麻省理工学院计算机科学联合人工智能实验室(CSAIL）和机器学习创业公司 PatternEx 共同开发了基于 AI 的网络安全平台 AI2，该平台每天可以查看超过 3.6 亿行日志文件，能够预测 85% 的网络攻击。5 月，DARPA 正式公布“人机探索网络安全”（CHESS）项目，开始联合 BAE 系统公司研发人工智能网络安全技术，以应对当前日益复杂且频繁的高级网络攻击。7 月，美国国家安全局（NSA）计划将 Sharkseer 项目转交于国防信息系统局（DISA)，该项目通过应用人工智能和机器学习等方法来分析潜在的恶意软件运行规律，达到检测并阻止恶意软件运行的目的。9 月，美国国防信息系统局向业界寻求使用人工智能检测恶意软件的可信计算方法，依靠人工智能和机器学习来分析 DNA 级别的恶意软件，并防

止恶意软件利用系统漏洞。

3. 电子战智能化取得进展

DARPA 正在研究认知电子战技术，有望在未来 10 年内实用，实现在无须预置程序的情况下自主对抗敌方系统，使美军在电子战领域领先于对手。在美国海军的反应式电子攻击措施（REAM）计划下，诺斯罗普·格鲁曼公司正在为 EA－18G“咆哮者”舰载电子战（EA）飞机开发机器学习算法。该计划将增强对抗敏捷和适应性未知或敌对雷达的电子战能力。2018 年 7 月，俄罗斯 Sozvezdiye 集团开发了一套基于人工智能的无线电电子系统，以对抗非法飞行的无人机，预计在 2019 年交付。人工智能将根据一系列迹象、情境和目标行为特征自动敌我识别。

（四）虚拟现实技术不断更新，提高作战中人机交互能力

2018 年，虚拟现实（VR）和增强现实（AR）技术作为越来越成熟的人机交互技术，在军事方面有了更多的应用，并逐步向混合现实（MR）技术发展。

2018 年 5 月，高级模拟和训练软件开发商——波西米亚互动模拟公司（BISim）宣布开发一个增强现实视觉系统，通过头戴式显示器使学员沉浸在高保真虚拟环境之中，为美国海军提供 T－45 教练机机组训练技术。5 月，美国海军的混合现实作战空间开发实验室通过混合现实技术，帮助美国海军 SEAL 团队在虚拟环境中利用增强现实眼镜培训停靠运输载具（SDV）的任务，而无须面临现实作业所带来的高风险和高成本。11 月，英国 BAE 系统公司宣布投资 2000 万英镑用于增强现实技术和人工智能的开发力度，其中部分投资聚焦利用增强现实技术开发可穿戴 AR 眼镜等产品，并应用到海军舰船的舰桥上。

（五）通过人工智能的应用，提高后勤保障的精确高效

2018 年 7 月，美国陆军将使用机器学习软件来预测布拉德利作战车辆的部件何时需要维护。美国陆军将与 Uptake 公司进行合作，利用人工智能技术预测各类部件的故障，降低计划外的维护频率，提高维修作业的效率。7 月，日本发明了一种能够学习的机器人，可以预测核电站放射性排放将如何扩散。8 月，美国劳伦斯利弗莫尔国家实验室利用深度学习算法进行核不扩散分析，防止“无赖国家”或邪恶势力制造核武器。8 月，英国皇家海军投资 15 万英镑为 45 型驱逐舰舰载系统发展神经网络进行故障预测。

五、多举措应对人工智能应用带来的风险和道德问题

2018 年 3 月，欧洲科学与新技术伦理组织发布《关于人工智能、机器人及“自主”系统的声明》，认为人工智能、机器人技术和自主技术的进步已经引发了一系列复杂的、亟待解决的道德问题，呼吁为上述技术系统的设计、生产、使用和治理制定共同的、国际公认的道德与法律框架。

2018 年 8 月，美国海军分析中心发布《战争中的人工智能和自主系统：理解并降低风险》报告，重点总结媒体和专家对人工智能和自主系统应用于战争的担忧，评估战争中人工智能和自主系统的风险，并提出降低风险的相关措施和建议。

2018 年 12 月，欧盟委员会人工智能高级小组（AI HLG）发布《人工智能道德准则草案》，重点关注未经同意的识别、隐蔽人工智能系统、未经同意的规范和大众公民评分以及致命自治武器系统等 4 个关键问题。

六、结束语

近年来，人工智能的迅速发展加速了其向军事领域渗透和应用，正在成为继机械化、信息化之后推动新一轮军事变革的强大动力，不仅将可能全面改变未来战争面貌，而且深刻影响着战争制胜机理和战争规则的发展变化。智能时代的体系化战争，交战双方的核心竞争发生在认知领域，作为智能化战场上的关键使能技术，人工智能将在战争手段、交战规则等方式上带来冲击，全面而深刻地影响战争的本质和规律，夺取“制智权”成为战场综合制权的核心。

（中国航天科工集团第三研究院三一〇所　王彤　李磊　葛悦涛）

2018 年水下自主系统发展综述

2018 年，以美国和俄罗斯为首的军事强国持续推进水下无人自主系统（UUS）发展，从战略、装备和技术等维度加大投入，全面提升水下无人自主作战能力水平。

一、从顶层进行战略规划，加速推动水下无人系统发展

（一）发布战略文件，系统布局水下无人系统发展

2018 年 8 月，美国国防部正式发布《无人系统综合路线图（2017—2042)》，确定了无人系统未来发展的 4 个关键技术主题和驱动力，即互操作性、自主性、网络安全以及人机协同。同时，该战略文件还指出，保障政策、技术要求和采办环境必须与时俱进，以跟上无人系统技术与能力的快速进步；为了确保美国的军事优势，重点应该放在无人技术的发展、可用性和部署应用上。

2018 年 3 月，美国海军完成了《海军部无人系统战略路线图》，并于 5 月发布了执行摘要。执行摘要中指出，美国海军和海军陆战队将寻求实现

无缝集成的有人—无人未来部队，近期内，海军部将把无人系统能力集成到全域作战力量中。执行摘要还概述了无人系统运用概念和企业级体系目标等内容。

2018 年 2 月，俄罗斯总统普京签署批准了《2018—2027 年国家武备计划》。俄罗斯国家武器装备计划是详细计划俄罗斯各军种武器装备建设发展的顶层规划文件，是基于对国家安全可能受到的威胁的分析和评估上制定的。目前，该计划内容并未公开公布，但从俄罗斯高层和国防部领导层多次讲话可知，2018 年最新披露的“波塞冬”核动力无人潜航器已纳入该计划。

2018 年 12 月，日本公布了新的《防卫计划大纲》和基于其制定的未来 5 年内日本国防力量调整计划——《中期防卫力整备计划》。《中期防卫力整备计划》指出，为了建立完善的指挥控制和情报通信能力需要装备水下无人系统，并开发相关技术。据日本共同社报道，日本将在该计划下研制大型无人潜航器以持续监控偏远岛屿。

（二）高度重视水下无人系统作战价值，通过国际合作加强投入

2018 年 4 月，由欧盟 15 个国家共同开展的“海洋 2020”（OCEAN 2020）项目启动会在欧洲防务局（EDA）举行。该项目的主要目标是支持海上监视和拦截任务，将重点把包括水下无人系统在内的各类无人系统整合到舰队中。“海洋 2020”项目是目前首个跨欧洲军事研究项目，计划于 2019 年和 2020 年分别进行两次演示演习。

2018 年 10 月，美国、英国等 13 个北约成员国签署了合作意向，将在水面和水下无人系统的开发和部署方面进行更密切的合作，同时共同开发水雷和反潜技术以应对俄罗斯潜艇威胁。相关官员表示，为了监测关键水域情况，一定数量的水下无人集群和固定式水下无人系统都十分重要；此外，需要解决水下无人系统的通信、导航和使用时长问题。北约盟国签署的协议将推动相关水下无人系统和技术不断发展。

二、水下无人系统发展热度持续提升，首次推出核动力无人潜航器

（一）多国积极发展常规水下无人系统，增强水下作战任务能力

2018 年 10 月，通用动力任务系统公司推出“金枪鱼” –9 新型无人潜航器（图 1），可用于近海勘探、水文测绘、快速环境评估、反水雷、港口安全和情报、监视和侦察（ISR）等任务。“金枪鱼” –9 具有数据分辨率高、导航精度高等特点，能够携带多种标准载荷，可从码头、刚性充气艇等多种平台布放回收，最大航速可达 6 节，能在水中工作 8 小时。通用动力任务系统公司已对“金枪鱼” –9 系列无人潜航器进行了重新设计，提升改进了产品设计、质量、模块化水平、可靠性等，使其效费比更高并能执行更多水下任务。

2018 年 6 月，美国海军“刀鱼”无人潜航器成功完成海上验收试验，标志着项目进入发展测试和作战评估阶段。“刀鱼”无人潜航器主要用于探测海底埋藏的水雷，是濒海战斗舰（LCS）猎雷任务包的重要组成部分。“刀鱼”无人潜航器采用声纳内置方式，测试试验证明其可以在高杂波环境中检测、分类并识别水雷。同时，第一批美海军舰队操作员也完成了首次刀鱼系统训练，以便在后续测试阶段中操作“刀鱼”系统。

超大型无人潜航器（XLUUV）是一种采用模块化和开放式架构的水下潜航器，可执行反水雷、反潜、反舰和电子战等任务。美国海军在 2019 财年预算中为 XLUUV 项目申请了 8700 万美元，国会又为其追加了 2500 万美

元预算，使其 2019 财年总预算达到了 1.12 亿美元。2018 年 12 月，XLUUV 项目第二阶段原型设计结束，美国海军计划在 2019 年授出下一阶段合同，要求承包商在 2020—2022 年间交付 5 艘原型机。

图 1　“金枪鱼” –9 无人潜航器

2018 年 2 月，法国 ECA 集团发布了 A18 – M 中型反水雷无人潜航器（图 2），能够搭载如合成孔径声纳等高性能声纳载荷，可以在水深 300 米进行水雷检测和分类。A18 – M 无人潜航器使用嵌入式处理技术，可以利用无人水面艇或无人机充当网关，将实时声纳图像数据通过通信网络传送回指挥中心。

2018 年 12 月，挪威康斯伯格公司推出了新一代“休金”SUPERIOR 水下探测无人潜航器（图 3），该潜航器配备了新型合成孔径声纳和侧扫声纳等探测设备，并采用了先进定位与数据传输技术，还在没有改变外形和尺寸的情况下增加了30%的载荷容积，能够携带更多载荷或能源。

图2　A18－M无人潜航器

图3　“休金”SUPERIOR无人潜航器

（二）俄罗斯推出核动力无人潜航器，旨在抢占不对称作战优势

2018年3月，俄罗斯总统普京向联邦议会发表年度国情咨文，曝光了六型最新尖端武器，其中包括一型核动力无人潜航器“波塞冬”。该无人潜航器直径1.6米，长24米，最高航速100节，最大潜深1000米，可携带核弹头。由于携带核反应堆，“波塞冬”尺寸较传统鱼雷和无人潜航器大幅增加，不能从潜艇鱼雷发射管布放，因此运输和发射方式设计为潜艇背部驮载。

“波塞冬”无人潜航器已列入俄罗斯《2018—2027 年国家武备计划》，将在该计划结束（2027 年）前装备部队。2018 年 7 月，俄罗斯首次公布“波塞冬”无人潜航器相关视频，并表示已在测试范围内对其展开试验。

由于俄罗斯面临西方经济制裁等压力，没有足够的经济实力与美国开展类似“冷战”时期的大规模军备竞赛；加之近年来美国在水下无人作战领域发展迅猛，已经成立 UUS 作战编队并参与实战应用，刺激了俄罗斯加大力度进行军事现代化建设的决心。因此，俄罗斯选择发展“波塞冬”无人潜航器等最新尖端武器，以抢占先机，实现“弯道超车”，弥补其在常规水下无人系统方面的发展劣势。

三、多种水下无人系统技术并行发展，全面增强水下无人系统作战能力

（一）美国继续举办先进技术演习，展示多无人系统跨域水下作战能力

2018 年 8 月，美国海军举办了先进海上技术演习（ANTX），该演习由美国海军水下作战中心举办，旨在展示能在未来应用的先进水下无人系统及其相关技术，自 2015 年以来每年举办一次。2018 年 ANTX 的主题为“人机交互”，重点展示了多个无人平台跨域协同进行反水雷任务的能力。

诺斯罗普·格鲁曼公司成功演示了无人潜航器、无人水面艇和无人机间的端到端多域连接。演示中，濒海战斗舰在一片拒止水域布放了各种无人系统，“波浪滑翔者”环境动力型无人潜航器离开水域，直升机在空中待命，并由 IVER3 580 无人潜航器完成对目标的初步侦察。MQ－8“火力侦察兵”无人机由直升机布放，作为水面舰船和水下平台间的通信中继和态势感知平台，用于搜寻和传递水雷位置的信息；MQ－8 无人机还在两侧加

装了 4 个 A 型声纳浮标发射管并投放了声纳浮标。所有无人系统均使用先进任务管理控制系统（AMMCS）构建反水雷任务网络，提高了有人—无人协作效率。

通用动力任务系统公司演示验证了无人潜航器、潜艇和陆基任务作战中心之间的跨域、多级实时指挥控制和通信能力。演示中，一座陆基战区级规划指挥中心和一个潜艇战术级指挥中心利用模拟无人机、卫星和真实的陆基和海上通信节点，通过无线通信和水声通信实时向“金枪鱼” -21 无人潜航器以及海军水下战中心拥有的无人潜航器分派任务。该演示验证为水下对抗环境中多个平台间的通信难题提供了技术解决方案，涵盖范围从高级作战规划到战术级任务。

泰莱达公司团队演示了利用跨域无人系统反水雷的方法。演习开始时，由 Power Docks 公司的蓝岛无人微电网平台为所有无人系统模拟提供电力。泰莱达公司的 Z - Boat 1800 RP 无人水面艇使用测深设备和激光雷达搜索一片盆地水域。普朗克航天系统公司的 Shearwater 无人机为 Z - Boat 无人水面艇侦察水面，用于防止碰撞和规避威胁。泰莱达公司的 Gavia 无人潜航器侧扫水域，进行搜索、分类、测绘和自主目标识别，并将捕捉到一个疑似水雷目标的坐标发送至海洋先进研究公司的 WAM - V 无人水面艇。该艇随即移动至坐标位置，并释放装备水雷处理系统的泰莱达 SeaBotix vLBV300 遥控潜航器。最后，使用绿海系统公司的惯导和受监督的自主导航系统，帮助遥控潜航器到达目标位置。该演示重点关注了无人系统的任务规划、导航、目标识别等技术，还实现了无人系统自主实时数据处理和目标识别能力。

（二）开发能源动力技术，提高水下无人系统续航能力

在 2018 年 4 月美国海军举办的海空天博览会上，特利丹能源公司展示其研制的海底无人潜航器充电站。该充电站采用燃料电池系统，可通过船舶或直升机部署，储电量200千瓦·时，工作深度为3000米。

2018年4月，加拿大授予Cellula机器人公司燃料电池研发合同，以帮助提高无人潜航器水下续航能力。该项目研发的直接甲醇燃料电池（DMFC）比现有锂电池系统具备更高的能量密度，能使无人潜航器航程达到2000千米并持续工作超过两周。

泰莱达能源系统公司在2018年8月的ANTX演习中展示了其水下充电站，该水下充电系统包括一个燃料泵、燃料站和充电船坞，能同时容纳最多4个无人潜航器。该系统利用了泰莱达能源系统公司的质子交换膜燃料电池技术。充电站还支持将数据传输至可选平台和作战中心；并有多种解决方案，支持向战场空间的其他平台传输信息。

2018年9月，美国海军水下战中心授予应用物理科学公司相关合同，继续为DARPA的“蓝狼”项目研发无人潜航器蓄电池样机。该项目旨在试验水下能源、水动力升力和减阻技术，最终研发航速和航程远高于固定尺寸平台的水下平台。应用物理科学公司从2015年开始参与“蓝狼”项目，负责研发使用热动力、电化学或能量回收中两种及以上动力形式的混合动力系统，提高能量效率。目前，应用物理科学公司正在研发类似燃料电池或蓄电池等可装备于水下平台的热动力和电动力系统，以促进水下有人、无人平台更快速、更高效地航行。

（三）研究水下通信技术，增强水下无人系统信息获取能力

2018年8月，麻省理工学院表示正在研究一种名为“平移声学—射频通信”（TARF）的水下—空中通信系统（图4）。TARF系统利用水下扬声器将数据以声音的方式发送，从而使水面产生振动，飞机的敏感雷达拾取振动并进行解码将其恢复为声学数据。该技术采用的创新方式组合了声音和无线电，使水面从障碍物转变为通信接口。目前，该技术仍处于初级阶

段，麻省理工学院已在深3.5米、模拟部分海洋条件的水池中进行了试验，接下来的试验还将进一步增加水下深度和空中高度，并使该技术在大海浪条件下更加稳定。

另外，麻省理工学院还在将太空激光通信技术移植到水下领域，即一个水下无人系统在不确定区域使用采集扫描功能以快速转换窄光束，另一个水下无人系统的终端能够检测到光束并进行锁定，之后两个系统间就能以很高的精度进行定位、追踪和信息收发。目前，麻省理工学院已在试验水池中进行了试验，两个水下无人系统能在1秒的时间内定位并锁定在一起，其链接可以处理数百吉字节容量的数据。

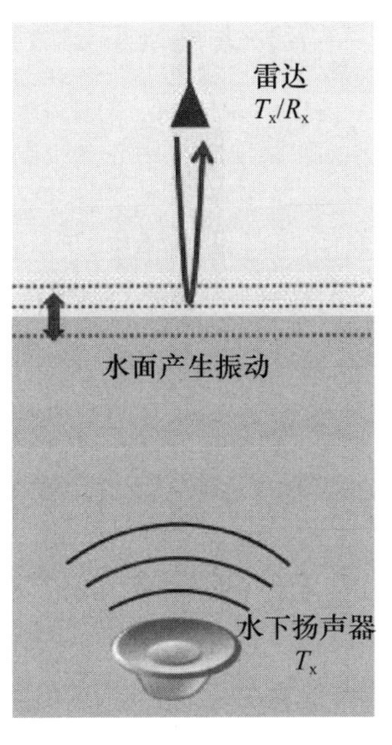

图4　TARF原理图

（四）探索仿生偏振光技术，提供水下导航新途径

2018年4月，美国伊利诺伊州立大学在美国国家科学基金和空军科研办公室的支持下，参照螳螂虾眼睛的生理结构，研制出了一种偏振敏感成像仪，首次实现水下环境中基于偏振光的导航功能。这种成像仪集成了多种偏振光学元件，能从水下拍摄水面的偏振光图案，以此估计太阳的方向和仰角，再根据拍摄的日期和时间推算传感器所在的地理坐标。在多个海域地点、不同深度、风况等条件下的试验测试表明，这种传感器的地理定位平均准确度为61千米，每行进1千米的误差为6米。这项技术虽还处在试验验证阶段，但为水下导航提供了一条仿生新途径，其在民用和军事领域均具有巨大的潜在应用前景。

（五）发展水下探测技术，实现无人自主跟踪目标能力

2018 年 9 月，美国海军水面战中心向 Sonardyne 公司授予合同，开发水下目标跟踪技术。Sonardyne 公司的高精度 Ranger 2 超短基线声学跟踪系统，配有先进收发器和转发器，可在深水和浅水范围工作，跟踪到无人潜航器等水下目标的精确位置，能装备到便携式至超大型等各种尺寸的无人潜航器上。

2018 年 11 月和 12 月，DARPA 先后授予雷声公司和诺斯罗普·格鲁曼公司“海洋生物传感器”项目（PALS）合同（图 5）。该项目旨在研究自然生物和改造后的生物，确定哪些生物能支持传感器系统探测潜艇和无人潜航器的活动。PALS 将重点考察海洋生物对这些平台存在的反应，并对它们产生的信号或行为变化进行表征，以便被传感器网络捕获、处理和转发。雷声公司将与诺斯罗普·格鲁曼公司共同研发硬件、软件和算法，将生物体的行为转化为可操作的信息并进行传送。

图 5　PALS 项目示意图

（六）征询毁伤性载荷信息，增加水无人系统打击作战能力

2018 年 5 月，美国海军水下作战中心分部发布了一份信息征询书，旨在研究、发现、评估并加速适用于无人潜航器的先进爆炸或非爆炸载荷，为美国海军提供无人潜航器部署在复杂、浅水、凌乱的濒海环境中的不对称作战优势。征询书要求该载荷可使船体长度小于 50 米的船只停运或失效，并确保无人潜航器拥有速度和导航精度的相关技术，以支撑作战载荷的功能。

四、结束语

以美国、俄罗斯为代表的世界军事强国，均将水下无人力量作为在强对抗环境下谋求不对称优势的主要抓手，通过战略规划、装备新研与技术探索等手段，全面推动水下无人系统快速发展。特别是俄罗斯推出的核动力无人潜航器，将为未来水下作战模式带来巨大变化。

（中国航天科工集团第三研究院三一〇所　王雅琳）

2018年地面自主系统发展综述

2018年，世界无人系统技术持续高速发展，以美国、俄罗斯和法国为代表，在战略规划、地面无人系统武装化、仿生机器人等领域有着重大进展。其中，美国国防部发布新版《无人系统综合路线图（2017—2042）》；俄罗斯在叙利亚战场使用“天王星”-9武装机器人；法国为“蝎子”计划研制“狂怒”自主无人车。

一、军用地面无人自主系统发展备受关注

（一）继续推进和完善顶层规划工作，系统引导地面无人自主系统及其相关技术发展

2018年8月，美国国防部发布《无人系统综合路线图（2017—2042）》，新版《综合路线图》改变了早期版本的结构安排，直接提出互用性、自主性、网络安全和人机协同4个事关军用无人系统发展的全局主题，这4个方面是通过对机器人和自主系统联合概念、技术趋势和当前需求进行分析后确定的。这些主题为无人系统集成和使用技术评估，以及作战条令、组织、训

练、装备、领导、人员、设施和政策提供了基础。

每个主题还进一步确定了相关技术或关键支撑技术，详细说明了需要进一步推进、投资和发展的工作。其中，互用性的关键支撑技术是通用/开放式体系架构，模块化和零件互换性，符合性/测试、评估、验证与确认，数据战略，数据权；自主性的关键支撑技术是人工智能和机器学习、效率和效能提升、可靠性、武装化、安全网络、网络作战、信息保障、电磁频谱和电子战；安全网络的关键支撑技术是网络作战、信息保障、电磁频谱和电子战；人机协同的关键支撑技术是人机接口和人机编队。

法国陆军和政府采办部门正在商讨为陆军“蝎子”计划采办新式轻型装甲车和装甲工程车。新式轻型装甲车名为 VBAE，具备无人驾驶、远程操控等作战能力，有望于 2025 年装备服役。VBAE 将成为法国陆军装备的首款无人驾驶装甲车，并替换现有的 VBL 轻型装甲车。这些采购意向属于法国武器装备总署加速军备计划和提供快速装备的一部分。新型工程车可用于开拓地形、清理简易爆炸装置和地雷，帮助作战部队在战场上前进。

（二）美国、法国进一步推进重点军用地面无人系统项目研制工作

美国、法国继续推进重点型号的研制工作。2017 年 12 月，美国陆军为其班组多用途装备运输车项目选定 4 家承包商开展下一阶段工作。这 4 家承包商分别是通用动力地面系统公司、北极星工业公司与应用研究联合公司组成的团队、HDT 全球公司和豪氏技术公司。通用动力地面系统公司提交的是车重 375 千克，最大速度为 13 千米/小时的 4 ×4 多用途战术运输车。北极星工业公司与应用研究联合公司组成的团队提交的是基于北极星工业公司 MRZR 有人越野车开发的，重 867 千克，有效载荷达 680 千克，最大速度为 96 千米/小时的 MRZR X 4 ×4 无人车。HDT 全球公司提交的是“猎狼”轮式越野后勤跟随无人车，车重 1100 千克，采用 6 ×6 电驱动形式，由一体化发电机为电池组供电，行驶速度为32千米/小时。豪氏技术公司提交的是RS2-H1型大转矩柴油机混合动力履带式无人车，重744千克。美国陆军大型应用地面无人系统项目主管表示，以上4个方案已进入第二阶段工作，暂未签订合同。

二、武装化地面无人自主系统和仿生机器人发展热度不减

（一）地面无人自主系统武装化发展进程加速

随着武装化地面无人自主系统在战斗中的优势愈发凸现，这类装备的发展受到世界各国的广泛关注。美国陆军积极编写需求文件，尝试将无人战车引入部队。美国陆军近期的计划是用3种尺寸的车辆满足陆军3类部队的建制能力需求：轻型无人战车用于支持步兵旅级战斗队，中型无人战车支持“斯特赖克”旅级战斗队，重型无人战车用于装甲旅级战斗队。俄罗斯在叙利亚对外形像一个微型坦克的“天王星”-9武装机器人进行了实战测试，验证了多功能侦察和火力支援系统，其炮塔上安装有1门30毫米自动炮。以色列通用机器人公司为“杜高”机器人开发了一款低致命武器模块，供特种部队和警察部队使用。法国奈克斯特系统公司推出了OPTIO-X20武装型演示样车，集成了ARX 20式20毫米遥控武器站，用于验证中型无人车不仅能装备12.7毫米机枪，还能装备更大口径的武器。哈萨克斯坦研制了一款名为“卡拉库尔特”的履带式武装机器人，安装的武器站配备有1挺NSVT式12.7毫米重机枪、250发枪弹以及2具RPG-26I“阿格伦”火箭筒，目前正在进行军事用户试验。新加坡技术动力公司基于“普罗伯特”无人车研制了一款武装化地面无人车，装配了“蝰蛇”RMG遥控武器站，开发工作在2018年底已基本完成。

（二）地面无人自主仿生机器人持续保持发展热度

仿生机器人技术作为推动地面无人自主系统发展的一种重要手段，一直以来备受世界各国关注。为满足美国海军中型机器人运动计划需求，2018 年 4 月美国海军研究实验室研制出一款小尺寸四腿机器人，能够放入背包方便士兵携带，可部署到丛林中，也能投放到建筑物内移动勘察。同时，美国陆军受章鱼和其他无脊椎动物的启发正在研发一种灵活的软体机器人，并希望士兵在战场上能够使用 3D 打印技术制造该机器人，该机器人具备自我意识、自我感知能力，并且能够根据各种内外部条件变化实时调整形态、属性。以色列特拉维夫大学研究人员利用蝙蝠超声波感知原理正在研发出一款“机器蝙蝠”机器人。该机器人采用一个超声波扬声器和一对超声波麦克风，能发出与蝙蝠相同频率的声波，通过机载人工神经网络对周围环境构建细节丰富的模型，由此便可探测障碍物并在障碍物周围移动，甚至可以判断出是否被墙壁或植物之类物体阻挡。研究人员希望这项工作能够为机器人研究开辟新的途径，即利用声音感知陌生环境。此外，日本东京大学研究人员开发出一种利用水凝胶片生长生物肌肉的新方法。利用这种方法可以在金属骨架上生长出带有活组织的机器人。这是一种生物混合机器人，它是生物组织和无机机械结构的结合体，利用活的肌肉来驱动机器人运动，使机器人完成复杂的动作。

三、多项核心技术推动地面无人自主系统快速发展

（一）地面无人车自主技术工程化应用进程提速

世界军事强国非常重视军用地面无人车自主技术的发展。2018 年 5 月，北极星工业公司透露与美国应用研究协会合作开发的 MRZR X 多模式自主

越野车平台，已被美国陆军选为步兵旅战斗队使用的机器人系统之一，将参加2019年的测试。MRZR X采用分层、模块化和开放式架构设计，能够集成传感器和软件，用户更易对车辆进行安全的技术升级。该平台具有多种操作模式，具备从传统驾驶员操作到不同自主等级的多种选择，自主等级包括遥控、远程操作、跟踪、主从式和完全自主。因此，MRZR X能够增强和改进在不同任务角色中的机动性，包括机器人装备骡、自动补给车、作战人员驾驶的班组运输车、后勤保障车、营救和高速伤员后送等。未来，MRZR X所具备的连通性还将使其成为多域战空间的网络节点。

法国加速自主无人车研发进程。2018年1月，赛峰电子防务公司宣布从法国武器装备总署获得采购合同，研发“狂怒”自主地面车辆。作为法国陆军“蝎子”计划的一部分，该合同为期5年，研发工作将为地面无人系统装备法国武装部队奠定基础。在“狂怒”项目下，赛峰电子防务公司要研发3种外形尺寸不同的验证型无人平台，这3种无人平台可在不同环境下执行多种任务，包括建筑物侦察探测、为步兵携带载荷等。这些验证工作将由一个步兵排承担，对不同配置进行试验。其中，最大的平台是赛峰电子防务公司与法雷奥集团和PSA公司联合研发的e-“骑手”无人车。

此外，2017年12月，爱沙尼亚米尔莱姆机器人公司展示了“忒弥斯”无人车自主能力，完成了路径点导航演示。该无人车完成了自主解决方案测试，允许无人车沿预定路线行驶，且操作人员无须对其远程控制。这是其自主项目的一个重要里程碑，向为战斗部队提供自主作战系统迈出了第一步。米尔莱姆机器人公司还与FN赫斯塔尔公司合作，在“忒弥斯”无人车上集成并进行deFNder中型遥控武器站的实弹射击试验。

（二）美国陆军重点研发多域战下一代目标至关重要的自主无人车技术

美国陆军部长在2018年6月5日举行的布鲁金斯研究所活动中表示，

机器人具有从根本上改变战争性质的潜力，谁最先获得机器人，谁就能在现代战场上拥有独特的优势，因此希望陆军2028年前能在战场上部署自主和半自主无人车。

作为开发并向未来士兵交付新型机器人能力战略的一部分，美国陆军研究人员已与世界级行业和学术界专家开展合作。2018年6月5日至7日，美国陆军机器人合作技术联盟的主要研究人员在宾夕法尼亚大学举行了一系列会议。该组织成立于2009年，旨在将政府、工业机构和学术机构集合在一起，开发单兵便携式、地面作战车辆等各种未来军用地面无人车辆系统。机器人合作技术联盟的合作伙伴包括通用动力地面系统公司机器人分部、卡内基·梅隆大学机器人研究所、麻省理工学院、佛罗里达州立大学、中佛罗里达大学、宾夕法尼亚大学、奎奈蒂克北美公司、加州理工学院喷气推进实验室。

美国陆军的愿景是无人系统成为小规模部队不可或缺的一部分。为使机器人能够成为队友，就要求它们必须像人类一样自然地交流。该联盟在人—机关系方面做了大量研究，开发出对美国陆军多域战下一代目标至关重要的机器人技术。为此，美国陆军机器人合作技术联盟在4个技术领域开展研究：一是感知，感知并理解动态未知环境，其中包括创建一个周围世界的综合模型；二是智能，自主规划和执行军事任务，轻松适应不断变化的环境和场景，从先前的经验中学习，与团队成员分享共同的理解；三是人—机交互，实现人—机双向交互；四是灵巧操作和独特机动性，通过三维环境操纵具有高度自主的灵巧性和机动性。

（三）美国率先启动自主无人系统“即插即用”技术研究

美军现拥有成千上万辆小型和中型无人车，这些无人车的后勤保障和电子结构千差万别。尽管现有无人车编队运行良好，但由于装备增长过快，缺乏应对紧急需求的长期规划。理想情况下，美军应拥有一支具有开放式架构，能够实现“即插即用”的无人车编队，便于简化无人车的使用和保障。合理化发展可使军队能够更快地部署使用效能更强的无人车。这些无人车的升级更简便，保障更有效，将成为“第三次抵消战略”的有效组成部分。军方将及时、充分利用美国私营企业在自主和人工智能等领域的成果，长期保持对潜在竞争对手的技术优势。

目前，美国军方受到规划、预算和执行周期的约束，需要数年时间才能实现装备部署，这种方式远远落后于工业部门直面市场的做法。同时军方认为，为每个士兵采购同样的装备需要很长时间，等到订单的后半部分交付时就已经过时了。更复杂的问题是，承包商在生产期间就已经在处理技术和存储速度等方面比初始订单有所改进，导致零部件更换困难，成本增加。如果继续使用现有无人车，同时将技术快速发展的成果应用到“即插即用”组件和后勤保障中，就能在装备与技术之间建立一种平衡状态。开放式“即插即用”架构允许车辆无须改动结构就能实现新增组件的无缝集成。要实现这一目标，需要进行标准化控制。这样，现有和未来开发的无人车都能与操作人员轻松交互，而且相互之间以及与更高层级的指挥控制系统之间也能很好地交互。目前在标准化控制方面的工作已经引起了美军的重视。

目前，美国还没有确定合理化和标准化无人车编队的最终形式，但从2018 年 3 月在美国海军陆战队空地作战中心进行的试验中可得出一部分答案。试验期间，海军陆战队利用私营企业在供应链管理和自主车辆领域的优势，评估后勤指挥控制系统。部队通过该系统可以掌握：车辆和相关人员的位置，哪些部队需要多少油料、器材和零部件，怎样同步配给以保证车辆出现故障前就能更换零部件等信息，这样就能最大限度地发挥不同运载能力的无人机、无人车的作用，实现确定时间确定地点的精确保障。演习中用到的无人车包括海军陆战队带遥控操作组件的装备、有效载荷为18～90千克的无人机。虽然先进技术和计算机技术存在固有的脆弱性，但可以从硬件和软件两方面得以改善，因此后勤指挥控制系统在GPS信号弱、电磁频谱受干扰的情况下能保持正常运行。

未来，美国海军陆战队将继续开发标准化方案用以实现C^4I系统和电子战系统的集成。苹果、谷歌和微软等公司可以借助国家先进机动联盟等组织，帮助军方实现标准化。国家先进机动联盟由大约280家企业和防务合作伙伴组成，负责开发互操作规范。陆军有关人员称，标准化工作对于陆军正在发展的机器人技术至关重要。但军方在安全方面的要求与民用市场的要求有所不同，军方更强调系统的可靠性和网络的安全性，这一点是制定标准的基础。

四、结束语

在需求牵引和新技术进步的推动下，地面无人自主系统装备及技术在2018年持续保持活跃发展态势。地面无人自主系统已成为外军武器装备体系的重要组成部分，主要用于执行爆炸武器处理、扫雷、侦察、武装攻击、巡逻和后勤保障任务，并已在叙利亚等军事作战行动以及反恐、防暴和维和等非军事行动中发挥了重要作用。美国、英国、法国、俄罗斯和以色列等军事强国重视地面无人自主系统与技术的研发与应用，一方面大力推进地面无人自主系统的装备使用，使其装备规模不断增大，装备技术水平也不断提升；另一方面注重标准化、合理化、感知、智能、人—机交互、仿生设计等技术在地面无人自主系统领域的应用，使其机动能力、侦察能力、武装攻击能力、网络通信能力、互操作能力和自主能力显著提升，综合作战效能不断增强，应用领域不断拓展。

（中国兵器工业集团第二一〇研究所　孙毅　宋乐　王桂枝）

2018 年空中自主系统发展综述

2018 年，国外空中自主系统装备及技术发展继续保持火热势头：以美国为首的世界军事强国积极推进新型无人机研制，并加紧无人机列装、改进升级及作战使用演练；以有人—无人编组、多无人机协同、拒止环境中的作战支持、人工智能在无人机系统中的应用为代表的多项技术竞相发展；无人机军贸继续保持活跃。

一、美国防部新版路线图规划无人系统技术发展

美国国防部发布《无人系统综合路线图（2017—2042）》，围绕无人系统发展涉及的互操作、自主、网络安全和人机协作四大技术主题，提出 15 项支撑因素，并针对各支撑因素面临的技术挑战、未来方向和关键技术，按近期、中期和远期进行了规划（表 1）。

表 1　技术路线图

技术主题	支撑因素	2017 近期	2029 中期	2042 远期
互操作	通用/开放式体系结构	标准化的指挥控制与参考架构	支撑无缝的、敏捷的、自主的人机协同和机器之间的协同	
	模块化和零件互换性	改进现有系统；新系统实现模块化	快速升级和构型变化	
	符合性测试/评估/检验/验证	新的 TEVV 方法；新的检验 & 验证工具和技术	高复杂度自主系统 TEVV	
	数据传输一体化	通用数据仓储；一体化点对点传输	抗干扰；低概率拦截/探测	
	数据权限	安全按需数据权限；改进数据权限规则	最大化的任务支持灵活性	
自主	人工智能和机器学习	与私营企业协作；云技术	增强现实技术；虚拟现实技术	持久感知；高度自主
	更高的效率和有效性	更高的安全性和效率	无人的任务、作战使用概念；Leader – Follower 算法	集群
	信任	任务指导和确认，人类决策的伦理需求		
	武器化	国防部战略共识；致命自主武器系统评估	武装僚机/友机（人类参与决策）	
网络安全	网络战	深度防御；易损性评估	向网络攻击恢复力转变；自主网络防御	
	信息安全	私营企业协作	研发与推进信息安全策略、程序、技术；无人系统信息安全产品/技术包	
	电磁频谱与电子战	适应持续作战的更高效、灵活、自适应、敏捷的频谱；增强的鲁棒的电子防护		

（续）

<table>
<tr><td rowspan="2">技术主题</td><td rowspan="2">支撑因素</td><td>2017</td><td>2029</td><td>2042</td></tr>
<tr><td>近期</td><td>中期</td><td>远期</td></tr>
<tr><td rowspan="3">人机协作</td><td>人机接口</td><td>控制多个系统；人机分工/提示</td><td>人机对话；“What－if”场景处理；任务共享/任务管理</td><td>推断人类意图；深度学习机器</td></tr>
<tr><td>人机编队</td><td>减轻人的负荷；减少架次；某些维修任务</td><td colspan="2">综合集成的机器人队友；减轻作战人员的认知负荷</td></tr>
<tr><td>数据策略</td><td colspan="2">自动收集/处理数据；自主调整数据策略</td><td>深度神经网络敏捷、响应、自适应</td></tr>
</table>

二、在研空中自主系统项目按计划推进

2018 年 3 月底，美国空军装备寿命周期管理中心正式授予通用原子航空系统公司总价值不超过 8087 万美元的成本加固定激励非定额合同，为英国皇家空军研制 MQ－9B“守护者”无人机。该项目为单一采购源项目，合同签订时先期付款 3352 万美元。空客集团和达索航空公司在柏林航展上发布协议，两家公司将正式开始“未来作战航空系统”研究。该系统由“新型战斗机”“下一代武器系统”“欧洲中空长航时”遥控驾驶飞机系统及未来巡航导弹和蜂群无人机组成。6 月，德国、法国两国国防部部长在柏林举行的双边内阁会议期间签署了意向书。11 月，欧洲装备采购局向空客防务与空间（德国）公司发布欧洲中空长航时无人机项目方案征询书，启动主承包商投标，预计 2019 年将签署项目合同。

通用原子航空系统公司不断升级“捕食者”家族无人机。通用原子航

空系统公司研制的增程型“复仇者”无人机搭载典型情报、监视与侦察载荷持续飞行23.4小时，从而创下该型无人机续航时间新纪录。一架MQ－9B“天空卫士”从北达科他州大福克斯起飞，经过24小时4分钟飞行在英国皇家空军费尔福德空军基地顺利着陆，飞行距离6960千米，标志着中空长航时无人机实现首次跨大西洋飞行。空客防务与空间公司的“西风”S型太阳能无人机在美国亚利桑那州首飞中持续飞行25天23小时57分钟，从而创造了新的续航时间世界纪录。

俄罗斯20吨级“猎人”攻击型无人机在苏霍伊公司下属新西伯利亚航空制造厂完成首次滑跑试验，计划于2019年进行首次飞行试验。极光飞行科学公司为美国海军陆战队开发的“自主空中货运系统”在一次综合训练演习中成功为陆战队员空运货物。在该系统的支持下，UH－1H直升机成功为陆战队员运送了236千克水、汽油、口粮和备用通信设备。这是美军首次完成全自主点对点货物补给任务。

美国海军在“科罗纳多”号濒海战斗舰上完成MQ－8C“火力侦察兵”无人机首次全面初始作战测试与评估（IOT&E）。此次测试证实，虽然需要在舰上进行大范围规划和协调，但可以同时对无人机进行操作，展示了水面舰船与无人空中平台间的协同作战能力。美国海军授予波音公司价值8.05亿美元的MQ－25A“刺魟”航母舰载无人加油机工程与制造发展合同，要求其设计、制造、试验、交付4架“刺魟”加油机，并将该机集成到航母舰载机联队，实现初始作战能力，合同工作将于2024年8月完成。2018年6月，MQ－4C“特赖登”无人机系统正式进入美国海军服役，并开始飞行作业。海军首个无人巡逻中队（VUP－19）维护分队驻扎在文图拉县海军基地穆古角，其机库经翻新后可容纳多达4架“特赖登”无人机。首批2架无人机已于2018年5月进驻穆古角，并开始进行维护性训练与测试。

三、现役无人机技术更迭，并创造多项新纪录

截至2018年4月4日，“捕食者”家族无人机累计飞行时间已突破500万小时，累计飞行架次数达到360311次，其中90%以上的飞行任务是作战飞行。2018年6月至10月，通用原子航空系统公司与美国陆军在加州棕榈谷空军42号工厂共同完成了增程型“灰鹰”无人机的作战使用试验和鉴定。试验期间，增程型“灰鹰”单次飞行时间接近40小时，累计飞行时间为644小时。

2018年3月，美国空军在内华达州克里奇空军基地的空军遥控驾驶飞行器作战司令部为“捕食者”无人机举行官方退役仪式，标志着“捕食者”空中王朝的终结。法国空军于1月举行“雪鸮”无人机退役仪式，将从2019开始换装6架第5批次“死神”无人机。美国因斯图公司与持久系统公司达成为期5年的协议，将后者的波中继移动Ad-Hoc网络技术集成到“扫描鹰”“扫描鹰”2、“扫描鹰”3、“综合者”和RQ-21“黑杰克”无人机中，使这些无人机具备动态自组网功能。

美国空军装备寿命周期管理中心传感器计划办公室与中空无人机系统计划办公室合作，共同资助了MQ-9“死神”无人机挂载“敏捷吊舱”开展3次飞行试验。2018年5月，该中心授予通用原子航空系统公司合同，对122架第5批次“死神”无人机进行升级，升级内容包括增加航程和改进通信系统。此外，空军先后完成第5批次“死神”无人机自动起飞与自动着陆测试。美国陆军授予L3技术公司为期5年的合同，为RQ-7B“影子”无人机提供Wescam MX-10D传感器系统。该系统是一种光电、红外和激光指示器传感器套件，预计采购数量为300~400套。

四、无人机技术开发项目竞相发展

（一）有人—无人编组技术研究开展数项测试

空客防务与空间公司在波罗的海上空完成有人—无人编组飞行试验，1 架有人机与 5 架 Do - DT25 喷气式靶机参与了此次试验。试验中，所有靶机由位于有人机上的任务指挥官控制。

美国国防高级研究计划局“分布式作战管理”项目进入第三阶段。BAE 系统公司赢得合同，并将在 2019 年 7 月进行空对地任务飞行验证。该项目的目标是把有人—无人编组中的无人机变成僚机。

空客公司直升机分部和西贝尔公司测试了 H145 直升机与 S - 100 无人机系统的编组能力。试验中，S - 100 无人直升机由位于 H145 直升机上的操作员控制，并演练了不同想定，包括在传统直升机无法进入的地点寻找物品等。

（二）无人机集群与协同技术研究按计划迈进

“小精灵”集群空中发射/回收项目进入第三阶段。美国国防高级研究计划局授予 Dynetics 公司合同，要求其完成无人机制造及飞行验证。该项目将发展可在运输机上成群发射和回收小型无人机的技术，并开发一种小型、网络化、集群作战电子战无人机。“小精灵”无人机所采用新型的“防区外发射与回收、分布式网络化协同”工作方式将颠覆传统的作战方式，在大幅降低飞行员的风险的同时还能降低作战成本。

“进攻性集群战术”项目进一步向前推进。美国国防高级研究计划局分别授予洛克希德·马丁公司和查尔斯河分析公司合同，要求两家公司同项目第一阶段主承包商（雷声公司和诺斯罗普·格鲁曼公司）在发展基于游戏的开放式架构方面开展合作，为能够在城市环境中作战的小型无人机或小型无人地面车辆集群设计战术。该项目重点关注两大领域以便提升小规模作战部队在城市环境下的作战效能：一是灵活、复杂、集体行为的自主集群，实现智能移动、决策与环境的互动；二是人类与集群的组队，使得集群指挥官可以推断、交互、影响集群系统的行为。

美国航空环境公司在海上成功完成由 RQ－20B“美洲狮”无人机和“弹簧刀”巡弋弹组成的自动传感器—射手能力演示验证。试验中，“美洲狮”无人机自动将威胁侦察数据传输给“弹簧刀”巡弋弹，后者迅速做出响应。

（三）拒止环境中的作战支持技术取得新进展

“拒止环境中的协同作战”项目进入第三阶段。美国国防高级研究计划局授予雷声公司合同，要求其进行软件研发。该项目旨在开发和演示高级协同自治算法和软件，使现有的无人机平台能在拒止的环境下有效执行任务。2018 年 11 月，在美国亚利桑那州的尤马试验场进行的由 6 架真实无人机和 24 架虚拟无人机参与的一系列测试表明，即使通信和 GPS 信号遭到严重的电子攻击，真实和虚拟的无人机群也能够高度自主完成任务。按照计划，2019 年该项目结束后，相关技术将转移至海军。

美国国防高级研究计划局“快速轻量自主”（FLA）项目完成第二阶段飞行试验，验证了先进算法。该项目通过发展全新的简约高效避障算法，特别是感知、识别、规划和控制算法，可使小型无人机无需遥控和 GPS 信号介入，仅凭机载高分辨率摄像机、激光雷达、声纳或惯性测量单元，便可在房间、楼梯、走廊或其他设障环境中完成自主导航快速飞行等任务。

（四）人工智能助力无人作战体系能力突飞猛进

美国国防部积极推进“算法战跨功能团队”项目（Maven）研究与部

署。该项目于 2017 年 12 月首次在美军非洲司令部部署，负责处理“扫描鹰”无人机、MQ－9“死神”无人机获取情报、监视与侦察数据。据悉，该项目已部署在中东、非洲和美国的五六个地点，利用机器学习帮助操作员将原始监视数据转换成可供指挥官做出关键作战决策使用的信息。目前，部署在弗吉尼亚州兰利空军基地空军分布式地面站（空军负责 ISR 收集、分析和分发的 5 个区域性协调中心之一）的 Maven 系统已具备初始能力。2018 财年，综合预算法案给该项目的资金总额达 1.31 亿美元，将主要用于增强算法读取全动态视频信息的能力。

五、无人机军贸继续保持活跃

（一）大型无人机系统扩散引发关注

兰德公司发布《对大型无人机系统扩散的评估——对“2017 财年国防授权法案”第 1276 条的回应》报告，目前全世界有十多个国家拥有 I 类无人机，超过 15 个国家拥有近 I 类无人机。目前出口的 I 类无人机有 14 种，近 I 类无人机有 10 种。以色列和美国多年来一直都是主要的无人机出口国；2015 年前，美国是 I 类无人机的唯一出口国；近期中国成为近 I 类无人机的重要出口国，将可能成为 I 类无人机的出口大国；阿拉伯联合酋长国（向俄罗斯出口 I 类无人机）也有望成为出口大国。报告认为，大型无人机正在持续和加速扩散，对美军的威胁日渐增长；美国向盟友与伙伴国家出口 I 类无人机利大于弊；《导弹及其控制制度》（MTCR）防止 I 类无人机技术扩散的有效性正逐步衰减。

（二）美国向盟国大肆出售大型无人机系统

一是积极推进“全球鹰”系列高空长航时无人机出口。美国空军正式向诺斯罗普·格鲁曼公司授予价值4.9亿美元的追加合同，向日本出售“全球鹰”无人机系统，合同涉及3架第30批次“全球鹰”无人机、2个地面控制单元、备件和支持服务，预计将于2022年9月完成交付。美国国务院批准向德国出售“特赖登”高空长航时无人机系统，预计合同总价值25亿美元，包括4架在美国海军的配置基础上进行修改的无人机、1套控制站、通信设备、地面保障设备、备件、飞行测试保障等。国防采办项目管理局向诺斯罗普·格鲁曼公司授予合同，为韩国“全球鹰”机队提供培训和维护服务。此外，澳大利亚总理宣布将采购6架“特赖登”无人机。

二是积极推进“捕食者”系列中空长航时系列无人机出口。据飞行国际网站披露，澳大利亚已经向通用原子航空系统公司提出购买12～18架“死神”无人机。通用原子航空系统公司在范堡罗航展期间披露，荷兰空军将采购“死神”无人机。

（中国航空工业发展研究中心　谷全祥）

2018年人工智能战略与规划发展综述

近年来，世界各经济和军事强国高度重视人工智能的发展，发布相关战略和规划，竞相对人工智能技术进行大量投资，培养和吸引人才，抢占人工智能发展机遇，成立相关重要政府机构（其中阿拉伯联合酋长国成立人工智能部）和重点实验室等，通过政策和资金等方式大力支持行业和企业发展，积极推进语音识别、图像识别、深度学习、脑神经科学等技术和产业发展，纷纷抢占人工智能产业发展制高点。

一、美国加强政策扶持和资金投入以确保人工智能领先地位

特朗普政府此前对人工智能领域重视不足及重大投资不足，而英国、法国等相继出台人工智能重大发展战略，引起了工业界和学术界对特朗普政府的广泛批评和担忧。2018年，美国政府机构采取多项举措来巩固和保障其在人工智能领域的领先地位与话语权。

（一）美国政府成立多个人工智能管理与指导部门

2018年5月，美国白宫举行了一场由谷歌、亚马逊、微软等38家公司

的代表、政府官员和学术界代表参与的人工智能研讨会，会上宣布成立就人工智能问题向总统和联邦政府提供建议的人工智能专门委员会，负责协调各联邦机构的人工智能投资，包括与自动系统、生物识别、计算机视觉和机器人相关的研究，其职能是审查美国在人工智能开发方面的优先事项和投资。人工智能专门委员会的成员包括白宫科学和技术政策办公室、国家科学基金会和国防高级研究计划局等政府机构的官员，以确保人工智能领域的“美国第一”；此外会议还着重探索了通过公私合作的新方式，以加快美国人工智能领域的研发，并建立教育和培训体系，让美国劳动者充分获得利用人工智能技术带来的好处。

2018 年 6 月，美国国防部成立联合人工智能中心（JAIC），旨在让国防部各人工智能项目形成合力，加速人工智能能力的使用，扩大人工智能工具的影响，并计划 5 年内投入 17 亿美元。

2018 年 11 月，美国成立了人工智能国家安全委员会，具有三大职责，包括考察人工智能技术在军事应用中的风险及对国际法的影响、考察人工智能技术在国家安全和国防中的伦理道德问题，以及建立公开训练数据的标准、推动公开训练数据的共享。

2018 年 7 月，美国国会已经达成并发布了一份协议，要求国防部成立一个包括国防部部长、商务部部长和国会国防委员会成员在内的 15 人委员会，重点关注人工智能、机器学习及其他与国家安全有关的技术，评估美国在人工智能领域的竞争力、国外在人工智能领域的最新进展、潜在的人力与教育激励措施等。在“2019 财年国防授权法案”获得批准后的 180 天内，该委员会将会向总统和国会提交一份初步的报告。

（二）美国政府开始优先对人工智能投资

2018 年 8 月，美国白宫管理与预算办公室发布《2020 财年政府研究与开发预算优先事项》备忘录，为各部门制定2020财年的预算提供指南，并指出美国政府必须在人工智能、自主系统、高超声速、现代化核威慑及先进的微电子、计算和网络能力等重点研发领域进行优先投资，应投资人工智能基础和应用研究，包括机器学习、自主系统和人类技术前沿的应用。

2018年8月，美国参议院通过美国“2019财年国防授权法案草案”，批准额度7170亿美元军费（创美国国防法案预算额度的历史新高），在提升人工智能、空间和反空间、网络及高超声速技术这些领域能力的项目上确定了重点，支持国防高级研究计划局和国防创新单位进行研发和实验，以确保技术优势，尤其在人工智能、机器学习和超自然力计划方面提供了额外资金以加速其研发和应用。

2018年9月，DARPA宣布未来5年将投资20亿美元开发下一波人工智能技术，用于资助DARPA新的和现有的人工智能研究项目，将致力于打造具有常识、能感知语境和更高能源效率的系统。

（三）美国开展并更新相关战略计划

2018年1月，美国国防部发布新版《国防战略》报告，该报告认为先进计算、大数据分析、自主性、机器人等新技术的发展是影响安全环境的因素。

2018年4月，美国国防部拟制了《国防部人工智能战略》，以此推动人工智能技术和关键应用能力的发展，加快人工智能部署。

2018年10月，美国交通部发布第3版自动驾驶指导政策——《准备迎接未来交通：自动驾驶汽车3.0》，安全法规的修订将为Waymo和通用等自动驾驶厂商扫清障碍，让数十万全自动驾驶汽车涌向公共道路。

2018年12月，美国白宫宣布计划于2019年春季发布新版人工智能研究战略，用于更新2016年发布的人工智能研究与发展战略。

2018 年 6 月，DARPA 首次公开讨论了美国“电子复兴计划”初步细节，计划未来 5 年投入超过 20 亿美元，联合国防工业基地、学术界、国家实验室和其他创新温床，有望开启下一次电子革命。2018 年 11 月，电子复兴计划进入第二阶段。电子复兴计划的开展将加快推动人工智能硬件的进步。

二、欧洲各国相继出台人工智能重大发展战略

如今人工智能的发展如火如荼，欧盟及欧洲各国先后出台规划来推动人工智能的发展。

（一）欧盟

2018 年 4 月，25 个欧洲国家签署《加强人工智能合作宣言》，强调作为“欧洲数字化的领导者”的北欧和波罗的海国家将加强人工智能方面的合作（合作的重点是发展和推动人工智能的应用、为社会提供更好的服务），以保持其欧洲数字化领先地区的地位，瑞典将在这一领域合作发挥关键领导作用。同时，发布了一份《人工智能通报》。

2018 年，欧盟的立法工作的重点之一在于辨析“人工智能伦理”问题，在人工智能和机器人领域倡导高水平的数据保护、数字权利和道德标准。2018 年 3 月，欧洲科学与新技术伦理组织（European Group on Ethics in Science and New Technologies）发布《关于人工智能、机器人及“自主”系统的声明》，认为人工智能、机器人技术和自主技术的进步已经引发了一系列复杂的、亟待解决的道德问题，呼吁为上述技术系统的设计、生产、使用与治理制定共同的、国际公认的道德和法律框架。

2018 年 3 月，欧盟委员会内设智库欧洲政治战略中心（The European

Political Strategy Centre，EPSC）发布题为《人工智能时代：确立以人为本的欧洲战略》的报告，该报告主要介绍了全球人工智能研发投入和发展情况，欧洲的人工智能发展情况及与其他国家的对比，欧洲树立人工智能品牌的战略，人工智能发展过程中遇到的劳动者被替代的问题和人工智能偏见的问题及应对策略等。

2018 年 4 月，欧盟正式提出了《欧盟人工智能》报告，宣布将在2018—2020 年间完成 200 亿欧元总投资、促进教育和培训体系升级、研究制定人工智能道德准则这三大目标来推动人工智能加快发展，让各国民众能适应人工智能给就业带来的影响。欧盟委员会宣布将在人工智能领域采取三大措施：到 2020 年，欧盟将在人工智能领域投资 15 亿欧元，并带动公共和私人资本参与，预计总投资将达到 200 亿欧元；促进教育和培训体系升级，以适应人工智能给就业岗位带来的变化；研究和制定人工智能新的道德准则，以捍卫欧洲价值观。

2018 年 6 月，欧盟委员会（European Commission）成立承担咨询机构角色的人工智能高级小组（AI HLG）并举行首次会议，起草有关人工智能“公平性、安全性和透明度”的指导方针，初期包括 52 名顶级专家（多来自行业巨头，还包括人工智能研究领域的领导者），负责起草人工智能伦理指南、预见人工智能挑战和机遇，并指导欧洲机器学习投资的进程，这些建议将纳入欧盟人工智能政策制定流程、立法评估流程和下一代数字战略的制定。该小组于 2018 年 12 月发布人工智能道德准则草案，重点关注未经同意的识别、隐蔽人工智能系统、未经同意的规范和大众公民评分及致命自治武器系统等 4 个关键问题，旨在与人工智能领域的利益攸关方分享工作进展，该草案的最终版于 2019 年 3 月完成。

（二）英国

2018 年 1 月，英国宣布投入超过 13 亿美元，力争在人工智能领域处于领先地位；2018 年 4 月，英国议会下属的人工智能特别委员发布《英国人工智能发展的计划、能力与志向》，认为英国在发展人工智能方面有能力成为世界领导者，并呼吁英国政府制定国家人工智能战略；2018 年 11 月，英国政府宣布将拨款 5000 万英镑，用来更深入地开发人工智能在医疗细分领域的应用，以便提升癌症等多种疾病早期诊断和病患护理效率，将在 2019 年秋季之前建立第一批共 5 处人工智能医疗技术中心。

（三）法国

2018 年 3 月，法国宣布《人工智能发展战略》，以赶上人工智能的世界领导者（中国和美国），承诺 5 年内提供超过 18.5 亿美元资金，以推动该国在人工智能的研究，特别是在医疗保健和自动驾驶汽车领域。

（四）德国

2018 年 7 月，德国联邦政府发布《联邦政府人工智能战略要点》，要求联邦政府加大对人工智能相关重点领域的研发和创新转化的资助，加强同法国人工智能合作建设、实现互联互通。2018 年 11 月，德国联邦政府正式发布名为“AI Made in Germany”的人工智能战略，从而将人工智能的重要性提升到了国家的高度，该战略全面思考了人工智能对社会各领域的影响、定量分析了人工智能给制造业带来的经济效益、重视人工智能在中小企业中的应用，并计划在 2025 年之前投资 30 亿欧元用于推动德国人工智能的发展，这笔资金主要用于使该国人工智能领域新增至少 100 名教授席位，将建立由 12 个人工智能研究中心组成的全国创新网络。

三、亚洲国家紧追人工智能潮流力争向先进国家看齐

亚洲的日本、印度、韩国等国家的政府和企业界非常重视人工智能的发展，将物联网、人工智能和机器人作为新一轮产业革命的核心，还在国家层面建立了相对完整的研发促进机制。

（一）日本

2018 年 6 月，日本政府召开人工智能技术战略会议，敲定了推动人工智能普及的实行计划；2018 年 6 月，日本公布了 2018—2019 年度科学技术政策基本方针《综合创新战略》，突显大学改革、加强政府对创新的支持、人工智能、农业发展、环境能源等五大重点措施；在日本 2019 年度预算的概算要求中，科学技术领域的要求额较 2018 年度最初预算增长 13.3%，达到 4.351 万亿日元（约 2666 亿元人民币），重点用于人工智能相关技术开发和人才培养等。

（二）韩国

2018 年 5 月，韩国发布《人工智能发展战略》，并计划在 5 年内投入 20 亿美元，用于在国防、生命科学和公共安全领域应用人工智能解决方案，该计划还包括呼吁在未来 5 年内培训 5000 名人工智能专家。

（三）印度

2018 年，印度为“数字印度计划”拨款 4.77 亿美元，推动人工智能、机器学习等技术发展，该计划不仅限于治理和服务，还延伸到军事部门；印度政府在 2018—2019 年度的财政预算中对人工智能拨款提高了一倍，达到 4.8 亿美元，并决定在人工智能、数字制造、区块链和机器学习等技术的研究、培训和技能开发方面投入巨资。2018 年 6 月，印度发布《人工智能

国家战略》，以实现“AI for all”为目标，指出了印度人工智能的发展的优势与问题，特别关注军事安全与道德隐私领域，并就印度人工智能国家战略的构建提出了框架方案，该战略将人工智能应用重点放在健康护理、农业、教育、智慧城市和基础建设与智能交通五大领域上，以“AI 卓越研究中心”（CORE）与“国际 AI 转型中心”（ICTAI）两级综合战略为基础，投资科学研究，鼓励技能培训，加快人工智能在整个产业链中的应用，最终实现将印度打造为人工智能发展模本的宏伟蓝图。

四、结束语

2012—2017 年期间，专门从事人工智能应用的初创企业的全部风险资本融资的年复合增长率为 85%；2018 年 10 月，全球知名分析机构 Gartner 发布了 2019 年十大战略性技术趋势，人工智能（重点表现为自动化设备和增强智能）位列其中。全球人工智能发展迅猛，各国政府正在制定广泛的人工智能战略与规划，包括全面的政策计划，加强有利的伦理监管，促进技术研发和应用，加大对研究、活动、教育、企业和私人投资的财政支持，解决人工智能带来的新威胁，引导人工智能技术合理有序发展，同时利用该领域发展带动其他技术和行业进步，以增强各国的综合国力。

（中国航天科工集团第三研究院三一〇所　葛悦涛　李磊）

2018 年人工智能芯片发展综述

近年来，由于大数据产业的发展，数据量呈现爆炸性增长态势，而传统的计算架构又无法支撑深度学习的大规模并行计算需求，于是人们对人工智能芯片进行了新一轮的技术研发与应用研究。人工智能芯片作为终端实现人工智能算法的载体，是实现人工智能技术创新的重要基础；同时，作为人工智能时代的技术核心之一，决定了平台的基础架构和发展生态。

2018 年 12 月，Gartner 发布了《预测 2019：人工智能与未来工作》报告，对人工智能科技未来七大发展趋势及其对工作的影响进行分析探讨，人工智能芯片位列其中。人工智能芯片作为当前衡量一个国家科技发展水平及实力的重要参考标准，一直以来都受到了广泛的关注。以谷歌、微软、英特尔、脸书为代表的科技巨头竞相加大在人工智能芯片领域的布局。截至 2018 年 5 月，全球至少有 60 家初创公司在研发语音交互和自动驾驶人工智能芯片，至少有 5 家企业已经获得超过 1 亿美元的融资；根据国际权威基金评级机构 Morningstar 预测，到 2021 年，全球人工智能芯片市场规模可能超过 200 亿美元。

一、人工智能技术催动芯片市场爆发

当前正处于“后摩尔定律时代”，万物互联和万物智能得以实现，核心推动力量来自半导体产业，数百亿智能设备连接网络，用于数据采集的物联网芯片和高性能人工智能芯片需求剧增，因万物互联采集海量数据，经数据中心构造的云端对数据进行处理，从而带动整个半导体产业发展。伴随着大数据的发展，计算能力的提升，人工智能近年迎来了新一轮的爆发。谷歌、脸书、微软、亚马逊等国外各大科技巨头已纷纷推出了自己的人工智能芯片，预计2020年有望突破百亿大关，发展空间巨大。而各科技巨头都在探索不同类型的人工智能芯片专用架构：谷歌公司拥有张量处理单元（TPU），每个芯片具备一个核心和用软件控制的内存（而非缓存）；英伟达公司的GPU则拥有80多个内核；微软公司正在走FPGA的路线；英特尔公司则在所有类型的人工智能芯片专用架构上都有布局，为机器学习推销传统的CPU，收购Altera公司和Nervana公司，前者专注于FPAG，后者专注于神经网络专用处理器（类似于谷歌的TPU），当前已经进入计算系统结构的黄金时代。2018年，几乎每个月，主流科技公司推出的定制人工智能芯片项目数量都会较上个月有所增加。

（一）英特尔公司方面

在芯片产业布局上，英特尔公司在2018年进行了一系列收购，加速开发更新型的芯片。2018年7月，英特尔公司收购物联网芯片组厂商eASIC公司；2018年9月，英特尔公司收购NetSpeed Systems公司，继续布局专用片上系统（SoC）芯片产业。英特尔公司正在开发越来越多样化的SoC芯片产品，包括各种专用SoC，如Movidius VPU和FPGA。此外，英特尔公司在

2018 年展示了首款 14 纳米独立 GPU 原型，并确认其首款独立 GPU 最早将于 2020 年问世。

（二）谷歌公司方面

2018 年 2 月，谷歌公司开放 Cloud TPU，专为加速、扩展特定的 TensorFlow 机器学习工作负载而优化。2018 年 5 月，在 Google I/O 2018 开发者大会期间，谷歌公司正式发布了第三代人工智能学习专用处理器 TPU 3.0。TPU 3.0 采用 8 位低精度计算以节省晶体管数量，对精度影响很小但可以大幅节约功耗、加快速度，同时还有脉动阵列设计，优化矩阵乘法与卷积运算，并使用更大的片上内存，减少对系统内存的依赖；速度能加快到最高 1000 万亿次/秒浮点计算。

（三）英伟达公司方面

2018 年 3 月，英伟达公司推出了一个更新的、全面优化的软件堆栈，还公布了其全球领先的深度学习计算平台所取得的一系列重要进展，包括 NVIDIA Tesla V100（宣称是最强大的数据中心 GPU）的 2 倍内存提升，以及革命性的全新 GPU 互联结构 NVIDIA NVSwitch，它可使多达 16 个 Tesla V100 GPU 同时以 2.4 太字节/秒的速度进行通信，这一速度创下历史新高（相较于半年前发布的上一代产品，其深度学习工作负载性能实现了 10 倍提升）。

（四）超威半导体（AMD）公司方面

2018 年 6 月，AMD 公司公开展示了全球首款 7 纳米制程的 GPU 芯片原型，含有 32 吉字节的高带宽内存，专为人工智能和深度学习设计，用于工作站和服务器；2018 年 11 月，AMD 发布了基于 7 纳米工艺的升级版 Vega 架构核心，也是全球首个 7 纳米 GPU。7 纳米 Vega 核心集成了 132 亿个晶体管，比 14 纳米 Vega（125 亿个晶体管）增加了 6.4%，而核心面积为 331

毫米^2，比现在的484毫米^{2}缩小了31.6%，晶体管密度翻了一番。同等功耗下，新核心性能提升超过25%；而同等频率下，新核心功耗降低50%。

（五）苹果公司方面

2018年9月苹果公司发布的新款iPhone系列手机均搭载了A12仿生芯片。A12仿生芯片由4核GPU、6核CPU和神经网络引擎构成，内有69亿个晶体管，性能非常卓越，被认为是当时“智能手机中最智能、功能最强大的芯片”，其运算数据达到了5万亿次/秒，比2017年推出的A11提高733%，新的iPhone机器学习速度提升了9倍。

（六）IBM公司方面

2018年6月，IBM Research人工智能团队利用大规模的模拟存储器阵列训练深度神经网络，达到了与GPU相当的精度，被认为是在下一次人工智能突破所需要的硬件加速器发展道路上迈出的重要一步，相关成果发表在《自然》期刊上。

二、“边缘侧智能”发力，人工智能芯片与物联网的紧密结合成为亮点

2018年12月，Gartner发布的《预测2019：人工智能与未来工作》报告重点提及“边缘计算”（Edge Computing）的潜力与应用价值。近年来，计算工作负载一直在迁移：首先是从本地数据中心迁移到云，现在越来越多地从云数据中心迁移到更靠近正在处理的数据源的“边缘”位置，旨在通过缩短数据传输距离来提高应用与服务的性能和可靠性，降低运行成本，从而减少带宽和延迟问题。Gartner数据显示，到2025年，80%的企业将关闭其传统数据中心，而2018年则为10%；Markets and Markets数据显示，

到2022年，边缘计算市场的价值将达到67.2亿美元，高于2017年的14.7亿美元，年复合增长率35.4%，关键驱动因素是物联网和5G网络的出现，“智能”芯片性能提升、“智能”应用程序数量的增加及云基础架构负载的增加。

随着人工智能应用的不断扩展，定位于数据中心（或称“云端”）的人工智能应用普遍存在功耗高、实时性低、带宽不足、数据传输过程安全性较低等问题。预计，未来会有更多人工智能芯片部署于网络“边缘侧”。“边缘侧智能”专指靠近智能终端以及数据源头的网络边缘侧，融合了网络、计算、存储、应用的开放计算平台，已经成为人工智能芯片的重要发展趋势。

谷歌公司的人工智能布局正逐渐走向边缘测。在2018年7月举行的谷歌云端服务年会Google Cloud Next上，谷歌公司发布一款名为“Edge TPU”的人工智能芯片，作为小型人工智能加速器（体积仅为一美分硬币的1/6），可在物联网（IoT）设备中实现机器学习算法的训练任务，这款芯片将为边缘设备提供强大的计算和学习能力，已成为谷歌公司边缘计算战略的重要组成部分；同时，发布Cloud IoT Edge，这是一款能够将Google的云服务扩展到物联网网关和边缘设备的软件堆栈。2018年11月，英伟达公司公开了NVIDIA Jetson AGX Xavier机器人专用芯片平台、面向边缘计算的DRIVE AGX Xavier汽车级人工智能芯片等，致力于边缘侧数据感知、汇聚和推演，并基于这些芯片和平台开始向用户提供企业级解决方案，正在逐步从芯片制造商转变为方案提供商的角色。

人工智能芯片将继续在物联网领域扮演更重要的角色。相比于数据中心的人工智能加速器，位于“边缘侧”智能终端中的人工智能芯片需要更低的延迟性、更低的能耗、更小的体积和更低的成本；其算法要相对成熟，无须进行频繁的迭代更新。目前，越来越多的硬件厂商开始提供边缘处理的强化产品，如边缘服务器、智能网关等产品。

三、各大芯片制造商在人工智能垂直领域实践深化

各大芯片制造商除了在单纯的研发层面需要更有针对性地进行技术攻坚之外，在整个芯片领域和产业的应用、行业化纵深发展等配套层面也积极快速进行探索和发展，推进应用更加“落地”，推动人工智能芯片产品更加实用化。2018 年，人工智能芯片领域的重大进展之一体现在各大人工智能芯片制造商立足于解决实际问题，在人工智能领域的实践正在不断深化。

在 2018 年 11 月举行的“2018 英特尔人工智能”大会上，英特尔公司发布了英特尔神经计算棒二代（英特尔 NCS 2），利用该计算棒可以在网络边缘构建更智能的人工智能算法和计算机视觉原型设备。英特尔 NCS 2 基于英特尔 Movidius Myriad X 视觉处理单元（VPU），并得到英特尔 OpenVINO 工具包的支持，与上一代神经计算棒相比性能更优，能够以可负担的成本加快深度神经网络推理应用的开发。英特尔 NCS 2 支持深度神经网络测试、调整和原型制作，可以帮助开发者进入实际应用的量产阶段。2018 年 11 月，英特尔公司牵头的联合研发团队开发的野外智能相机搭载了 Movidius 人工智能视觉处理芯片，可完成东北虎及有蹄类动物识别，以及人类识别（用于反盗猎）等多重识别任务。

2018 年，虽然高通公司收购恩智浦公司以失败告终，但这笔收购案突显高通公司的意图就是出自于拓展汽车芯片市场，智能汽车芯片的重要性也得以突显。2018 年 8 月，特斯拉宣布独立开发的人工智能芯片已经准备就绪。2018 年 11 月，早就成为特斯拉、沃尔沃供应商的英伟达公司发布了

DRIVE AGX Xavier 汽车级芯片。芯片的市场已经由 PC、移动互联网时代开始走向“智能汽车”时代。

四、浅析人工智能芯片发展趋势

作为人工智能技术的重要物理基础，人工智能芯片拥有巨大的产业价值和战略地位。人工智能芯片研发的核心在于芯片架构以及“感知—传输—处理/执行”全流程逻辑的研发：短期内以异构计算（多类型组合方式）为主，来加速各类应用算法的落地；中期侧重发展自重构、自学习、自适应的芯片，来支持算法的演进和类人（类脑）的自然智能；长期朝着“通用人工智能芯片”的方面发展。“通用人工智能芯片”是指能够支持和加速通用人工智能计算的芯片，能够让系统通过学习和训练，准确高效地处理任意智能主体（如人）能够处理的任务，其面临通用性（算法和架构）和实现复杂度等两个主要难点。

但从大趋势来看，目前人工智能芯片发展尚处于初级阶段，无论是科研还是产业应用都有巨大的创新空间。目前，主流人工智能芯片的核心主要是利用乘加计算加速阵列来实现对卷积神经网络中最主要的卷积运算的加速。这一代人工智能芯片主要有如下三个方面的问题：①芯片功耗问题，内存大量访问和乘加计算阵列的大量运算，造成人工智能芯片整体功耗的增加；②内存带宽问题，基于深度学习的人工智能计算所需数据量巨大，造成内存带宽成为整个系统的瓶颈，计算框架的高度并行与扩展成为亟待解决的关键问题；③性能和灵活度之间的平衡问题，深度学习对算力要求非常高，提升算力的最好方法是做硬件加速，但是深度学习算法的发展日新月异，新的算法可能在已经固化的硬件加速器上无法得到很好的支持。

因此，可以预见下一代人工智能芯片将有如下发展趋势：①计算框架的高度并行与扩展；②更高效的大卷积解构与复用；③神经网络参数/计算位宽的迅速减少；④更多样的存储器定制设计；⑤更稀疏的大规模向量实现；⑥复杂异构环境下计算效率提升；⑦计算和存储一体化。

五、结束语

人工智能是目前研究的焦点，而为人工智能提供最底层硬件技术支持的芯片行业更是研究热点。近年来，随着人工智能相关技术的跨越式发展，人们越来越看好人工智能的前景及其潜在的爆发力，而能否发展出具有超高运算能力且符合市场的人工智能芯片成为人工智能平台的关键。英伟达公司在目前的市场上保持着绝对的领先地位，但随着包括谷歌、脸书、微软、亚马逊等众多科技巨头相继加入决战，可以期待未来将迎来人工智能芯片发展竞争热潮。

（中国航天科工集团第三研究院三一〇所　李磊　葛悦涛）

2018 年深度学习技术发展综述

2018 年 12 月，斯坦福大学牵头发布了“人工智能指数”（AI Index）2018 年度报告。该报告阐述，在大型会议方面，神经信息处理系统会议（Conference on Neural Information Processing Systems，NeurIPS）、IEEE 计算机视觉与模式识别会议（IEEE Conference on Computer Vision and Pattern Recognition，CVPR）和机器学习国际会议（International Conference on Machine Learning，ICML）是参与人数最多的三大人工智能会议，其中 NeurIPS 和 ICML 参与人数增长最快（2018 年与 2012 年相比，NeuRIPS 增长 3. 8 倍，ICML 增长 5. 8 倍）；小型会议的参会人数增长同样有明显增长，甚至比大型会议的增长更加明显，最突出的是表征学习国际会议（International Conference on Representation Learning，ICLR），2018 年的参会人数达到了 2012 年的 20 倍。通过会议相关信息表明，近年来人工智能领域越来越关注深度学习，特别是深度学习中的强化学习技术。

一、深度强化学习的价值正在逐渐突显

深度强化学习是近年来人工智能领域内最受关注的研究方向之一，并

已在游戏和机器人控制等领域取得了很多瞩目的成果，值得关注的典型案例包括：DeepMind 攻破雅达利（Atari）游戏的深度 Q 网络（Deep Q - Network，DQN），在围棋中获得突破性进展的 AlphaGo 和 AlphaGo Zero，以及在 Dota 2 对战人类职业玩家的 OpenAI Five。深度强化学习是深层神经网络的一种形式，将深度学习的感知能力和强化学习的决策能力相结合，可以直接根据输入的对象实施控制，是一种更接近人类思维方式的人工智能方法。强化学习领域内的很多最大的挑战都围绕着两大问题：一是如何有效地与环境交互（如探索与利用、样本效率等）；二是如何有效地从经历中学习（如长期信用分配、稀疏奖励信号等）。深度强化学习是开发业务应用程序中的通用技术之一，对于训练模型，它所需要的数据更少；而且另一个优点在于可以通过模拟来训练模型，这完全消除了传统深度学习技术对标记数据的严重依赖。

2018 年，深度强化学习最引人注目的成就，当属 DeepMind 在 2018 年 12 月《科学》期刊上公开发表了 AlphaZero 完整论文，并登上期刊封面，AlphaZero 是 AlphaGo 和 AlphaGo Zero 的进化版本，依靠基于深度神经网络的通用强化学习算法和通用树搜索算法，已经学会了 3 种不同的复杂棋类游戏，并且可能学会任何一种完美信息博弈的游戏：在国际象棋中，AlphaZero 训练 4 小时就超越了世界冠军程序 Stockfish；在日本将棋中，AlphaZero 训练 2 小时就超越了世界冠军程序 Elmo；在围棋中，AlphaZero 训练 30 小时就超越了与李世石对战的 AlphaGo。《科学》期刊评价称，“AlphaZero 能够解决多个复杂问题的单一算法，是创建通用机器学习系统，解决实际问题的重要一步。”2018 年，历时两年开发完成的 Alpha 家族另一成员 AlphaFold 也被公开，它能根据基因序列来预测蛋白质的 3D 结构，并在有着“蛋白质结构预测奥运会”美誉的蛋白质结构预测的关键性评价（Critical Assessment of Protein Structure Prediction，CASP）比赛中夺冠，被誉为“证明人工智能研究驱动、加速科学进展重要里程碑”和“生物学的核心挑战之一上取得了重大进展”。AlphaFold 使用两种不同的方法，来构建完整的蛋白质结构预测，这两种方法均依赖深度强化学习技术：第一种方法基于结构生物学中常用的技术，用新的蛋白质片段反复替换蛋白质结构的片段，他们训练了一个生成式神经网络来发明新的片段，用来不断提高蛋白质结构的评分；第二种方法通过梯度下降法优化得分，可以进行微小的、增量的改进，从而得到高精度的结构。从 2016 年 AlphaGo 论文发表在《自然》期刊上，到今天 AlphaZero 登上《科学》期刊，Alpha 家族除了最新的 AlphaFold 之外，AlphaGo、AlphaGo Zero 和 AlphaZero 已经全部在顶级期刊《科学》和《自然》上亮相。

2018 年，谷歌公司在围绕深度强化学习的研究与应用中取得多项开创性进展。2018 年 6 月，谷歌大脑（Google Brain）提出了一个为强化学习环境构建的神经网络模型“世界模型”（World Models），世界模型可以通过无监督的方式快速训练，让人工智能在“梦境”中对外部环境的未来状态进行预测，大幅提高了完成任务的效率；2018 年 8 月，谷歌公司宣布推出一个新的基于 Tensorflow 的强化学习框架，称为 Dopamine，旨在为强化学习研究人员提供灵活性、稳定性和可重复性，这个强大的新框架有力地推动强化学习研究取得根本性的新突破；2018 年 10 月，谷歌 DeepMind 开源了一个内部强化学习库 TRFL，用于在 TensorFlow 中编写强化学习智能体，包含了 DeepMind 内部用于大量非常成功的智能体的关键算法组件，如 DQN 和 IMPALA（Importance Weighted Actor Learner Architecture）等。

2018 年 9 月，麻省理工学院和 Google Cloud 的研究人员提出 AutoML 模型压缩技术，利用强化学习将压缩流程自动化，完全无需人工，而且速度更快，性能更高。模型压缩是在计算资源有限、能耗预算紧张的移动设备上有效部署神经网络模型的关键技术。在许多机器学习应用（如机器人、自动驾驶和广告排名等）中，深度神经网络经常受到延迟、电力和模型大小预算的限制。该项研究能够自动查找任意网络的压缩策略，以实现比人为设计的基于规则的模型压缩方法更好的性能。

2018 年 10 月，美国能源部旗下的劳伦斯伯克利国家实验室发布了新的研究项目，旨在将人工智能应用到自动驾驶车辆中，从而使交通流更为顺畅、节省车辆油耗并改善空气质量。该机构还与加州大学伯克利分校（UC Berkeley）开展合作，将深度强化学习技术用于训练控制器，实现更加可持续的交通模式。

二、图网络推动深度学习迈向因果推理里程碑

2018 年 6 月，DeepMind 公司联合谷歌大脑（Google Brain）、麻省理工学院等机构 27 位研究人员将图与深度神经网络相结合，由此提出了一个全新的深度学习模块“图网络”（Graph Network），是对以前各种对图进行操作的神经网络方法的推广和扩展。由于“图网络”主要采用神经网络的方式对图进行操作，因此它又可以称为“图神经网络”。图网络具有强大的关系归纳偏置，为操纵结构化知识和生成结构化行为提供了一个直接的界面，由于其支持关系推理和组合泛化的优势，“让深度学习也能因果推理”，引起业界的广泛关注。

图网络的框架定义了一类用于图形结构表示的关系推理的函数，推广并扩展了各种神经网络方法，并为操作结构化知识和生成结构化行为提供了新的思路。图网络框架概括并扩展了各种的图神经网络、多层感知机神

经网络等，并支持从简单的构建模块来构建复杂的结构。图网络框架的主要计算单元是图网络模块，即“图到图”模块，它将图作为输入，对图的结构执行计算，并返回图作为输出。图网络框架的模块组织强调了可定制性，并能合成可以表达关系归纳偏置的新架构，其关键的设计原则可以概述为灵活的表征、可配置的模块内部结构以及可组合的多模块框架。2018年10月，DeepMind公司开源了内部的Graph Nets库，用于在TensorFlow中构建简单而强大的关系推理网络。

三、BERT模型领航自然语言处理全领域研究

自然语言处理（Natural Language Proceeding，NLP）被誉为“人工智能皇冠上的明珠”。2018年，深度学习技术在自然语言处理领域最瞩目的突破性进展是谷歌公司的BERT（Bidirectional Encoder Representation from Transformers）模型。2018年10月，谷歌公司发布的BERT模型被认为是自然语言处理领域“最强模型”，一经发布便引发了深度学习界持续而强烈的关注。BERT模型是一种对语言表征进行预训练的模型，经过大型文本语料库（如维基百科）训练后获得的通用“语言理解”模型，该模型可用于多种自然语言处理下游任务（如自动问答、情感分析等）。BERT模型之所以表现得比过往的方法要好，是因为它是首个用于进行自然语言处理预训练的无监督、深度双向系统。BERT模型是一种深度双向Transformer模型，刷新了11种自然语言处理任务的最佳表现，包括斯坦福问答数据集（SQuAD）等。在描述该模型的论文发布之后不久，其研究团队还开源了该模型的代码，并发布了可供下载的模型版本，已经在大规模数据集上经过预训练。BERT模型被广泛认为是一个重大的进展，因为它可让任何人都可以构建涉及自

然语言处理的机器学习模型，并将这种强大工具用作其中的组件，这能节省从头开始训练语言处理模型所需的时间、精力、知识和资源。

四、多任务学习探索通用人工智能初级形态

多任务学习（Multi-Task Learning）是指让单个智能体学习如何解决许多不同的任务，一直是人工智能研究的长期目标，被认为是通往通用人工智能（Artificial General Intelligence）的关键一环。关于通用人工智能（也称“强人工智能”）的相关研究希望通过一个通用的数学模型，能够最大限度概括智能的本质。目前对于“智能的本质”的比较主流的看法，是系统能够具有通用效用最大化能力，即系统拥有通用归纳能力，能够逼近任意可逼近的模式，并能利用所识别到的模式取得一个效用函数的最大化效益。

当前多任务学习存在的问题在于，强化学习智能体用来判断成功的奖励方案经常存在差异，导致注意力被集中在奖励更高的任务上。为了解决这个问题，2018 年 9 月，DeepMind 公司开发了 PopArt（Preserving Outputs Precisely while Adaptively Rescaling Targets），解决了不同游戏奖励机制规范化的问题，它可以玩 57 款雅达利电子游戏（包括雅达利经典的“突出重围”（Breakout）和“乒乓球”（Pong）游戏），并且在所有 57 款游戏中达到高于人类中间水平的表现。PopArt 的工作机制是在机器对不同任务的学习数据进行加权之前，先对数据目标进行自动的“归一化”调整，再将其转换成原始数据输出给机器。其优势体现在如下两个方面：①机器对不同奖励大小和频率的多个任务进行更稳健、一致的学习；②能够有效增加机器学习智能体的数据效率，降低训练成本。

近年来，多任务学习领域已经取得许多卓越的进步。随着人工智能研

究向更复杂的现实世界领域发展，构建一个单一的强智能体（General Agent）来学习执行多重任务将变得至关重要，而不是构建多个专家智能体。到目前为止，这已经被证明是一项重大挑战。

五、产业巨头纷纷开源深度学习模型与平台

随着深度学习在计算机视觉、自然语言处理等领域取得的成果越来越显著，对深度学习的讨论越来越多。谷歌、英伟达、脸书、微软等科技巨头在2018年围绕深度学习推出一系列开源框架。

2018年，谷歌第二代人工智能框架TensorFlow进行了多次重大改进，重点在于提高易用性和高效性，推出TensorFlow Hub、TensorFlow. js和TensorFlow Extended；提供Cloud TPU模块与管道；提供新的分布式策略API；提供概率编程工具；集成Cloud Big Table等。目前，TensorFlow在各类深度学习框架的对比中处于统治地位，谷歌公司宣布将于2019年发布TensorFlow 2. 0版本。基于TensorFlow，谷歌公司在2018年开源多款开发平台或模型：2018年1月，谷歌公司推出机器学习产品Cloud AutoML，拥有视觉、自然语言处理、翻译等多种服务；2018年10月，谷歌公司开源轻量级AutoML框架AdaNet，该框架基于TensorFlow，提供了一种通用框架，不仅能够学习神经网络架构，还能学习集成从而获得更佳的模型，仅需少量的专家干预便能自动学习高质量模型，在提供学习保证的同时也能保持快速、灵活；2018年10月，DeepMind公司开源一个用于在TensorFlow环境中开发强化学习智能体的代码库TRFL，打包了许多有用的基础组件，包含DeepMind公司自己用来开发DQN、DDPG及IMPALA等知名强化学习技术的许多关键算法组件；2018年11月，围绕称为自然语言处理领域重大进展的

BERT 模型，谷歌公司开源了 BERT 模型 TensorFlow 代码、BERT – Base 与 BERT – Large 模型的预训练检查点、微调实验结果的自动化复现 TensorFlow 代码、预训练数据生成和数据训练的代码。

2018 年 3 月，英伟达公司推出了一个更新的、全面优化的软件堆栈，还公布了其全球领先的深度学习计算平台所取得的一系列重要进展，包括 NVIDIA Tesla V100（最强大的数据中心 GPU）的 2 倍内存提升，以及革命性的全新 GPU 互联结构 NVIDIA NVSwitch，它可使多达 16 个 Tesla V100 GPU 同时以 2. 4 太字节/秒的速度进行通信，这一速度创下历史新高（相较于半年前发布的上一代产品，其深度学习工作负载性能实现 10 倍提升）；同时，英伟达公司推出 NVIDIA DGX – 2，是其在深度学习计算领域取得的重大突破，这是首款能够提供 2000 万亿次/秒浮点运算能力的单点服务器，具有 300 台服务器的深度学习处理能力，占用 15 个数据中心机架空间，而体积则缩小 60 倍，能效提升 18 倍。2018 年 11 月，英伟达公司发布了一个基于 Python 的迁移学习工具包（Transfer Learning Toolkit），打包了很多预训练的模型，并提供多 GPU 支持，用户还可以在工具包提供的原有神经网络上，增加数据或者增加特征，然后让它们重新训练以适应变化，该工具包主要面向智能视频分析和医学影像分析等两种应用。

2018 年 6 月，苹果公司在 WWDC2018 上发布了 Core ML 2，该框架是在苹果产品上使用的高性能机器学习和深度学习框架，能帮助开发者快速地将多种机器学习模型融合到移动应用程序中，比 Core ML 提速逾 30%；同时，苹果还发布 Create ML，支持计算机视觉、自然语言处理等机器学习任务模型开发，能直接在 Mac 上完成模型训练。

2018 年 11 月，由诸多硅谷科技巨头联合建立的人工智能非营利组织 OpenAI 推出深度强化学习教育资源 Spinning Up，一个旨在提供深度强化学习的项目。Spinning Up 包括一系列重要的强化学习研究论文，理解强化学习所必需的术语表，以及一系列用于运行练习的算法。该项目的推出不仅是为了帮助人们了解强化学习是如何工作的，也是为了让更多来自计算机科学领域之外的人参与进来，从而朝着 OpenAI 安全创建通用人工智能的总体目标迈进。

2018 年 10 月，脸书公司发布开源移动端深度学习加速框架 QNNPACK，可以成倍提升神经网络的推理效率，几乎比 TensorFlow Lite 快一倍；2018 年 12 月，脸书开源 PyTorch 1.0 稳定版，融合了 Caffe2 和 ONNX 支持模块化、面向生产的功能，并保留了 PyTorch 现有的灵活、以研究为中心的设计；同月，脸书开源了一个基于 PyTorch 的深度学习框架 PyText，旨在解决当前自然语言处理任务中时间紧且需要大规模部署之间的矛盾，能够迅捷化构建和部署自然语言处理系统，该框架不仅能简化流程更快部署，还能调取众多预构建模型和程序方便大规模部署。

由斯坦福大学主导发布的“AI Index”2018 年度报告指出，在众多深度学习开源框架中，TensorFlow 的受欢迎程度在开发者中遥遥领先，稳步增长；排名紧随其后的是 Scikit – Learn 和 BVLC/Caffe，但是落后明显。此外，根据 Google Trends 过去 3 年的统计数据可知，在全球范围内计算机科学领域，TensorFlow、Keras、PyTorch、Caffe、Theano 这 5 个深度学习框架在 Google 网页搜索的热度中，TensorFlow 一直处于领先状态且领先优势巨大，Keras 位居第二。

六、结束语

当前，深度学习技术在信息科学各领域已无处不在，并且正成为各自领域的标准方法，正在对医疗、法律、工程和金融等关键领域产生重大影响。作为现阶段人工智能的核心技术之一，2018 年深度学习技术在包括自然语言处理在内的多个研究领域均迎来里程碑式进展，相关研究不断突破小样本（甚至零样本）阻碍、不断探索通用人工智能初级形态。

（中国航天科工集团第三研究院三一〇所　葛悦涛　王彤）

2018 年脑与认知技术发展综述

被称为“三磅宇宙”的人脑不仅是人体中最复杂的部分，也是一个高度复杂的信息处理中心，数以十亿计的神经元相互连接进行信息交流，并通过整体协作来完成各种认知任务。随着近几年深度学习的迅速发展，人工智能成为了研究热点。然而，人类在认识世界和改造世界的过程中，从自然界与生物特征汲取了大量的灵感和经验。追根溯源，人工智能的发展离不开脑科学的研究。历史上，神经科学和人工智能两个领域一直存在交叉，对生物脑更好的理解，将对智能机器和自主系统的建造上起到极其重要的作用。

一、仿生学激发新型类脑深度神经网络构建

基于深度神经网络的深度学习是一种生物学简化模型，有着其固有的优点，具有很好的数学解释性、可以在现有的计算机架构上实现，但是同样有瓶颈，如计算代价高、不利于硬件实现等。如何理解和模仿人脑及神经系统对深度神经网络进行建模，是一直以来关注的焦点。近年来，相关

仿生学研究不断推进深度神经网络的迭代和更新。

2018 年 9 月，美国国家科学基金会（NSF）宣布将资助一系列增强对大脑机制理解的相关研究，旨在加速新型深度神经网络技术开发。其中，最具跨越式突破的技术是美国理海大学的“由活体细胞在培养皿中培育的神经网络”研究，以人类大脑和神经系统为模型的计算机系统，并对其进行编程，以计算基本的机器学习任务，该项目获得了 NSF 约 50 万美元的资助。由于相关生物的活神经元可以自然具备进行计算和学习的能力，所以该研究建立了一个试验测试平台，实现光学刺激并检测神经元生命网络中的活动，并将开发算法来训练这些神经元网络，这项研究能够帮助计算机科学家开发出会思考的固态机器设计的新方法，并可能影响其他与大脑相关的研究，可能会对神经元科学和计算机工程领域产生“变革性的影响”。

自体复制（Self – Duplication）是生物体生活中的一个关键部分，然而这在以往的人工智能中被忽略了。2018 年 4 月，哥伦比亚大学提出可以进行自体复制的深度神经网络，该研究旨在通过模仿生物的繁衍过程，来观察人工智能是否能持续地自体复制，其主要动机是人工智能智能体是由深度学习驱动的，自我复制机制为达尔文自然选择的发生提供了保障，如果神经网络有自我复制的机制，那么人工智能代理社群就可以通过像自然界一样的自然选择来简单地提高自己。

业界各大互联网巨头也在加速相关研究。2018 年 8 月，谷歌公司宣布推出一个新的基于 Tensorflow 的框架 Dopamine，旨在为深度强化学习研究人员提供灵活性、稳定性和可重复性。该平台的灵感来自于大脑中奖励动机行为的主要组成部分之一——多巴胺受体（Dopamine Receptor），这反映了神经科学和强化学习研究之间强大的历史联系，其目的是使这种推测性的研究能够推动根本性的发现。2018 年 9 月，IBM 公司开发了一套能够自动选择人工智能优化算法的系统，其核心是提出模拟神经突变的进化算法，可以为机器学习任务自动选择最合适的算法，选择速度提升了超过 50000 倍，错误率仅上升 0.6%，有效缓解了当前研究寻找最优的机器学习算法成为一项艰巨又耗时的问题；该优化已集成到 IBM 的云服务中，并将其提供给客户使用。

二、人脑结构和功能图谱突破提振人工智能革新

大脑作为人体最复杂的器官，其功能之强大远未被人类所认识。破译大脑秘密，不仅有助于对人类脑疾病的处置，还会对信息和智能产业的发展产生巨大的推动作用。

刻画神经系统中的生物网络结构是一个被称为连接组学（Connectomics）的研究领域，它是计算密集型的。人的大脑大约包含由 100 万亿个神经突触连接起来的 860 亿个神经元，如果对 1 毫米^3 的人脑组织进行成像，可以产生超过 1000 太字节的数据。2018 年 3 月，英特尔公司与麻省理工学院的计算机科学和人工智能实验室合作开发了“下一代”脑图像处理流水线，这项工作是最先将机器学习应用于联通组学的研究。2018 年 8 月，谷歌公司和德国马普学会联合开发出了一种回归神经网络，能够描绘出人类大脑的神经元图谱。研究人员采用了一种边缘检测算法来识别神经突起的边界（生长于神经元体上的结构），结合反馈卷积神经网络（递归神经网络的一个子类别）将扫描图像中能够描述神经元的像素组合在一起并进行突出显示，相关成果发表于《自然方法》期刊。

2018 年 5 月，伦敦大学和 DeepMind 公司联合发布基于人工智能技术复现大脑导航功能的最新成果，该研究通过使用深度学习技术来训练一只老

鼠，在虚拟环境中追踪其位置，模拟人类大脑的空间导航能力。该研究使用人工智能来创造复杂神经节点来模拟人类大脑的空间导航能力，证明了人工智能算法的强大能力，能够协助传统的神经科学研究来测试大脑工作原理。该研究能够协助传统的神经科学研究来测试大脑工作原理，相关成果发表于《自然》期刊。

2018 年 8 月，瑞典卡罗琳学院通过研究绘制出了小鼠神经系统中多种细胞类型的系统且全面详细的图谱，该图谱或能为研究人员提供揭示机体神经性疾病起源的线索；此外，研究人员还能利用相同的方法来绘制出关于人类大脑的详细图谱。该研究是迄今为止对哺乳动物神经系统架构的最新研究，相关成果发表于《细胞》期刊。在这种新型神经系统图谱的帮助下，研究人员就能够在特殊类型的细胞中锁定致病基因，对于有效阐明疾病发生机制提供了新的线索，同时也能帮助研究人员开发出新型疗法来治疗相关的神经性疾病。

未来围绕人脑功能图谱将会涌现出许多新的前沿领域和多学科交叉研究方向，特别是脑网络组图谱对神经解剖学、认知科学、儿童青少年脑发育和教育、人工智能等领域将会产生重要推动作用。

三、脑机接口技术不断突破，非侵入性神经接口技术成为热点

“脑机接口”的主要功能就是捕捉人脑在进行思维活动时产生的一系列脑电波信号。通过对脑电波信号进行特征提取、功能分类，就能辨别人的真实意图。目前，脑机接口领域的侵入性神经技术能够精确、高质量地连接到特定的神经元或神经元组，已用于脑损伤等疾病患者，但不适于健康人群；脑电图、经颅直流电刺激等非侵入性神经技术远达不到实际工作中

所需的精确度、信号分辨率和便携性要求。因此，根据生物医学工程、神经科学、合成生物学和纳米技术等领域的最新进展，实现高分辨率的下一代非侵入性神经接口技术成为研发趋势。

目前在DARPA神经科学项目中，神经科学与脑机接口是其研究的重点领域，也是近年进展最快的领域之一。该领域覆盖了感觉知觉、运动神经、外周神经、中枢神经等不同接口技术，旨在增强士兵的认知和决策等能力，大幅提升脑机交互和脑控技术。2018年3月，DARPA生物技术办公室提出“下一代非侵入性神经技术”（N3）项目（DARPA的2019财年预算中，该项目2018年和2019年总费用超过2700万美元），开发高分辨率的便携式神经接口，能够同时读取和写入人脑的多个位置，在非手术的情况下实现大脑和系统间的高水平通信，从而把先进神经技术应用于健康士兵，支持美国国防部在未来改善人机交互。N3项目具有较高的时空分辨率和较短的延迟时间，功能与目前的微电极技术类似，是集成神经记录（读出）和神经刺激（写入）的双向接口技术。该技术专注于两种方法：一是无创神经接口，通过外部刺激器和传感器实现机器与脑神经的直接通信，无创神经接口包括集成到身体外部设备（一台或多台设备）中的传感器和刺激器子组件；二是精创神经接口，将纳米传感器精确导入特定脑神经位置，与外部传感器和刺激器相互作用，实现机器与该位置脑神经的直接通信，精创神经接口包括读取和写入大脑内部的纳米传感器，与内部纳米传感器相互作用的外部子组件集成设备。N3接口还包括一个计算与处理单元，提供与任务相关的神经信号实时解码/编码。

2018年8月，DARPA公布“神经工程系统设计”（NESD）项目，该项目旨在研发一种可植入人体的生物兼容神经接口（体积小于1厘米^3），能够使人类大脑直接与电脑连接，在大脑神经元的电化学语言与电子信息技术语言（0 和 1）之间进行转化。目前该系统允许将大脑与电脑通过 100 个频道互相连接，每个频道同时收集成千上万大脑神经元的信息，其结果是脑机交互过程中噪声很多而且信息不精确。为此，DARPA 正在完善这项技术，以使这种系统可与特定大脑区域的多达百万个神经元精确相连。这将实现对脑机交互系统更好的控制，减少其噪声，而且理论上可以提高大脑与电脑的沟通速度。

2018 年 9 月，DARPA 公开了“假肢革新计划”（Revolutionizing Prosthetics Program）项目的最新研究成果，该项目研发的新技术能够赋予飞行员借助思维同时操控多架飞机和无人机的能力，旨在实现士兵远距离作战。由于这种人机接口利用的是植入或者连接到大脑感知和运动皮质层的电极，所以试验只能局限于那些存在各种不同瘫痪程度的志愿者。也就是说操控这些模拟飞机的人们已经拥有了大脑植入物，或者至少有理由进行这种植入手术。

四、人工神经突触不断演进促进仿真人造大脑研究

长期以来，神经形态计算领域的研究人员都希望能将人脑的能力“复制”到计算机芯片。这样的基于人脑的芯片与现在基于二进制、开/关信号进行计算的数字芯片非常不同，其元件将以模拟的方式进行工作，通过交换梯度信号或权重信号来激活，非常类似于神经元依靠流过突触的离子种类和数量来激活。通过这种方式，小型神经形态芯片可以像大脑一样有效地处理数以百万计的并行计算流，而目前只有大型超级计算机才有可能实现这种并行计算。这种便携式人工智能技术目前主要的障碍便是神经突触，这在硬件上实在难以实现。

2018 年 1 月，麻省理工学院利用硅锗芯片实现了高度可再现的单通道人工神经突触，克服了非晶态介质的非均匀性缺陷，类脑计算的发展又迈出了突破性一步，相关成果发表于《自然材料》上。在模拟仿真过程中，研究人员发现该芯片及其突触可以识别手写样本，其识别准确率达到 95%。这一成果也被认为是迈向用于模式识别和其他学习任务的便携式低功耗神经形态芯片的重要一步。

2018 年 2 月，致力于开发模拟人脑运作的高效能神经形态计算芯片的美国国家标准和技术研究院（NIST）研发出一种“超导开关”，可让机器像人脑一样做出决策，从而令机器成为媲美人脑智力的“人工大脑”。这种“超导开关”实际上是人工神经突触，与生物大脑的神经突触非常类似，可以通过处理接收到的电信号和生成相应的输出信号来“学习”。“超导开关”工作原理与生物大脑中让神经元相互传递信息的神经突触相类似，且其功耗、速度都比人脑更有优势。例如，在信号传输速度上，人类神经突触每秒只能发送 50 次左右，但人工开关每秒可发送 10 亿次，且随着发送和接收电信号的频率越快，突触的连接就越强，这种“类神经计算机”的性能就越高。2 月，美国西北大学研制出多端子“忆阻器晶体管”，运行方式与神经元相似，可以同时执行记忆存储和处理两项工作。

2018 年 5 月，斯坦福大学和韩国国立首尔大学开发了一种人工感觉神经系统，可以激活蟑螂的抽搐反射，也能识别盲文字母。这种人工感觉神经回路集成了触觉传感器、电子神经元、人工突触晶体管，可以嵌入到未来神经假肢设备和软机器人的皮肤上，成为假肢制造人造皮肤的一个步骤。相关成果发表于《科学》期刊，这种人工感觉神经系统是向各种各样的应用创造类似皮肤感觉神经网络迈出的跨越式一步。

五、结束语

尽管近年来深度学习和大数据的出现使得现有人工智能模型在一些任务上超越人类，但是对于人脑可以处理的复杂问题却无能为力，同时需要大量的计算资源和数据资源作为支撑。要解决这一问题，越来越多的研究开始关注神经科学和人工智能的交叉：如何理解和模仿人脑及神经系统对深度神经网络进行建模，如何绘制人脑功能图谱等，成为亟待解决的核心问题。此外，脑与认知技术的飞速发展，有助于类脑人工智能芯片的快速演进。

（中国航天科工集团第三研究院三一〇所　王彤　葛悦涛）

2018 年人机交互技术发展综述

随着人机交互技术的深入发展，人机交互的概念逐渐从狭义走向广义，由一开始的 HCI（Human Computer Interface）逐渐转变成了 HMI（Human Machine Interface）。人机交互的范畴也不断拓展，从鼠标键盘到以苹果公司 Siri 技术为代表的语音交互，再到以微软 Kinect 技术为代表的体感交互，新的交互设备、交互界面以及交互手段使人机交互技术的发展方向越来越多元化。而其在军事方面的应用也越来越值得期待。2018 年 8 月 29 日至 31 日，美国海军水下战中心（NUWC）纽波特分部在 Narragansett 海湾举办了 2018 年高级海军技术演习（ANTX），演习主题就是"人机交互"。

一、新型交互设备、交互界面以及新的交互概念不断涌现

传统输入方式已无法适应越来越智能化的应用场景，更高效率的传感技术衍生出新的输入方式。可视化技术、脑—机接口（BCI）技术作为人机交互领域的研究分支之一，在应用层面值得进一步探索。

（一）人机交互顶级会议展示了多项新颖的人机交互成果

2018 年4 月21 日至26 日，人机交互领域顶级会议——CHI（ACM SIG-

CHI Conference on Human Factors in Computing Systems）2018 在加拿大蒙特利尔举行。此次会议上，主要有3 项重大发现：①麻省理工学院的研究人员展示了一种可触摸介质——可编程液滴，它可以在某个物体表面上对液滴进行精确的控制（移动、融合或者分开），通过对液滴精确的控制进行信息的传递和表达。这是一种新型的实体化的人机交互设备，也是一种新的交互方式。②卡内基·梅隆大学等高校的研究人员展示了如何将人体皮肤作为可触摸的显示界面。通过 15 流明的投影仪模块和触摸传感器，可以让使用者身体约 40 厘米^2 区域的皮肤上滑动或者点击，使用者可以轻松地打开设备并控制应用程序。这是一种新型的人机交互触摸界面。③圣路易斯华盛顿大学等高校的研究人员展示了分析医疗数据的可视分析系统。该系统可以通过可视化心电图数据，结合异常检测算法，让医生更直观快速地找到心电图信号的异常，帮助医生进行快速的决策和分析。可视分析技术利用数据可视化与人机交互界面，在数据挖掘的基础上，将机器的运算能力和人类的知识经验进行结合，帮助人们更直观高效地洞悉数据。

（二）DARPA 开展 N3 脑机交互项目

2018 年 3 月 16 日，DARPA 生物技术办公室提出“下一代非侵入性神经技术”（N3）项目，开发高分辨率的便携式神经接口，能够同时读取和写入人脑的多个位置，在非手术的情况下实现大脑和系统间的高水平通信，从而把先进神经技术应用于健康士兵，支持美国国防部在未来改善人机交互。2018 年 7 月，DARPA 发布了跨部门公告，然后进行承研方遴选，预计在 2019 年初签订合同，该项目 2018 年、2019 年两年总费用为 2703. 5 万美元。N3 项目旨在发展高分辨率非侵入性脑神经接口技术，推动士兵与半自主、自主武器装备的完全交互能力，实现战场士兵的超级认知、快速决策和脑控人机编队等超脑和脑控能力。N3 具有无需手术、分辨率高、精确度高、延迟时间短等优点，将成为提高士兵的认知和决策能力、士兵和武器装备信息交互能力以及士兵意念控制武器能力的重要手段。N3 作为人机交互技术，具有较高的时空分辨率和较短的延迟时间，是集成神经记录（读出）和神经刺激（写入）的双向接口技术。N3 项目的目标是实现士兵的超脑和脑控能力，实现士兵与机器的无线脑机交互，让士兵大脑成为高速 CPU 以实现快速决策和认知，让士兵使用意念控制以实现人机交互。

但是，要实现上述目标，N3 项目还面临一系列的技术挑战和伦理安全等问题：一是在实战应用中面临的问题，如信号散射、衰减、信噪比、各种防护装备的信号屏蔽等问题；二是可能导致士兵精神或神经性疾病，在设计过程中必须考虑好人机交互中的人类决策所占的比例问题，如果给人脑增加太多认知会使士兵认知负荷过重导致精神或神经性疾病；三是完全的脑机接口实现会带来伦理和安全问题，实现人脑和机器的交互，人的意识（记忆、思想和情感等）可完全上传和下载，随时给士兵脑部输入各种战术技能的记忆和思想，将完全颠覆人脑学习能力，可能会给士兵带来意识混乱、精神控制等毁灭性后果。

二、增强现实或混合现实技术将成为主流

随着人机交互技术的发展，虚拟现实技术很可能会慢慢被淘汰，加入支持更多实景的增强现实或混合现实设备会越来越多，未来增强现实技术将超过虚拟现实技术成为主流。2018 年，虚拟现实（VR）和增强现实（AR）技术作为越来越成熟的人机交互技术在军事方面有了更多的应用场景，并进一步向混合现实（MR）技术发展。增强现实是将计算机生成的图像叠加在真实世界中，而虚拟现实是将用户的视野遮挡，完全由计算机生

成的图像所替代。这两项技术都是在视觉上使用了由计算机生成的信息。混合现实技术是一组技术组合，通过在现实场景呈现虚拟场景信息，在现实世界、虚拟世界和用户之间搭起一个交互反馈的信息回路，以增强用户体验的真实感。

（一）BAE 系统公司投资增强现实技术以提高未来作战系统能力

2018 年 11 月，英国 BAE 系统公司宣布投资 2000 万英镑用于增强现实技术和人工智能的开发力度，以提高未来作战系统的能力，其中部分投资将通过可穿戴 AR 眼镜等产品将增强现实技术应用到海军舰船的舰桥上。这款 AR 眼镜能够支持舰员在舰上的任何位置查看战术数据和操作信息，也可以将友方舰艇的位置或其他数据叠加到真实世界视图上，从而增强舰员对态势的感知能力。这些新技术将帮助海军提高在未来战场中的决策能力，使他们能够更好地应对威胁，有助于提高作战效率，降低全寿命期间的维护费用。

（二）美国陆军计划开发新型增强现实单兵头盔显示器

美国陆军官员在陆军协会 2018 年度全球军力研讨会上披露，美国陆军将对一款名为 HUD 3.0 的新型头盔安装显示器进行测试。该新型头盔显示器利用在物理世界上叠加数字化数据的增强现实技术帮助士兵更好地瞄准和导航，甚至可以虚拟敌人并投射到士兵的视野上以进行训练。常见的军用增强现实设备是战斗机上的平视显示器（HUD），它将数据投射到飞行员面前的透明窗格上，以便其在搜寻空中危险目标的同时能读取仪器数据，而无须低头看刻度表和屏幕。这种技术在作战飞机中已经普遍运用，但目前还没有针对单兵的小型化增强现实设备。HUD 3.0 将能够在佩戴者的视野范围上叠加战术网络的实际数据、数字地形、障碍物甚至是虚拟敌军，使部队能够运用更加复杂和具有挑战性的训练场景。但是，HUD 3.0 在技术和战术上都有很多细节需要考虑，如显示器需要非常详细的战术符号体系；需要设置菜单或开关来控制士兵看到的细节，避免其显示的信息遮挡士兵的视野。

（三）美国海军为 T－45 教练机开发虚拟和增强现实训练系统

2018 年 5 月 16 日，高级模拟和训练软件开发商——波西米亚互动模拟（BISim）公司宣布，将利用增强现实和虚拟现实技术，为美国海军提供 T－45 教练机机组训练技术。BISim 公司通过海军项目办公室（PMA－205）和海军空战中心训练系统分部为海军航空兵训练提供支持。BISim 公司将开发一个增强现实视觉系统，通过头戴式显示器使学员沉浸在高保真虚拟环境之中，但同时可在虚拟环境中看到物理模拟器驾驶舱并与之交互，从而与 T－45模拟器驾驶舱互动。此外，还将开发两个 T－45 教练机虚拟现实专项训练器（VR－PTT），使用虚拟现实技术复制 T－45 教练机的驾驶位、航空电子设备和飞行动力学特征，作为现有虚拟和现场培训的补充，以便针对特定需要进行训练。BISim 公司试图通过虚拟现实和增强现实技术从根本上改变机组人员培训方式，并提高飞行员的准备度。一旦研制成功，意味着其增强现实视觉解决方案可与所有目前在用的模拟器结合使用，与传统的图像生成和基于项目的解决方案相比，至少可以节省一个数量级的成本。

（四）美国海军将利用 VR/AR 加强舰队战备能力

2018 年 7 月，美国海军陆战队中心 Hueneme 分部（NSWC PHD）宣布与默贝克公司（Moback）签署了合作研究与开发协议，合作研究军事增强现实和虚拟现实技术的应用，以评估增强现实/虚拟现实技术在舰队训练、舰船维护全寿期工程中的应用情况。这份协议已成为正在进行的“海军创新科学和工程 219AR 技术研究项目”的一部分。该合作未来主要是针对舰载技术和作战武器系统的远程支持以及改进舰队的训练工作。增强现实和虚拟现实技术的研发对舰队支援任务来说至关重要，该项技术将显著提高海军舰队的杀伤力。

（五）美国海军通过混合现实技术培训潜水员停靠运输载具

2018年5月，美国海军位于圣迭戈的混合现实作战空间开发（Battlespace Exploitation of Mixed Reality，BEMR）实验室通过混合现实技术帮助美国海军SEAL团队培训潜水员停靠运输载具（SDV）。该技术可以虚拟地将SDV安置在一艘潜艇的甲板上，并且可以让美国海军SEAL团队开展高度复杂且危险的培训活动，而无须面临真正的SDV停靠作业所带来的高风险和高成本。尤其是在维护作业中，维修者可以戴上增强现实眼镜，看到叠加在上面的信息，就像是有一个虚拟专家或远程专家在身边那样，接受其指导并完成任务。通过演练，将混合现实技术用于系统维护、原型设计和操作被证明是非常有用的。

虚拟现实和增强现实技术作为沉浸式人机交互技术的重要发展方向之一，在军事上已经有了多种不同的应用场景，在训练时能降低成本和风险，在作战时能提高使用和维修效率。而混合现实技术在军事方面的应用也是非常值得期待的。

三、结束语

人机交互技术的发展是人类不断运用新技术增强自身能力的过程，正如运用汽车突破行走的速度限制、运用电话突破听力的范围限制一样。虽然人机交互技术的范畴在不断扩展，但很多需要神经学、脑科学、信息学等多学科融合创新，技术瓶颈有待突破，真正落地尚需时日。尤其是在军事上应用，会面临各种各样的特殊情况，如从舰艇甲板上刺眼的光照环境突然走进一间黑暗的舱室，增强现实头显需要能够快速和可信赖地做出适应。再加上舰艇设备的振动、巨大的噪声、海浪的泼溅，各种天气状况，以及舰身的晃动和摇摆，这些都使人机交互技术更加复杂。人机交互技术未来的前景是通过实现人机的无缝集成减少人类操控的工作量，其中期目标为机器推测人类意图，远期目标为减少人的认知负担。

（中国船舶工业系统工程研究院　张哲　卫宁）

2018 年人机融合智能技术发展综述

人机融合智能是一种由人、机、环境系统相互作用而产生的新型智能形式，它既不同于人的智能也不同于人工智能，是一种物理与生物相结合的新一代智能科学体系。人机交互技术主要涉及人脖子以下的生理心理工效学问题，人机融合智能主要侧重人脖子以上的大脑与机器的“电脑”相结合的智能问题。人机融合智能之所以与人的智慧、人工智能不同，具体表现在三个方面：首先是在智能输入端，它是把设备传感器客观采集的数据与人主观感知到的信息/知识结合起来，形成一种新的输入方式；其次是在智能的数据/信息中间处理过程，机器数据计算与人的信息认知融合起来，构建起一种独特的理解途径；最后是在智能输出端，它把机器运算结果与人的价值决策相互匹配，形成概率化与规则化有机协调的优化判断。

2018 年，人机融合智能技术呈现单/多个弥聚态势，既关涉个人也与“群体”智能有关，这里的人不仅包括个人还包括众人，机不但包括机器装备还涉及机制机理，除此之外，还关联自然和社会环境、真实和虚拟环境等。

一、人机融合智能技术逐步深入，发展人机编队提升地面部队作战力量

2018 年 4 月 25 日，美国战略与预算评估中心发布《未来地面部队人机编队》报告，报告主要从以下四个方面进行阐述：发展未来地面部队人机编队的主要推动因素、可使未来地面部队在战争中获得竞争优势的三种人机编队形式、发展未来人机编队面临的挑战以及通过人机编队提高未来地面部队作战效能的战略。

（一）发展未来地面部队人机编队的主要推动因素

（1）地缘政治。随着中国、俄罗斯军事能力的发展和现代化进程，地面部队军事作战的特点也将发生演变。因此，备战大规模地面作战对于西方国家地面部队而言势在必行。

（2）人员结构。机器人和智能机器将对全球就业环境产生巨大变化。新技术可使目前众多需要士兵执行的任务实现自动化，从而推动新型军事人员模式的制定以及新型地面力量结构的规划。

（3）明确机器人、AI 和增强技术的破坏性效应。地面部队在采用这些技术前应考虑其双重影响。

（4）增强的能力因素。将人员与机器人和 AI 能力组成编队可增强国家军事实力，提升个人和团队效能，同时可减少对人员造成的威胁；机器人和 AI 可实现新型作战概念；地面部队在未来作战中可优先使用机器人。

（二）未来人机编队的三种主要形式

报告认为，同时发展三个领域可实现项目交互并极大地提高未来地面部队的可部署性、杀伤性和可持续性。

（1）人与机器人编队。该领域致力于人机合作伙伴关系以及了解人如何与机器合作伙伴进行互动，旨在研发监视、可分派给大型机器人编队任务以及与机器人编队互动的能力。

（2）人与 AI 编队。人与 AI 的组合可主要应用于战略和作战规划以及分析未来活动。这需要开展既与人机器人编队相关却又与之不同的专门分析研究。

（3）人员增强。人机编队模式旨在利用机械的、可穿戴和可植入的能力来增强人员现有能力。

（三）发展未来人机地面部队面临的挑战

（1）人机编队的战略挑战。机器人和先进 AI 的使用可降低发动战争的门槛，破坏战略稳定性；未来人机编队将对战略发展和实施构成挑战；作战中机器人的杀伤性行动该由谁承担责任；人员增强技术的应用对军民关系的影响。

（2）地面部队各机构的挑战。该方面的挑战包括机构文化、作战概念、网络和信息安全、人员与教育和训练、成本、采办官僚主义作风等。

（3）战术层面的挑战。该方面的挑战包括认知负担、知情同意、人的尊严及信任。

（四）未来地面部队人机编队发展战略

（1）5 年战略。开展研究、实验和规划工作，制定更长期的目标和对资源进行优先排序。监视方面，地面部队应开展相关项目，旨在监视机器人、AI、大数据分析和人员增强等发展情况；设计方面，地面部队现代化规划人员也必须着手设计下一代人机编队；试验方面，地面部队必须开展试验。

（2）中期战略（至 2030 年）。未来 10 年，地面部队需对以下方面做出决策：地面部队的组织结构和规模；如何平衡作战和非作战力量；如何使训练和教育体系适应全新的人机编队结构；如何正确使用具有杀伤能力的自主系统和AI系统。投入：地面部队将根据以上决策进行投入。发展人机编队需要地面部队对大学与大型公司的研究部门在机器人和人工智能方面的研发能力进行投入；对人员的教育和训练进行投入，为更加一体化的人机编队提供支持。形成能力：对专业军事教育进行调整，以纳入更加技术导向型学科，使所有领导者具备更强的技术和数字知识能力。

二、以美国为主的发达国家高度重视亚洲地区在人机融合领域的研究

（一）人工融合技术用于寻找隐藏的核导弹

2018年6月，DefenseOne、VentureBeat等多个网站报道，美国军方正在加大对一项秘密研究的投入，旨在利用人工智能辅助预测携带核弹头的导弹发射，并能跟踪和瞄准朝鲜和其他国家的移动发射装置。

该项目目前处于机密计划中，探索开发有人工智能驱动的系统，旨在更好控制美国免受潜在的核导弹袭击。特朗普提议在2018年增加3倍以上的资金，其中仅仅一项人工智能驱动导弹项目的预算就高达8300万美元。这标志着人工智能技术驱动反导系统的研究越来越受到美国关注。

人机融合智能是强人工智能，它既包括人工智能的技术研究，也包括机器与人、机器与环境，以及人、机、环境之间关系的探索。如果这项研究取得成功，这种计算机系统将能够自我思考，用超出人类能力的速度和准确度搜寻包括卫星图像在内的大量数据，以寻找导弹发射准备的迹象。

虽然该项目一直保密，但军方已明确地表示出其对人工智能的兴趣。例如，五角大楼曾透露，它正在利用人工智能识别无人机计划所收集的视

频中的物体，这是 2017 年发起的一项名为“Maven”项目的公开宣传活动的一部分。

（二）人机融合技术在识别导弹阵地中的应用

2017 年 10 月，美国密苏里大学地理空间智能化研究中心在美国《应用遥感》期刊（影响因子 1.107）上发表了《基于深度卷积神经网络的快速大面积搜索检测中国地空导弹阵地》的论文。论文披露，该研究团队采用深度卷积神经网络（DCNN）算法，对我国东南沿海 8.8 万千米^2 光学遥感图像中的地空导弹阵地进行检测，判读准确率达到 90%，所需的时间降为 42 分钟，而人工判读消耗时间为 60 小时，判读效率提高了 81 倍。

（三）外媒称中国希望最终达到“人与机器融合的程度”

人机融合智能研究的对象是物理和生理混合的复杂系统，是广义上的“群体”智能，包括人、机和环境。人类理解世界是通过认知，所以人能在相关表面上看上去无关的东西，但是机器却做不到。人具有跨领域结合的能力，但是机器却做不到。人具有跨领域结合的能力，而机器却没有。建立人和机器之间的双向交互关系，是实现真正智能的突破口。

2018 年 10 月 11 日，美国“防务一号”网站发文表示，美国军方高级情报员越来越担心中国在人工智能等“提升人类效率”方面的研究。美国国防情报局（DIA）局长罗伯特·阿什利（Robert Ashley）在举行的美国陆军协会年度会议上表示，“人机融合”是颠覆性技术的一个“关键领域”，将会影响美国的国家安全。他认为“中国在研究神经网络和人工智能方面所作的努力是一个分阶段的过程，希望最终达到‘人与机器的融合’的程度”。

美国新安全研究中心（CNAS）技术与国家安全项目研究员艾尔莎·卡尼亚（Elsa Kania）表示，中国政府正在资助有关人机融合的学术研究（图 1）。

图 1　艾尔莎·卡尼亚在 2018 年度“疯狂科学家”（Mad Scientist）大会上发表演讲，提到中国军队的“人机融合”

三、DARPA：人类正走在与机器变成共生联盟的道路上

1960 年，心理学家和计算机先驱 JCR Licklider 发出预言：“用不了多久，人类大脑和计算机将紧密地耦合在一起，这将带来人类大脑前所未有的思考模式，以及与当前截然不同的信息处理方式。”2017 年 DARPA 局长提出：人机融合之路已经开启，但人类似乎还没有做好准备。DARPA 推出了一系列与人工智能算法相关的项目，涉及机器学习等基础技术领域，也注重利用人工智能算法提升分布式作战、人机融合、辅助指挥决策等相关能力。

（一）DARPA“班组 X”项目助单兵获“超人”战场感知能力

2018 年 2 月，DARPA 正在开展“班组 X 核心技术”和“班组 X 试验”

两个项目，谋求为士兵配备新的前沿技术装备。该项目经理菲利普·罗特中校表示，这两个项目旨在研发和集成无人机、无人地面车辆、先进传感器和机器学习等新技术，使之成为班组的外延力量。

对于“班组X核心技术”项目，DARPA已向工业部门授出8份第二阶段合同，用于研发精确交战、非动能交战、班组感知及班组自主性等4个领域的新系统，并且经过试验，该系统从海军陆战队获得了技术和作战上的积极反馈。在班组感知上，合同商演示验证了在更远距离内探测和跟踪无人机的能力。在班组自主性上，一部地面机器人同一组海军陆战队队员一起行进了约25英里（40.23千米）。

对于“班组X试验”项目，“班组X核心技术”将融入“班组X试验”项目。DARPA已授予洛克希德·马丁公司和BAE系统公司合同，旨在将“核心技术”项目的所有4个重点领域整合至一个系统。DARPA计划对这些技术进行实验，验证它们是否能真正提高性能，并计划继续增加技术的复杂度。

2018年11月30日，DARPA称，“班组X试验”项目第一次测试成功演示验证了扩展和增强小股下车作战单元的态势感知能力。在加利福尼亚Twentynine Palms（海军陆战队空地作战中心）为期一周的系列测试中，美国海军陆战队班组提高了同步机动的能力，采用自主空中和地面载具检测来自多个作战域（物理、电磁和网络）的威胁，在班组进入作战场景时提供关键情报。

该项目为陆军、海军部队下车作战单元提供了自主系统。第一阶段将于2019年结束，之后DARPA将选择最终一个合同商。DARPA希望这个将于2021年结束的项目能够带来可快速投入使用的前沿技术。

（二）DARPA 开发“CHESS”项目，利用人机协同来加速检测零日漏洞

2018 年 4 月，为解决扩大和加速漏洞检测能力所面临的挑战，DARPA 信息创新办公室（I2O）公布了人机探索软件安全（CHESS）项目。CHESS 项目旨在使人与计算机能够协作推理软件工件，开发能够以适合不断增长的复杂软件生态系统的速度和规模，发现并解决“零日漏洞”的功能。从基于人力驱动的手动过程转变为基于先进的计算机与人类协作的过程，为更广泛的技术或潜在非技术专家提供机会，以协助检测和修复已知和新出现的威胁。

（三）DARPA 计划启动人机共生方面的研究

2018 年 9 月，DARPA 在“下一代人工智能”（AI NEXT）设想，在未来机器不仅是执行人类编程规则或从数据集中归纳推演的工具，而将更多地作为同事。因此，DARPA 在人机共生方面的研究和开发确立了与机器合作的目标。以这种方式启用计算系统至关重要，因为传感器，信息和通信系统生成数据的速率已超出人类可以消化吸收、理解和行动的速度。将这些技术融入与作战人员合作的军事系统中，将有助于在复杂、时间紧迫的战场环境中做出更好的决策；能够共同理解大量、不完整和矛盾的信息；并使无人系统能够安全地执行关键任务并具有高度自治。DARPA 将其投资重点放在第三次人工智能浪潮上，这种人工智能带来机器的理解和推理。

四、结束语

人机融合智能研究是智能技术发展到一定程度的产物，它既包括人工智能的技术研究，也包括机器与人、机器与环境，以及人、机、环境之间关系的探索。与很多新兴学科一致，它的历史不长，但发展速度很快。并

且可以预期的是，人机融合技术本身离我们设想的智能程度还相去甚远，且自发地将人的智能迁移到机器中去的想法本身实现难度就极大。这是一个很难回避的问题。这些都需要智能科学家进行进一步的研究。人机融合智能研究不仅仅要考虑机器技术的高速发展，更要考虑交互主体——人类的思维与认知方式，让机器与人类各司其职，互相促进，这才是人机融合智能研究的前景与趋势。

（北京邮电大学人机交互与认知工程实验室　刘伟）

2018年目标识别技术发展综述

目标识别旨在从场景或图像中定位大量预定义类别的物体，是计算机视觉领域中最基本和最具挑战性的问题之一。借助深度学习直接从数据中学习特征表示的优势，2012年卷积神经网络（CNN）构建的AlexNet夺得Image Net图像识别比赛冠军，相对于传统目标识别技术其性能发生质的跃升。从那时起，基于深度学习的目标识别技术在Image Net、COCO等公开数据集不断刷新识别准确率记录，逐渐取代以手工特征提取为主的传统目标识别技术，成为新的研究热点和应用方向，并创造了一系列经典的目标识别框架R-CNN、Faster R-CNN、YOLO、SSD等，并沿用至今。

但是，效率与精度的矛盾、图像结构化变化的影响以及难以保障的基准训练数据无一不严重影响目标识别技术的发展。2018年，结合网络结构的改进、损失函数的优化以及对抗生成网络（GAN）等新技术的引入，目标识别技术在上述方面取得持续性进展，向着通用化目标识别应用迈出坚实的一步。

一、目标识别技术在效率与精度之间取得新的平衡

目标识别的任务可分为两个关键的子任务：目标分类和目标定位。目标分类负责判断输入图像或图像候选区域中是否有感兴趣的类别物体出现，输出一系列带分数的标签表明感兴趣类别物体出现的可能性。目标定位负责确定输入图像或图像候选区域中感兴趣类别物体的位置和范围，输出其中心或目标的闭合边界等。

目前，主流的目标识别算法大概可以分成两大类别：一是一阶段目标识别算法，该类识别算法不需要产生候选区域阶段，可直接产生物体的类别概率和位置坐标值，比较典型的算法有 YOLO 系列、SSD 等；二是二阶段目标识别算法，该类识别算法将识别问题划分为两个阶段，第一个阶段产生候选区域，包含目标大概的位置信息，第二个阶段对候选区域进行分类和位置精修，典型代表有 R－CNN、Faster R－CNN 等。二阶段目标识别算法精度更高，而一阶段图像识别算法执行速度更快。因此，效率和精度的矛盾关系是目标识别算法所面临的突出问题。2018 年，科研工作者从不同的角度提供了不同的解决途径。

2018 年计算机视觉和模式识别会议（CVPR）上，美国通用电气全球研发中心与中国模式识别国家重点实验室针对一阶段经典目标识别算法 SSD 进行两方面优化，发展为算法执行效率更高、识别更精确的 Refine Det 算法，其优化具体表现为两方面：一是引入二阶段目标识别算法中对候选框的由粗定位到精细化定位的回归思想；二是将不同尺度下的特征进行融合。2018 年，另一项重要会议——欧洲计算机视觉国际会议（ECCV）上，密歇根大学针对二阶段目标识别算法产生候选区域过程中，存在的大量冗余操

作及超参数选择的问题，舍弃了传统的锚箱思路，提出了 Corner Net 模型。该算法首先通过置信度图预测目标左上角和右下角的一对顶点和描述顶点特征的连接矢量，之后根据连接矢量对顶点进行分组，进而明确目标的位置信息和类别信息，简化了识别过程。

在上述新思路、新技术作用下，2018 年目标识别算法在效率与精度之间取得了新的平衡，均取得了一定程度的进步：一方面，在开放复杂的COCO数据集均值平均精度相对于 2017 年提升 10% 以上达到 60；另一方面，基于英伟达泰坦 GPU 处理 320 像素 ×320 像素的单帧图像时间小于 25 毫秒，满足实时性应用要求。

二、目标识别技术进一步削弱图像结构化变化的影响

纵然目标识别领域凭借深度学习技术取得了显著性进展，在公开数据集不断刷新识别精度纪录，但是尺度变化、遮挡、源域与目标域差异、弱小目标等图像结构化变化严重影响目标识别的性能，限制了目标识别技术的应用。2018 年，基于“碎片”概念、动态变化的感受野、GAN 以及其他新技术途径，目标识别技术在一定程度上削弱了图像结构化变化的影响。

（一）尺度变化

目标在图像中所占像素比例是不确定的，可能在 0.01% ~90% 间变化。因此，利用传统深度学习中感受野固定的单一特征图去识别存在巨大尺度差异的目标困难重重。为了解决尺度方面的影响，通常利用图像金字塔，借助不同尺寸的图像信息进行不同尺度目标的识别，然而，如果处理每个尺寸图像上的所有像素点，必然导致运算速度的下降。为了解决这一问题，2018 年 6 月，马里兰大学提出引入“碎片”概念的 SNIPER 算法，通过只

选择那些对识别最有帮助的区域参与训练，大大减少了计算量。“碎片”主要分为两大类：一种是正样本碎片，为包含真实目标信息的局部图像；另一种是从候选区域生成网络输出的负样本碎片，为包含难以分类背景的局部图像。

同样，如果感受野是动态变化而非固定，那么单一特征图也可以提取不同尺度维度下的目标特征，实现尺度差异下的目标识别。基于此，2018年ECCV会议提出的RFBNet算法，在基础网络上加入了膨胀卷积，一方面扩大了感受野的范围，另一方面又约束了感受野范围使其与人类视觉的感受野范围接近，在解决不同尺度目标识别问题的基础上还具有高效的算法执行效率。但是，上述改进后的感受野，其范围依旧是矩形区域，并不能完全拟合目标形变后的轮廓。因此，微软亚洲研究院在2018年11月底提出了第二代可变形卷积网络，抛弃传统感受野为矩形的卷积层，而使得感受野随目标变化而发生动态形变，拟合目标轮廓，更有效提取目标特征。它通过在网络中应用更多可变形卷积层和引入幅度调节机制，增强网络的形变建模能力，不仅能够有效应对尺度变化，而且具有对姿态、视角变化和局部形变的鲁棒性。

（二）目标遮挡

遮挡往往会造成目标特征信息的缺失，较少的特征信息自然导致更难以精确地识别与定位。然而，现实中遮挡源无处不在，如背景或者其他目标都可能造成遮挡现象。当不同目标出现遮挡时，期望的识别框必然是紧邻的，但是传统的非最大值抑制（NMS）原理会将这类相邻识别框滤除，只保留孤立置信度高的识别结果，导致遮挡目标的漏检。2017年，马里兰大学提出的软化非最大值抑制（Soft NMS）解决了这一类问题，它每次并不是直接排除掉和已选框重叠大于一定阈值的框，而是以一定的策略降低对应框的得分，直到低于某个阈值，从而不至于过多删除拥挤情况下定位正确的框。这类新算法在 2018 年被大量应用于目标识别与语义分割领域中，并且在聚集场景（如人群、遥感图像等）取得显著效果。

同时，目标即使遮挡也必然与周围目标发生关系并存在某些关联线索。基于此，德国马克斯·普朗克计算机科学研究所 2018 年利用超像素标签数据辅助进行目标遮挡下的识别，其思想为假如某目标对象的部分像素可见，那么该目标必然存在。同样道理，日本东京大学根据遮挡目标并不始终完全被遮挡的性质，利用视频图像数据中前后帧目标的时空信息，进行目标遮挡条件下的识别。除此之外，利用 GAN 去生成被遮挡的部分进而补充目标特征，也是 2018 年提出的一种新型解决思路，并由部分学者对此进行了深入研究。

（三）源域与目标域差异

目标识别问题往往假设训练集和测试集分布一致，在训练集上训练模型，在测试集上测试。然而，在实际问题中，测试场景往往不可控或难以构建，测试集和训练集分布存在较大差异，容易造成过拟合问题。为了克服训练集（源域）与测试集（目标域）差异性问题，需要目标识别算法具有域自适应性。为了提高目标识别算法的域自适应性，通常是通过与测试集类似数据集进行参数微调来实现，然而可供微调的相似数据集难以保障。2018 年 3 月，苏黎世联邦理工学院利用 H 散度原理和对抗训练弥合了不同域间的差异性，提高了目标识别域自适应性。同时，德国弗莱堡大学等借助生成对抗网络的优势，将源域图像直接转为目标域图像再结合转化后的图像进行训练，能够有效克服源域与目标域差异。一旦解决目标识别算法的域自适应性问题，那么就可以利用仿真图像训练，然后在真实场景应用，这点对于军事领域中打击敌方难以获取训练样本的目标有着更为重要的作用。

（四）弱小目标

识别弱小目标比识别中等或大型目标困难得多。因为像素少、对比度低，有关这些目标的特征信息更加稀少，更容易被背景淹没，也就意味着需要更高的定位精度和分类准确度的目标识别算法。为了解决弱小目标的识别问题，2018 年谷歌公司提出了动态放大机制算法，首先利用强化学习训练的注意力机制模型去搜索图像中感兴趣的区域；其次对感兴趣的区域块进行精细化识别，提高对弱小目标识别的准确率。同时，微软亚洲研究院利用 GAN 有选择性地提高小目标区域的分辨率，使得小目标特征信息量级与大目标持平，增强了小目标对于算法损失函数的影响，保障了算法对于小目标的敏感性，提高了弱小目标识别的效果。与处理遮挡问题类似，脸书公司将目标周围信息结合目标的特征信息作为判断目标的依据，基于此，上下文信息对经典识别框架进行改进，一定程度上提高了弱小目标识别的效果。

三、小样本、零样本成为目标识别技术的研究趋势

驱动深度学习领域发展的源动力是数据样本，对于目标识别技术而言带有标注信息的样本数据覆盖越广，识别算法性能就越优秀。但是，一方面，针对杂乱无序的图像进行基准标注代价高昂；另一方面，如医学、军事等专业领域面临真实有效训练样本缺失的问题。为了解决上述问题，学术界研究了如何利用小型基准标注数据或零基准数据进行目标识别算法研究，即小样本目标识别和零样本目标识别，2018 年这两项技术的研究取得了一定成绩。

（一）小样本目标识别

2018 年初，澳大利亚悉尼科技大学利用迭代策略，同时训练模型并在线生成用于下次迭代训练的样本数据。由于训练得到的识别器性能越好，其在线生成的目标也就越难以识别。因此，最终可以利用寥寥无几的标签数据获得了与大型数据库训练相似的识别性能。2018 年，香港中文大学提出了与解决域自适应性问题相类似的小样本目标识别算法，通过引入结合转移知识和背景抑制的正则化方法，分别从源域和目标域提取目标知识，只利用小样本目标域数据进行模型参数微调，即可达到较好的识别结果。

（二）零样本目标识别

零样本目标识别虽然没有基准数据，但是利用了测试目标与训练目标语义上的关联关系。2018 年 1 月，英国伦敦大学玛丽女王学院关于零样本目标分类撰写相关综述报告，但是零样本目标识别尚属最前沿的研究方向。2018 年 6 月，澳大利亚国立大学建立了融合了最大边界与语义聚集的损失函数，不仅有助于区分不同类别信息，而且有助于去除语义向量上的噪声。2018 年 4 月，美国普林斯顿大学提出了融合双重背景感知方法的零样本识别算法，其中关键的背景感知方法将属于大型开放字典的不同的类别信息与背景图像通过策略联系起来，进而进行识别判断。

尽管小样本、零样本目标识别研究还处于初级阶段，但是由于目标识别领域的实际应用需要，它们越来越吸引学术界与工业界的注意，逐渐散发出迷人魅力。

四、结束语

2018 年是目标识别技术飞速发展的一年，在不同公开数据库上不断刷新纪录的同时，也面向实际应用中存在的图像结构化变化迈出了解决问题的坚实一步，学术界与工业界研究的重点也不再是单纯精度的比拼，而是面向实际应用的需要，在更广泛、更开放的环境中检验其实用性。所以，后续目标识别技术必然要面向增强算法解释性、提高算法鲁棒性、赋予算法终生学习能力的方向持续发展。

（中国航天科工集团第三研究院第三总体设计部　程进　梁欣凯　郝明瑞）

2018 年可信计算技术发展综述

在大数据时期，世界已迈入数字经济时代，大数据是新生产要素带来的产业智能化。大数据具有多元异构、非结构化、低价值度、快速处理等特点。通过大数据技术可以认识更多规律，带来更多知识。海量数据的进一步集中和信息技术的进一步发展需要安全，信息大数据安全包含网络安全、系统安全、个人设备安全、供应链安全、数据安全等。信息技术的高速发展，带来了信息产业的空前繁荣，但危害信息安全的事件也不断发生，信息安全形势日益严峻。

传统安全领域一般都倾向于相对“被动”的防御体系，如防火墙、网关、IPS、IDS 等设备。但是，面对当前越来越严峻的安全形势，被动防御已经远远不能满足要求。“可信计算”技术，能够变被动为主动，将安全隐患防范于未然。在可信计算的情况下，计算机会按照预期的方式运行，而其他行为将被计算机硬件和软件所限制。利用可信计算可构筑人工智能安全生态环境。

一、可信计算应用于软件漏洞检测与防护

2018 年 8 月，美国国防高级研究计划局（DARPA）发布名为“安全文

档”（Safe Docs）的项目，旨在保护美军的可信计算系统和网络，缩小消费者、企业和关键基础设施系统之间产生的大规模攻击面，使其能免遭利用各种电子数据格式的非认证或可能有害的电子文件进行的网络攻击。该项目将重点开展两项技术研究工作：一是寻求开发用于捕获与定义人类可理解、机器可读的电子数据格式描述符的方法和工具；二是使用简化的格式子集创建软件构建工具包，用于构建安全、经过验证的解析器。通过 Safe Docs 项目，DARPA 寻求能够降低电子文档交换复杂度的方法，并将最大程度地削弱所有恶意行为者（从网络罪犯到国家层面）的利用手段，进而大幅提高软件检测和拒绝无效或恶意输入数据的能力，同时不影响新电子数据格式和现有电子数据格式的关键功能，最终解决导致互联网不安全问题的根源，即利用复杂和恶意编造的数据输入导致的软件输入处理漏洞。

2018 年 9 月，美国国防信息系统局（DISA）发布一份关于签署无签名端点保护原型试验项目的请求通知（PL84110001）。DISA 正寻求一种基于人工智能和机器学习无签名端点保护的可信计算解决方案，该网络安全防御新方案能够通过应用人工智能、算法科学和机器学习，分析潜在的恶意文件、软件的行为，以检测并阻止恶意软件的运行。该解决方案应依靠人工智能和机器学习以分析 DNA 级别的恶意软件，只需进行少量更新，可在隔离网络中工作，预测网络恶意软件威胁，并防止恶意软件利用系统漏洞，进而防止其感染军用计算机和数据网络。

二、可信计算与区块链技术结合，构建可信赖软件体系

近年来，可信计算与区块链技术深入结合，构建可信赖的软件体系。一般而言，相比传统的中心化的计算范型，区块链技术本质上是一个分布

式可信计算技术，它把过去由一个单一的中心化模式的计算机制改为有多方参与、同步计算、独立记账、账本永久存储的分布式计算模式。

2018 年 8 月，微软公司发布企业级开源区块链基础平台“可信联盟（Confidential Consortium，Coco）区块链框架”，旨在解决企业区块链面临的性能、隐私和组织管理三大挑战。该框架集成了最先进的软件架构、密码学、一致性算法以及可信计算的技术，充分利用可信计算环境（Trusted Execution Environment，TEE），如 Intel 的 SGX 和 Windows 虚拟安全模式等，创建可信的网络；该框架搭建的网络中的节点通过证书的验证而成为可信节点（Trusted Validating Nodes，VND），每个节点运行该框架和某个区块链的协议（如以太坊）；该框架部署的区块链网络具有高度可扩展和隐私保护的特性，可以满足所有企业联盟链的关键需求，从而加快区块链技术在企业中的广泛应用。此外，同月微软发布的 2 项专利申请也表明，微软正在寻求在其区块链产品中使用可信执行环境，希望通过可信执行环境提升区块链网络的安全性。在专利中，可信执行环境被指定在“验证节点”中存储“预定类型的区块链或其他安全协议代码”，可以通过建立第一个区块链节点存储“预先确定的成员列表”信息，从而建立“联盟区块链网络”，协助验证区块链交易。

2018 年 5 月，西班牙电信公司 Telefonica 宣布将把网络安全服务和区块链、可信计算技术相结合，开发智能手机区块链交易通信的安全解决方案与探索安全和数据控制的去中心化解决方案。2018 年 11 月，IBM 云与iExec 合作推出基于区块链的分布式云计算解决方案 IBM Cloud Data Shield，实现了可信计算环境的新突破，借助 IBM 零信任架构，iExec 为在其云计算资源平台上运行代码的企业提供高度的安全性和隐私性，显著增强私密配置和认证等功能，用户可以完全确信没有其他人可以访问其数据。

区块链是一种分布式可信计算技术，它提供了一种未来社会治理的新型信任管理基础设施，区块链技术是构建未来社会治理的信任基石。可信计算技术有助于企业便捷地开发更多样、更复杂的区块链应用，进而让区块链技术可以真正地在这场数字化革命中得以进一步施展和延伸。可信计算环境既可以证明放入代码的正确性，又能保证运行时内部数据对外界不可见以及不被篡改，进而可以保障区块链协议关键代码和数据的机密性、完整性，使得区块链的应用可以在完全受信任的成员节点上高效运行。

三、新一代芯片与硬件既要“智能”也要“可信”

2018 年 12 月，DARPA 公布即将实施的“电子复兴：国防应用”（Electronics Resurgence Initiative：Defense Application）计划，希望促进与那些有能力将电子创新应用到国防硬件安全的机构间的合作。“电子复兴”计划隶属于 DARPA，于 2017 年启动，耗资 15 亿美元，当前“电子复兴”计划处于第二阶段。“电子复兴：国防应用”计划旨在从制造到系统集成领域，针对各种可信计算应用，助力开发安全集成电路技术，确保这些电子电路可以通过供应链而得到信任，进而在考虑到安全性的前提下实现构建与部署，确保技术进步最终应用于国家安全。该计划呼应 DARPA 长期以来“国防部系统和平台须依靠先进的电子设备来实现国家的安全目标”的倡导，将利用目前电子复兴计划重点关注对美国国内安全芯片制造支持的需求、重点推动相关技术，大力度投资芯片安全，并研发和演示用于国防应用的新电子复兴计划相关技术，进而开发具有革命性的国防能力。

2018 年 5 月，英特尔公司宣布其软件防护扩展（Software Guard Extensions，SGX）正在探索与可信硬件的结合。该进展被认为是对英特尔体系的一个重要扩展，重点在于从可信硬件角度增强软件的安全性，一旦软件和数据被封装于容器中，即便操作系统或者虚拟机监视器被攻破，也无法影响容器里面的代码和数据。英特尔 SGX 的最大优势在于其只信任自身和英特尔中央处理器（Central Processing Unit，CPU），此机制将 SGX 的可信级别提高到了硬件级别。软件层面的攻击甚至操作系统层级的攻击都无法威胁到 SGX 创造的可信环境。此架构有利于用户使用目前基于多租户云服务架构下的软件，即使黑客通过云端植入向个人计算机控制底层操作系统。因为 SGX 上述特殊的信任机制，所以黑客无法操纵底层操作系统对 SGX 进行攻击。截至 2018 年 5 月，英特尔在 6 代酷睿处理器之后全部配备了 SGX 可信环境。

随着当前物联网大潮的涌动，智能硬件的安全问题已经成为不可回避的话题与“头号问题”，物联网的安全需要根植于底层硬件，需具有芯片内生的“可信根”，没有可信的芯片平台，网路安全、设备安全就失去了支点。此外，可信硬件加入区块链以提升服务器侧和端侧能力，也成为当前业界关注的焦点。2018 年 10 月，Gartner 发布了 2018—2023 年引领数位企业创新的十大物联网策略技术趋势，提到“值得信赖的硬件与作业系统”。如何将硬件与软件整合部署以建立更值得信赖且更安全的智能物联网系统成为关注焦点，这也是可信计算技术的应用重点。

四、可信计算应用于网络安全战略核心

2018 年 10 月，IBM 公司发布“IBM 安全连接”（IBM Security Connect）平台，全面将人工智能可信计算引入网络安全战略核心。该平台能够把供应商、开发商和数据连接到一起，以提高网络攻击事件响应速度，改善可

信计算能力；同时，该平台融汇利用云技术和人工智能技术，平台用户将能够把机器学习产品和人工智能产品（包括 IBM“沃森”）应用于网络安全产品中，以提高其效能，克服“企业的网络安全团队使用多家供应商的多种解决方案”的混乱与难管控局面（IBM 分析团队于 2018 年的一份分析表明，被调查的企业中的网络安全团队平均使用大约 40 家供应商提供的 80 多种网络安全解决方案）。该平台被认为是第一个以开放技术为基础的安全云平台，能够以人工智能为核心，分析以前未连接的工具和环境之间的联合安全数据。

随着云计算等技术变得越来越丰富，以及网络定义边界的消失，制定硬性规则变得愈发困难。2018 年，美国国土安全部（DHS）更新“可信互联网连接”（Trusted Internet Connection，TIC）政策的工作进入实质阶段（目前阶段被命名为 TIC 3.0），其重点在于鼓励采用云服务，旨在确保联邦政府各机构使用安全的网络连接（当设备和应用连接到互联网，各机构需确保其连接不受外部影响和渗透）。此举被认为不但是对云计算急速增长的一种响应，更是应对新型网络安全项目的措施。TIC 3.0 的进一步推进将由管理和预算办公室（OMB）负责，其形式是将对政府的可信互联网连接政策进行更新，并计划在 2019 年底前发布一些政策更新。

五、结束语

由于世界各国对网络空间战略资源和规则制定权竞相争夺，网络空间已经成为继陆、海、空、天之后的第五大主权领域空间，与国家安全息息相关。要建设强大而又安全的国家网络系统，“可信技术”能够在很大程度上解决受制于人的问题。可信计算技术不仅拥有同态加密、零知识证明等技术所具备的保护数据隐私性的属性，同时可信计算可以保证计算结果是可信的，这是共享算力的基本前提，也是其他技术目前所不具备的。可信计算最初期发展方向为可信赖平台模块（Trusted Platform Modular，TPM）硬件芯片；随着可信计算的发展，可信计算的研究方向已经由传统硬件芯片模式转向了可信执行环境这种更容易被广泛应用的模式，基于英特尔芯片的 SGX 以及基于 ARM 开源框架的 Trust Zone 是可信执行环境中最被广泛认知且应用的；可信计算保护数据隐私性的属性，使其变为区块链技术生态中的重要一环，可信计算在区块链行业中存在较多的结合点，已经并正在解决目前数据和区块链行业面临的一些问题。

（中国航天科工集团第三研究院三一〇所　张灿　葛悦涛）

2018年边缘计算技术发展综述

当前，数据量呈井喷式成倍增加，为提升效率，追求低延迟性已经成为一种趋势。然而，数据从终端设备上传到云端，计算后再回传至终端设备，这种利用单独的云计算技术已经无法满足人们对效率的高要求。为此，“边缘计算”技术应用而生。边缘计算是指在靠近物（如智能移动终端等）或数据源头的一侧，采用“网络—计算—存储—应用”核心能力为一体的开放平台，就近提供最近端服务。边缘计算通常处于物理实体和工业连接之间，或处于物理实体的顶端；其应用程序在边缘侧发起，产生更快的网络服务响应，满足行业在实时业务、应用智能、安全与隐私保护等方面的基本需求。对于智能制造而言，边缘计算技术的不断突破与普及应用，意味着许多控制、分析将通过本地设备实现，而无需交由云端处理，处理过程将在本地边缘计算层完成，这无疑将大大提升处理效率、减轻云端的负荷。此外，由于更加靠近末端设备，还可为末端设备提供更快的响应，将需求在边缘端解决。根据CB Insights的市场规模量化工具，到2022年，全球边缘计算市场规模预计将达到67.2亿美元；根据TrendForce预测，2018—2022年全球边缘计算相关市场规模的年均复合增长率将超过30%；

国际数据公司 IDC 统计数据显示，到 2020 年，将有超过 500 亿个终端和设备接入网络，其中超过 50% 的数据需要在网络边缘侧分析、处理与存储，边缘计算技术将为未来的百亿终端提供人工智能能力；市场研究公司 Tractica 预测，到 2025 年，人工智能边缘设备的出货量将达到每年 26 亿个（边缘设备包括智能手机、智能家居扬声器、物联网摄像头、无人机、自动驾驶汽车和制造机器人等）。

一、边缘计算与云计算协同发展，成为实现智能物联网的关键

在科技飞速发展的今天，物联网已成为在公共云上运行的关键工作负载之一。虽然现在云端的物联网平台化要比定制开发的线下平台能提供更大的价值，但是数据的延迟与宽带的消耗是目前面临的最大难题之一，大多数企业难以承受延迟时间带来的巨大损耗与开支。边缘计算就是为了解决这个问题的，边缘设备充当“端”和“云”之间的中介，通过云的物联网的控制平面进行集中化管理。这看似是边缘计算与云计算之争，但是实质上边缘计算的发展过程伴随着与云计算的不断协同与进步。因此，边缘计算被认为是继物联网、人工智能之后下一大热门。

边缘计算对云计算有一定的冲击，但它与云计算也有很强的协同。2018 年 8 月，据国际数据公司 IDC 测算，到 2021 年，全球云计算市场的规模将达到 5650 亿美元，这其中约有 20% 为边缘云，市场规模可达到 1130 亿美元。全球云服务商为了守住原本该有的市场空间，纷纷提前布局边缘计算，避免被吞噬。

2018 年 1 月，亚马逊全球用户大会推出三款非云端产品，标志着传统云端服务巨头亚马逊开始发力边缘计算。2018 年 4 月，亚马逊以机器学习

推理支持的形式改版升级其边缘计算平台 AWS Greengrass，凭借该平台对机器学习和深度学习的最新支持，用户将能够构建自己的 Deep Lens 设备，并在边缘测进行推理和分析。

2018 年 1 月，卡内基·梅隆大学启动“普适感知、认知和网络基础设施的计算”（Computing on Network Infrastructure for Pervasive Perception，Cognition，and Action，CONIX）项目，该项目获得了 2750 万美元的资金，在未来 5 年内将重点探索创建位于边缘设备和云之间的网络计算架构，为边缘计算的深入发展与军事应用做准备。

2018 年 4 月，微软宣布计划在未来 4 年内，向横跨云、操作系统、智能终端的智能物联网相关的各种项目投资 50 亿美元，以此作为该公司向商业客户提供使用更便捷、部署更方便的联网硬件的举措之一，其中对边缘计算技术与产品的研发被放在突出位置。2018 年 6 月，微软进一步推动云业务与边缘计算业务的融合，宣布 2017 年公开预览的 Azure IoT Edge 边缘计算服务正式进入官方版，并通过 GitHub 将其开源。Azure IoT Edge 的核心功能是将基于云的分析和定制的业务逻辑转移到边缘设备，对这些边缘设备进行即时数据处理，从而使用户能够专注于洞察商业机会而非数据管理。

对于戴尔等计算机服务器制造商而言，边缘计算被视为是一个反弹的机会。2018 年 2 月，戴尔子公司 VMware 在全球移动通信大会（Mobile World Congress，MWC）上发布一系列新的边缘计算解决方案，在边缘侧对由物联网设备收集的传感器数据进行实时分析，以解决资产管理和监控中的使用案例，这些边缘计算解决方案能够让企业用户以更轻松的方式，安全且有效地利用物联网产生的数据。2018 年 8 月，VMware 在 VMworld 大会上公布了用于边缘计算用例的设备和新软件功能 Project Dimension，以及用于管理物联网连接设备的 Pulse IoT Center 软件的新版本，该套件将该公司的旗舰 vSphere 服务器虚拟化平台与存储和网络管理软件相结合。这表明，作为传统数据中心领导者的戴尔公司正在接受和布局边缘计算。

为了满足物联网设备的所有要求和需求，边缘计算和云计算需要协同工作。边缘计算是云计算的延伸，它与云计算各有所长，云计算擅长全局性、非实时、长周期的大数据处理与分析；边缘计算擅长现场级、实时和短周期智能分析等。来自智能设备和传感器的所有数据仍然需要在云上进行汇总，这需要更深入的分析，以便从中获取有意义的见解，云计算仍然在使物联网设备更智能和更好的过程中发挥关键作用。云计算和边缘计算正在塑造智能物联网的未来，这种组合为物联网网络中连接的设备带来了稳定性，并通过处理更接近源的数据来解决延迟问题。

二、发展边缘计算需要人工智能芯片铺路

在近年来人工智能芯片不断革新的大背景下，边缘计算与人工智能芯片已成协同共进之势。随着智能移动终端及物联网应用的不断普及，将数量巨大的智能移动终端所产生的数据悉数全部上传至云端是不现实的，也是不可取的，其中很大比例数据需要在“边缘侧”完成对数据的处理与分析。在这种应用需求下，“低延迟”的处理将会成为主要难题。如何实现在毫秒级时间甚至在微秒级时间内完成处理，这个就需要依靠边缘计算技术了。然而，发展边缘计算，人工智能芯片是必不可缺的。

2018 年 2 月，AMD 推出了两款面向边缘计算的嵌入式处理器，分别是 EPYC 3000 系列以及 Ryzen V1000 系列，均采用 ZEN CPU 架构。2018 年 2 月，英特尔公司推出了最新一代的“至强 D”（Xeon D）系列人工智能处理器，该系列处理器基于 Skylake 架构，重点瞄准的是边缘及其他一些受限

的环境（这些环境对硬件密度、电力消耗、智能支撑的问题更为敏感）。2018 年 2 月，ARM 公布“延龄草”（Trillium）项目，旨在通过优化的人工智能芯片以运行那些利用了张量流（以 Tensor Flow 为代表）、卷积神经网络框架（以 Caffe 为代表）等神经网络框架的应用程序和软件，以驱动位于边缘侧的边缘设备的机器学习、人工智能和目标检测能力。

2018 年 7 月，谷歌宣布 TPU 的轻量级版本——Edge TPU，专为在边缘运行 Tensor Flow Lite ML 模型而设计，是谷歌为在边缘运行人工智能而设计的专用 ASIC，在很小的物理占用和很低功耗的限制下提供高性能，使得在边缘部署高精度的人工智能成为可能，可以充当传感器或网关设备中的标准芯片或微控制器。该设计标志着谷歌公司不仅为在自己的数据中心开发人工智能芯片，还正在布局将其设计的 Edge TPU 应用在其他公司生产的产品中。2018 年 11 月，英特尔人工智能大会推出英特尔神经计算棒二代（英特尔 NCS 2），利用该计算棒可以在网络边缘构建更智能的人工智能算法和计算机视觉原型设备。英特尔认为边缘侧的人工智能的最大机会将是视觉，如机器视觉、视频监控、医疗影像等。英特尔 NCS 2 基于英特尔 Movidius Myriad X 视觉处理单元（Vision Processing Unit，VPU），并得到英特尔 OpenVINO 工具包的支持，与上一代神经计算棒相比性能更优，能够以可负担的成本显著加快深度神经网络推理应用的开发。此外，英特尔公司正在研发全新专门面向 5G 无线接入和边缘计算的、基于 10 纳米工艺的网络系统芯片，研发代号“Snow Ridge”，计划于 2019 年下半年交付给合作伙伴，并于 2020 年初推出产品。

支撑边缘计算的人工智能芯片，需要适用于边缘设备在性能、功耗与尺寸之间进行平衡。从发展趋势角度看，边缘计算专用人工智能芯片需要在架构复杂度、支持人工智能算法多样化以多场景适应性上不断创新和提升。此外，需要“边—云”协同的人工智能体系架构来降低应用开发和部署成本，以便更有效地利用基础设施的资源。

三、5G 商用提速为边缘计算发展提供新的机遇

5G 网络（第五代移动通信网络）的即将商用，为边缘计算的发展提供了新的机遇。5G 具有延时小、带宽宽、容量大等优势，解决了传统通信领域里遇到的很多问题，但是也导致数据量的极速增长，需要提供可靠有用的、可以执行的商业模式。5G 的快速处理、低延迟等可以在迅速响应方面提供一个新的途径，对端、边缘、云上进行优化，而且可以联合起来优化。在这种情况下，边缘计算技术能够支持尽可能接近源的数据处理的基础设施，可以带来更快的处理、更低的延迟和更好的客户体验。边缘计算的这种能力，可以从用户体验、功耗、计算负载、性能、成本等方面，在物联网设备、边缘设备和云设备之间智能配置资源，为联合优化提供了一种新的途径。边缘计算技术的发展与 5G 有着密切的关系：一方面，边缘计算能够给予 5G 支持，5G 的重要组成部分便是边缘计算；另一方面，5G 原生支持边缘计算，因为 5G 是以软件的形式进行表现，恰好可以灵活运用边缘计算。

在欧洲市场上，边缘计算产业已经形成了产业联盟，以沃达丰、德国电信、西门子等公司为代表的大型科技企业已经加入其中。欧洲电信标准化协会（European Telecommunications Standards Institute，ETSI）已启动标准化移动边缘计算（Moving Edge Computing，MEC）的制定，运营商可以向授权的第三方开放其无线接入网络边缘，使其能够灵活快速地为移动用户、企业和垂直网段部署创新的应用和服务。移动边缘计算是移动基站演进和

IT 与电信网络融合的自然发展的结果，将为消费者和企业客户提供新的垂直业务部门和服务，包括视频分析、位置服务、物联网、增强现实、优化本地内容分发和数据缓存。2018 年 2 月，欧洲电信标准化协会发布两篇白皮书，分别是《Cloud RAN（云端无线接入网络）和移动边缘计算：完美配对》和《4G 中的移动边缘计算部署以及向 5G 演进》，以实现移动边缘计算与 5G 保持同步。

四、结束语

人工智能与 5G 的迅速落地，与边缘计算的发展密不可分，边缘计算必将是人工智能之后的下一个制高点。随着移动网络向 5G 演进的速度将进一步加快，边缘计算将在大流量业务的普及下发挥更大价值，降低核心网压力，提升接入网的能力与价值；同时，随着可穿戴设备及附带传感器的智能设备数量呈爆发式增长，未来更多设备将被接入物联网，“边缘侧”分析计算能力需求将倍增。此外，边缘计算正在不断融合和完善运营信息通信技术（OICT），并有效地推动着产业的发展，这也标志着边缘计算技术已经迈上了快速发展的道路。

（中国航天科工集团第三研究院三一〇所　刘都群　葛悦涛）

ZHONG YAO

ZHUAN TI FEN XI

重要专题分析

世界主要国家人工智能战略政策梳理与对比

人工智能作为最具颠覆性和变革性的技术，正不断渗透进社会生产生活的各个方面，对国家政治、经济、文化等方面带来极为深远的影响，持续引发全球政界、产业界和学术界的高度关注。目前，人工智能已上升到国家层面的激烈博弈，越来越多的国家争相制定发展战略与规划，主要国家进入了全面推进人工智能发展的全新战略时代，人工智能竞争趋向白热化。

为了解世界主要国家人工智能政策的内容，分析各国人工智能政策的特点，本文选择了美国、日本、印度、英国、法国、德国、韩国等国家的人工智能战略进行梳理与对比。上述国家均是位于世界 GDP 排行榜前列的国家，且人口数量均超过一定规模，其人工智能战略具有良好的参考价值。

一、世界主要国家（或组织）人工智能政策布局

自2013年起，世界主要国家开始对人工智能进行系统性布局，如法国政府发布的《法国机器人发展计划》。但在初期阶段（2013—2016年），各国普遍对人工智能的重视度不足，与人工智能技术相关的政策主要集中于机器人、脑科学及其他高新技术领域。

2016年，谷歌人工智能程序AlphaGo战胜韩国围棋名手李世石后，世界各国政府纷纷认识到人工智能技术真正的潜力。在这一年，诸多国家开始讨论人工智能可能对社会、经济带来的颠覆性影响，“人工智能”一词频频现于各类政府报告中。其中最典型的就是奥巴马政府发布的《为人工智能的未来做准备》《国家人工智能研究与发展战略计划》和《人工智能、自动化与经济》报告（表1）。

表1　世界主要国家人工智能政策布局

<table>
<tr><th>国家
(或组织)</th><th>时间</th><th>政策/规划</th><th>推动力量</th><th>资金投入</th></tr>
<tr><td rowspan="4">美国</td><td rowspan="3">2016年11月</td><td>《为人工智能的未来做准备》</td><td rowspan="4">国家科学技术委员会
白宫科技政策办公室
国家预算办公室
人工智能特别委员会等</td><td rowspan="3">12亿美元</td></tr>
<tr><td>《国家人工智能研究与发展战略计划》</td></tr>
<tr><td>《人工智能、自动化与经济报告》</td></tr>
<tr><td>2018年5月</td><td>白宫人工智能峰会</td><td>—</td></tr>
<tr><td rowspan="2">日本</td><td>2015年1月</td><td>《机器人新战略》</td><td rowspan="2">人工智能技术战略会议等</td><td>1000亿日元</td></tr>
<tr><td>2017年3月</td><td>《人工智能技术战略》</td><td>924亿日元</td></tr>
</table>

（续）

国家(或组织)	时间	政策/规划	推动力量	资金投入
印度	2018年6月	《国家人工智能战略》	中央部门成立人工智能小组	—
欧盟	2014年	《2014—2020欧洲机器人技术战略》	欧盟委员会 欧洲机器人技术平台等	28亿欧元
	2018年4月	《欧盟人工智能》		—
德国	2014年	《新高科技战略》	联邦教育研究部 德国工程研究院等	110亿欧元
	2018年7月	《联邦政府人工智能战略要点》		—
法国	2013年	《法国机器人发展计划》	法国数字委员会 国家信息与自动化研究所 AI伦理委员会等	1500万欧元
	2017年3月	《国家人工智能战略》		2500万欧元
	2018年5月	《人工智能战略》		15亿欧元
英国	2016年10月	《机器人技术和人工智能》	英国AI理事会 国家人工智能研究中心 工程和物理科学委员会 开放数据研究所等	—
	2016年11月	《人工智能：未来决策的机会与影响》		—
	2017年10月	《在英国发展人工智能》		—
	2018年启动	《人工智能行业新政》		10亿欧元
韩国	2016年3月	《人工智能“BRAIN”计划》	韩国科技信息通信部 韩国电子通信研究院等	—
	2018年5月	《人工智能发展战略》		—

受美国政府关注、媒体宣传和资本追捧的影响，世界各国政府纷纷调研人工智能对工业生产、经济活动、社会生活等方面带来的影响，相继发布了符合自身国情的人工智能战略。2017年和2018年，与人工智能相关的国家级战略密集出台，社会关于人工智能的大讨论激烈展开，各国政府关于人工智能发展的思路也逐渐清晰（图1）。

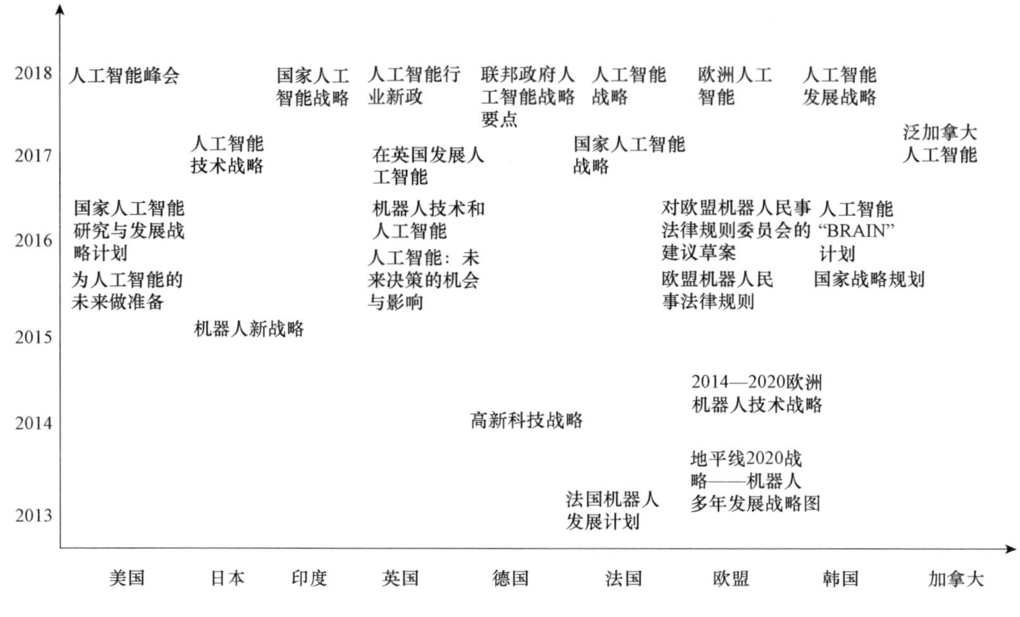

图1 世界主要国家（或组织）人工智能政策布局

二、世界各国（或组织）人工智能政策内容

（一）美国

在人工智能迅速发展时期执政的两任美国总统对待人工智能的态度可谓大相径庭，奥巴马积极，特朗普慢热。前任美国总统奥巴马十分关注人工智能相关领域的科技发展、市场应用与前沿政策问题。

2016 年 10 月，奥巴马在与匹兹堡大学和卡内基·梅隆大学联合举办的白宫前沿会议上就人工智能的未来发表公开演说，阐述其对未来人工智能研究的愿景。

2016 年 10 月，白宫科技政策办公室（OSTP）国家科学技术委员会

（NSTC）发布了《为人工智能的未来做准备》和《国家人工智能研究与发展战略计划》两份重要报告。前者探讨了人工智能的发展现状、应用领域以及潜在的公共政策问题；后者提出了美国优先发展的人工智能七大战略方向及两方面建议。

2016 年 12 月，美国白宫发布了《人工智能、自动化与经济》报告，深入考察人工智能驱动的自动化将会给经济带来的影响，并提出了国家的三大应对策略。

特朗普上任初期，政府对人工智能反应较为冷淡，但情况正在逐渐改变。目前，美国政府对奥巴马时期的人工智能发展战略进行了一些转变与升华，开始寻求一种截然不同的、自由市场导向的 AI 战略。

2018 年 5 月，白宫举办人工智能峰会，邀请业界、学术界和政府代表参与，并成立了人工智能特别委员会，以改善联邦政府在人工智能领域的投入，努力消除创新与监管障碍，提高人工智能创新自由度与灵活性。此外，特朗普政府还特别强调了人工智能在国防安全领域的影响（图 2）。

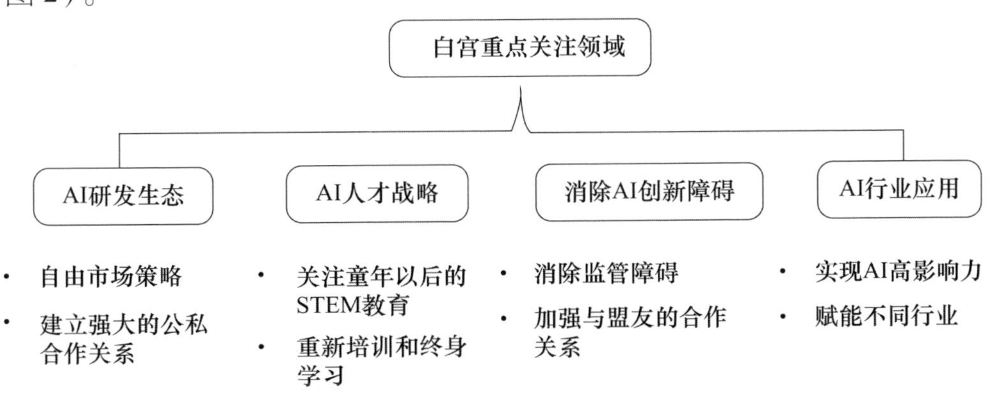

图 2　美国人工智能政策重点关注领域

（二）日本

日本政府和企业界非常重视人工智能的发展，不仅将物联网、人工智能和 HYPERLINK 机器人作为第四次产业革命的核心，还在国家层面建立了相对完整的研发促进机制，并将 2017 年确定为人工智能元年。虽然相对于美国而言，日本在以烧钱著称的人工智能和机器人行业的资金投入并不算高，但其在战略方面的反应并不迟钝。

2015 年 1 月，日本政府公布了《日本机器人新战略》，拟通过实施五年行动计划和六大重要举措达成三大战略目标（即世界机器人创新基地、世界第一的机器人应用国家、迈向世界领先的机器人新时代），使日本实现机器人革命，以应对日益突出的社会问题，提升日本制造业的国际竞争力，获取大数据时代的全球化竞争优势。

2017 年 3 月，日本 AI 技术战略委员会发布《人工智能技术战略》报告，阐述了日本政府为人工智能产业化发展所制定的路线图，包括三个阶段：在各领域发展数据驱动人工智能技术应用（2020 年完成一、二阶段过渡）；在多领域开发人工智能技术的公共事业（2025—2030 年完成二、三阶段过渡）；连通各领域建立人工智能生态系统。

（三）印度

在人工智能的博弈上，没有哪个国家甘愿落后。印度凭借移动互联网技术与软件技术发展迅速，已经有越来越多的欧美调查报告与战略评估，开始把印度和中国并列，甚至认为未来可能出现中、美、印人工智能三强争霸的局面。但是印度在人工智能国家战略层面显然处于落后位置。

2018 年 5 月，印度政府智库发布《人工智能国家战略》，旨在实现“AI for all”的目标。该战略将人工智能应用重点放在健康护理、农业、教育、智慧城市和基础建设与智能交通五大领域上，以“AI 卓越研究中心”

（CORE）与“国际 AI 转型中心”（ICTAI）两级综合战略为基础，投资科学研究，鼓励技能培训，加快人工智能在整个产业链中的应用，最终实现将印度打造为人工智能发展模本的宏伟蓝图。

（四）欧盟

欧盟在推动人工智能发展中可谓不遗余力。从 2014 年起，欧盟围绕人工智能的相关政策相继出台。

2014 年，欧盟委员会发布了《2014—2020 年欧洲机器人技术战略》和《地平线 2020 战略——机器人多年发展战略图》两份报告，旨在促进机器人行业和供应链建设，并将先进机器人技术的应用范围拓展到海、陆、空、农业、健康、救援等诸多领域，以扩大机器人技术对社会和经济的有利影响，提高生产力，减少资源浪费，希望在 2020 年欧洲能够占到世界机器人技术市场的 42% 以上，以此保持欧洲在世界的领先地位。

2016 年 5 月，欧盟议会法律事务委员会发布了《对欧盟机器人民事法律规则委员会的建议草案》。同年 10 月，又发布了《欧盟机器人民事法律规则》，积极关注人工智能的法律、伦理、责任问题，建议欧盟成立监管机器人与人工智能的专门机构，制定人工智能伦理准则，赋予自助机器人法律地位，明确人工智能知识产权等。欧盟在人工智能伦理与法律的研究上已走在了世界前列。

2018 年 4 月，欧盟委员会发布政策文件《欧盟人工智能》。该报告提出欧盟将采取三管齐下的方式推动欧洲人工智能的发展，增加财政支持并鼓励公共和私营部门应用人工智能技术；促进教育和培训体系升级，以适应人工智能为就业带来的变化；研究和制定人工智能道德准则，确立适当的道德与法律框架。

在此基础上，欧盟在 2018 年底与成员国推出一项具体的合作计划。这项计划除了明确人工智能的核心倡议外，还将包括具体的项目，涉及开发高效电子系统和电子元器件，人工智能应用的专用设计计算机芯片、世界级计算机以及量子技术和人脑映射领域的核心项目。

（五）德国

德国是最先提出“工业4.0”的国家，具有高度的前瞻性。在发展人工智能的道路上也比较积极。

2011年，德国推出“工业4.0”国家战略，这是一个革命性的基础性的科技战略，拟从最基础的制造层面上进行变革，从而实现整个工业发展质的飞跃。“工业4.0”囊括了人工智能、机器人等领域的诸多相关研究与应用。

2014年，德国发布《新高科技战略》，提出推动协同创新与技术转移，扩大产学研合作，支持中小企业创新等举措，以稳固德国在科技和经济领域的领先地位，并成为创新世界的领导者。

2018年7月18日，德国联邦政府发布《联邦政府人工智能战略要点》文件，要求联邦政府加大对人工智能相关重点领域的研发和创新转化的资助，加强同法国人工智能合作建设、实现互联互通；加强人工智能基础设施建设，以将该国对人工智能的研发和应用提升到全球领先水平。德国政府计划将在2018年底正式推出国家层面的人工智能发展战略。

（六）法国

法国在人工智能发展大潮流中属于后发的强劲队伍行列。面对美国、日本、英国、中国等国家在人工智能领域的持续发力，法国担忧被甩在队伍之后，开始了积极布局，追赶人工智能洪流。

2013年，法国政府推出了《法国机器人发展计划》，旨在创造有利条件下，推动机器人产业持续发展，并实现“到 2020 年成为世界机器人领域前五强”的目标。

2017 年 3 月，奥朗德政府时期，法国制定了《国家人工智能战略》，对发展人工智能的具体政策提出了 50 多项建议，包括完善科研成果商业化机制，培养领军企业，扶持新兴企业，加大公私合作，寻求大量公私资金资助，给予国家政策倾斜并建立专门执行机构等，以动员全社会力量共同谋划促进人工智能发展，确保法国保持领先地位。

2018 年 3 月 29 日，法国总统马克龙公布了《法国人工智能发展战略》，将重点结合医疗、汽车、能源、金融、航天等法国较有优势的行业来研发人工智能技术，并宣布到 2020 年将投资 15 亿欧元用于开发人工智能研究，为法国人工智能技术研发创造更好的综合环境（图 3）。

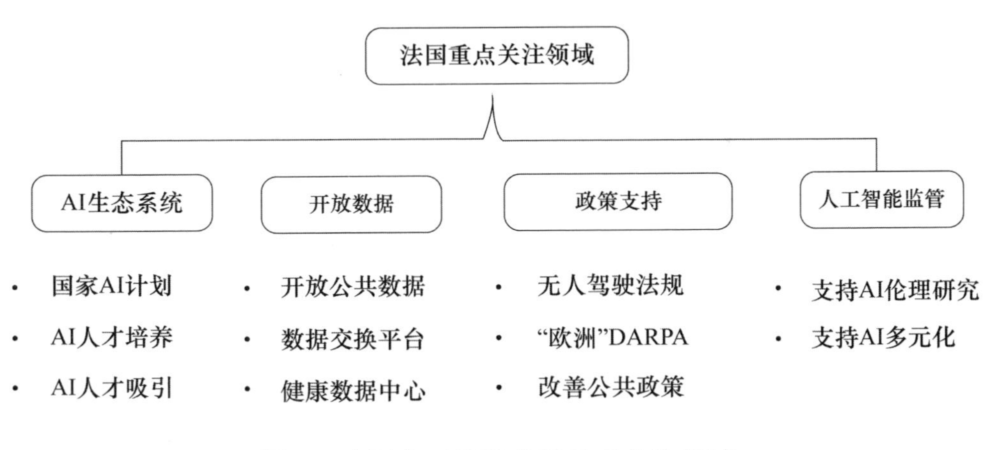

图 3　法国人工智能政策重点关注领域

（七）英国

英国大概是欧洲推动人工智能发展最积极的国家，也一直是人工智能的研究学术重阵。

2016 年 10 月，英国下议院科学和技术委员会发布《机器人技术和人工智能》报告，阐述人工智能的创新发展带来的潜在伦理道德与监管挑战，侧重阐述了英国将会如何规范机器人技术与人工智能系统的发展，以及如何应对其带来的伦理道德、法律及社会问题。

2016 年 11 月，英国政府科学办公室发布了《人工智能：未来决策的机会与影响》报告，阐述了人工智能对个人隐私、就业的影响，并指出人工智能在政府层面大规模使用的潜在可能性，就如何利用英国的独特人工智能优势，增强英国国力提出了建议。

2017 年 10 月，英国政府发布了《在英国发展人工智能》报告，对当前人工智能的应用、市场和政策支持进行了分析，从数据获取、人才培养、研究转化和行业发展四方面提出了促进英国 AI 产业发展的重要行动建议。该报告被纳入英国政府 2017 年《政府行业策略指导》白皮书中，成为了英国发展人工智能的重要指引。

2018 年 4 月，英国政府发布了《人工智能行业新政》报告，涉及推动政府和公司研发、STEM 教育投资、提升数字基础设施、增加 AI 人才和领导全球数字道德交流等方面内容，旨在推动英国成为全球 AI 领导者（图 4）。

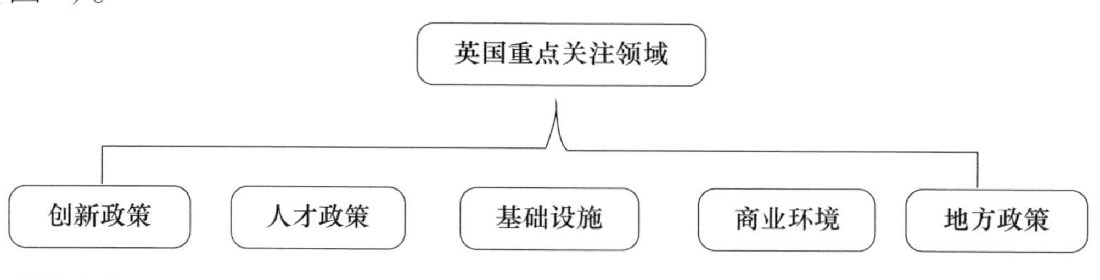

图 4　英国人工智能政策重点关注领域

（八）韩国

韩国政府为大力扶植人工智能产业及相关企业，已出台多项政策。

2016 年 3 月，韩国政府宣布人工智能“BRAIN”计划，以破译大脑的功能和机制，开发用于集成脑成像的新技术和工具，并宣布了在人工智能领域投资 30 亿美元的 5 年计划。

2016 年 8 月，韩国政府确定九大国家战略项目，包括人工智能、无人驾驶技术、轻型材料、智慧城市、虚拟现实（VR）、精细粉末（FINE DUST）、碳资源、精密医疗和新型配药。其中，人工智能最引人关注，韩国政府目标是在 2026 年前将人工智能企业数量提升至 1000 家，并培养 3600 名专业人才，争取 10 年后韩国人工智能技术水平赶超发达国家。

2018 年 5 月，韩国政府制定了《人工智能发展战略》，将从人才、技术和基础设施三方面入手，计划在 2020 年前新设 6 所人工智能研究生院，推动人工智能技术发展，追赶人工智能世界强国。

三、人工智能政策侧重点各有千秋

（一）美国

美国两任总统在人工智能领域的发力点有所不同，但总体来说其焦点在于如何面对人工智能全面发展的大趋势，着眼长期对国家安全与社会稳定的影响与变革。美国重点布局互联网、芯片与操作系统等计算机软硬件、金融、军事以及能源等领域，目的是为保持其全球的技术领先地位。美国在整体的人工智能规划中，力图探讨人工智能驱动的自动化对经济的预期影响，研究人工智能给社会就业带来的机遇和挑战，进而提出相应计划与措施应对相关影响。此外，美国也是历史上第一个在财政预算中将人工智能、自主和无人系统作为研发优先事项的国家。美国国防部以及 DAPRA 等机构密集部署 AI 研发，“算法战跨职能小组”“联合人工智能中心”成为了美国开发人工智能军事应用的大前锋，面部识别、无人机扫描、外骨骼装置等可穿戴系统已在国土安全领域展开了实际应用。

（二）日本

日本一直以来都是亚洲制造强国，尤以名列世界前茅的机器人产业而独享美誉。日本已经在机器人、脑信息通信、语音识别、大数据分析等领域投入了大量科研精力。日本的人工智能战略主张人工智能技术与各领域实现对接，在工业、农业、医药业、物流运输、智能交通等行业落实应用。日本希望通过大力发展人工智能，保持并扩大其在汽车、机器人等领域的技术优势。逐步解决人口老龄化、劳动力短缺、医疗以及养老等社会问题。由此可见，日本的人工智能研发与应用，既保持了日本社会的传统文化特点，也显示了日本政府解决社会问题的决心与方法。

（三）印度

印度在莫迪总理上台后，不断大力推动科技创新与发展，在人工智能领域更是铆足了劲儿，不甘落后掉队。印度将重点放在云计算、5G、机器学习、大数据等技术的发展上。同时，印度强调人工智能的实用性，期望在健康护理、农业、教育、智慧城市和基础建设与智能交通等领域看到人工智能所带来的实际变化。印度在人工智能的发展大潮中，信心不比决心小，力图在印度建立起人工智能生态系统。

（四）欧盟

欧盟作为拥有欧洲 27 个成员国的大联盟，在发展人工智能的道路上，积极团结成员国展开讨论。相对于美国主张技术发展的战略而言，欧盟更加注重人工智能对人类社会的影响，其研究内容涉及数据保护、网络安全、人工智能伦理等社会科学方面，目前也投入了大量精力与资金开展数字技术培训和电子政务相关研究。在应用领域，欧盟十分关注人工智能基础研究，以及人工智能在金融经济、数字社会、教育等领域的应用。总体而言，在技术和产业不占特别优势的情况下，欧盟人工智能战略的重头戏放在了人工智能价值观上，强调人工智能伦理、道德、法律体系研究，积极推进人工智能伦理框架的确立。

（五）德国

德国依托其“工业4.0”计划，将人工智能的重点集中在人机交互、机器人自主学习、可穿戴、大数据分析、计算机视觉、语义技术、高性能技术以及信息物理系统等方面。在应用方面，德国着力发展自动驾驶、智慧城市、农业、医疗、能源等领域。

（六）法国

法国的人工智能发展战略注重抢占核心技术、标准化等制高点，重点发展大数据、超级计算机等技术。在人工智能应用上，关注健康、交通、生态经济、电子政府以及医疗护理等领域。法国对人才培养和基础研究方面也非常重视，另外作为欧盟成员国，法国十分赞同欧盟对人工智能伦理开展研究的做法，也在积极部署开展相关工作，探索解答人工智能带来的伦理性和政治性问题。

（七）英国

英国作为老牌的工业大国，在工业革命的时候引领全世界发达国家，而在人工智能的问题上，布局颇为深远。英国将大量资金投入人工智能、智能能源技术、机器人技术以及5G网络等领域，更加注重实践与实用，已在海域工程、航天航空、农业、医疗等领域开展了人工智能技术的广泛应用。同时，英国发展人工智能的另一特点是注重人工智能人才的培养，在这一方面出手不凡，斥巨资吸引、培养人工智能人才。

（八）韩国

韩国政府对人工智能发展非常重视，大力扶植人工智能产业及相关企业，重点布局物联网、云端、大数据、语音识别等领域。在人工智能应用方面，韩国关注人工智能技术在金融、医疗、智慧城市、交通等领域的实际应用。但韩国已认清的事实是，其在人工智能专业知识储备、人才培养、专利等方面与其他国家差距较大，因而，政府出台的政策更加注重对人才的培养，注重对人工智能企业的培育，具有很强的针对性。

四、结束语

总体来看，世界各国的整体人工智能技术水平、数据资源、法律法规都存在很大差异，各自的资源禀赋也不尽相同，因此，各国人工智能政策的关注焦点、预期目标都各具特色。其中，美国拥有最优秀的人工智能研究人员和海量的数据资源，成为发展人工智能技术的圣地，人工智能政策也较为全面，旨在通过人工智能的发展提升制造、交通、医疗、农业和金融等各领域。欧洲科技强国在人工智能高端人才、数据资源方面并无优势，反而将研究重心转向了人工智能的伦理道德和标准制定，力争在人工智能发展浪潮中取得一席之地。日本、韩国在机器人、汽车、半导体、消费电子等领域产业优势明显，两国的人工智能战略均强调人工智能在上述领域的实际应用与产品落地。相比较而言，印度在人工智能技术水平、数据资源和产业资源上都没有优势，该国的人工智能战略主要强调实用性，目的是通过人工智能的发展驱动基础设施建设、交通、医疗和教育等方面的进步。

俄罗斯目前尚未有政府层面的战略文件出台，但这并不代表俄罗斯不重视人工智能发展。相反，俄罗斯上至总统下至业界，正在积极地推动俄罗斯的学术和工业资源在人工智能领域的突破。2017 年，普京总统就曾公开表示“人工智能是人类的未来，而掌握它的国家将统治世界”，表明人工智能在这位“战斗民族”总统心中的重要性。俄罗斯更偏向于发展和资助人工智能技术在军事与国防领域的应用。2018 年，俄罗斯国防部宣布了一项“机器人技术设计师”竞赛，特别关注大数据技术、机器视觉和机械制造，旨在开发人工智能。俄罗斯国防部成立的先进技术研究基金会（Foundation of Advanced Studies）强调发展图像识别、语音识别、自主军事系统控制以及武器生命信息支持等人工智能技术。从举行技术信息发展讨论会、机器人设计大赛，到呼吁民间专家加入军方研究，俄罗斯正以举国之力筹划人工智能在军事领域的研发。

（国务院发展研究中心国际技术经济研究所　张宇　宫学源）

从美军2042年无人系统路线图看无人系统关键技术发展动向

2018年8月，美国国防部发布了《无人系统综合路线图（2017—2042）》，对无人系统的发展提供了总体战略指南。这份路线图是美国国防部组建专门的团队，基于各军种、机构、工业界、学术界的技术趋势研究形成，代表了美国国防领域未来25年在无人系统投资发展的重点领域。2042年路线图是在2038年路线图基础上的进一步延伸，主要是从互用性、自主性、安全网络和人机协同四个主题分析无人系统面临的问题、挑战、机遇、重点需发展的关键技术等。本文重点针对路线图中的四大关键主题，结合美军近年来无人系统的关键发展动向做综合分析，分析四个主题重点布局的发展方向对未来作战的影响。

一、路线图背景、目的及内容

美国国防部已经在所有的作战环境中使用无人系统，为确保国防部相关投资真正用于推进无人系统技术和作战使用，于2018年8月30日发布了

《无人系统综合路线图（2017—2042）》（简称2042年路线图）。该路线图是美国国防部公开发布的第5版（2007—2032年，2009—2034年，2011—2036年，2013—2038年，2017—2042年）无人系统综合路线图，是在2038年路线图基础上的进一步延伸，旨在进一步将无人系统整合到作战体系，明确相关的投资领域，以确保各军种的无人系统发展目标及工作与国防部规划保持一致。表1给出了美国无人系统2017—2042年四大发展主题、关键支撑技术及目标。

表1　美国无人系统2017—2042年四大发展主题、关键支撑技术及目标

<table>
<tr><th>四大主题</th><th>关键支撑技术</th><th>近期发展目标（2017年）</th><th>中期发展目标（2029年）</th><th>远期发展目标（2042年）</th></tr>
<tr><td rowspan="5">互用性</td><td>通用/开放式架构/人工智能框架</td><td>指挥控制与参考体系架构的标准化</td><td colspan="2">支持无缝、敏捷、自主的人机协助和机器间的合作</td></tr>
<tr><td>模块化与部件互换性</td><td>改进现有系统
将模块化设计到新系统中</td><td colspan="2">快速升级、配置更改</td></tr>
<tr><td>符合性/测试、评估和确认</td><td>新的试验、鉴定、验证和确认方法
新的试验和确认工具、技术</td><td colspan="2">开展高度复杂的自主系统
试验、鉴定、验证和确认</td></tr>
<tr><td>数据传输一体化</td><td>通用数据库
一体化端到端传输</td><td colspan="2">抗干扰性
低可截获率/低可探测率</td></tr>
<tr><td>数据权限</td><td>安全所需的数据权限
改进数据权限策略</td><td colspan="2">使任务支持灵活性最大化</td></tr>
<tr><td rowspan="2">自主</td><td>人工智能/机器学习</td><td>与私营部门合作
研发云技术</td><td>增强现实
虚拟现实</td><td>持续感知
高度自主</td></tr>
<tr><td>提高效率和效能</td><td>提高安全和效率</td><td>无人任务与作战
引领、跟随</td><td>集群</td></tr>
</table>

（续）

<table>
<tr><th>四大主题</th><th>关键支撑技术</th><th>近期发展目标
（2017 年）</th><th>中期发展目标
（2029 年）</th><th>远期发展目标
（2042 年）</th></tr>
<tr><td rowspan="2">自主</td><td>信任</td><td colspan="3">代替人类做出任务导向、合法、符合伦理决策</td></tr>
<tr><td>武器化</td><td>国防部战略共识
致命性自主武器评估</td><td colspan="2">武装僚机/编组（交战中的人类决策）</td></tr>
<tr><td rowspan="3">网络安全</td><td>网络行动</td><td>深度防御
脆弱性评估</td><td colspan="2">构建网络攻击下的抗毁性
自主网络防御</td></tr>
<tr><td>信息保障</td><td>与私营部门合作</td><td colspan="2">信息爆炸决策、程序及技术的开发与升级
无人系统信息保障产品/技术组</td></tr>
<tr><td>电磁频谱/电子战</td><td colspan="3">为持久战发展高效、灵活、自适应和敏捷的频谱
坚实可靠的电子保护</td></tr>
<tr><td rowspan="3">人机协同</td><td>人机接口</td><td>控制多系统
人机角色/提示</td><td>人机对话
设定场景处理
任务共享管理</td><td>推理人的意图
深度学习机器</td></tr>
<tr><td>人机编队</td><td>减轻人的负担
减少人员飞行次数
特定维护任务</td><td colspan="2">与机器人成为战友
减轻识别认知负担</td></tr>
<tr><td>数据策略</td><td colspan="2">自动收集和处理数据
自主调整数据策略</td><td>深度神经网络
敏捷、响应、自适应性</td></tr>
</table>

（一）提供总体战略指南，确保各层级发展无人系统的目标及工作与国防部规划保持一致

该路线图旨在作为国防部无人系统总体战略指南，从总体上确保各军种无人系统的发展与国防部的规划保持一致，致力于减少重复工作、提高协同能力、确认风险，并对国防部和工业界协同发展的无人系统主要领域进行描述。此外，该路线图将综合考虑无人系统面临风险，统筹安排军方

对无人系统创新项目投资，并作为无人系统战略纲要。该路线图用于国防部层面的同时，也指导需求开发人员、预算规划人员、项目经理、科研人员、作战人员等开展工作。

（二）通过技术趋势研究形成四个主题，以构建敏捷、灵活的技术和政策基础，从而孵化颠覆性技术和运作方式

国防部通过组织专门的团队，对来自国防部的各级参考文件进行审查、分析，并对工业界和学术界的技术趋势进行研究，总结提炼出四个共同主题和关键要素。这四个主题为无人系统集成和使用技术评估以及作战条令、组织、训练、政策改进等提供基础，从而构建敏捷灵活的技术和政策基础，以此发展颠覆性技术和运用方式，并与国防部的工作相融合，以使国防部更加协同和有序地利用无人系统技术提升军力。

二、关键技术动向

2018 年，美军无人系统的发展关键动向印证了美国大力推进 2042 年路线图四个主题的发展；同时，四个主题的发展引领无人系统未来的发展方向。

（一）加快通用/开放体系架构、部件模块化及试验鉴定验证等进程，提升无人系统的互用性及体系作战的融入

未来体系作战将越来越多地使用无人系统，互用性将构成充分利用无人系统技术一体化联合和联盟部队的基础。在有人和无人系统动态混编的部队中，无人系统必须能跨越系统和领域与其他无人系统及人员进行通信、信息共享和交互协同。未来的作战环境，部队与系统之间有多个指挥层级，在不同作战单元之间进行通信、信息共享和任务分配，并在战场上实时进行任务分派。

通用架构将在任务空间或工作领域使用一系列共同标准，以确保系统间和跨领域的协同。国防部通过支持系列计划为空中和地面无人系统定义通用语言/信息传递架构及通用安全通信架构。这些架构指导各军种和工业界的未来开发工作，具体包括小型无人系统自主架构、无人系统联合架构（JAUS）、无人机系统控制段架构（UCS）、无人系统联合通信架构（JCAUS）、无人机系统地面控制站人机接口开发和标准化指南、开放商业模式等。为未来分布式作战和集群作战发展，美国国防预先研究计划局通过实施“体系集成技术与试验”SoSITE 项目发展开发时体系架构技术，目标把单一装备的空战能力分布在大量可互操作的有人和无人平台上，实现各种先进机载系统和机载武器的即插即用，极大提升蜂群的灵活性（图 1）。2018 年 6 月，完成多域组网的飞行验证。此外，通过“拒止环境协同作战”（CODE）项目，发展蜂群协同开放式架构，2018 年 1 月完成开放式架构指标飞行验证。

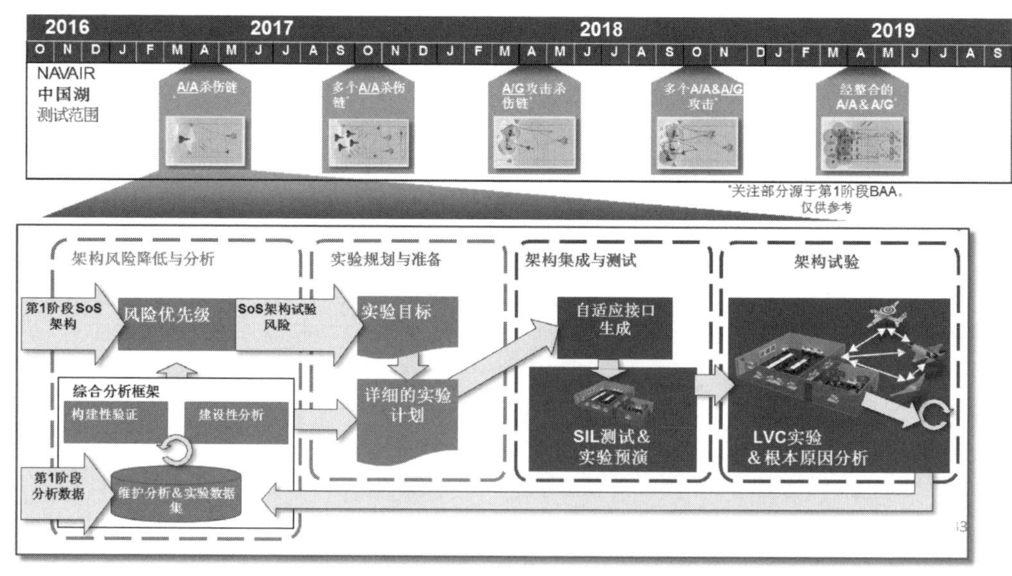

图 1 “体系集成技术与试验”项目进度及开放架构内容

模块化便于适应新任务及实现相应的软硬件更换，从而节约时间与成本。典型项目为美国空军模块化“敏捷吊舱”（图2）。敏捷吊舱具有多种型号，可执行各种任务，能快速更换有效负载以适应多个平台。同时，该吊舱采用开放式、标准化结构设计，既可以承担情报、监视与侦察（ISR）任务，也可以用于其他领域，能够最大限度地满足使用灵活性。敏捷吊舱是一个类似乐高的系统，可以包含3~5个独立的部分，每个部分都可以容纳不同的传感器系统。2018年3月，MQ-9“死神”无人机进行了3次挂载飞行试验。

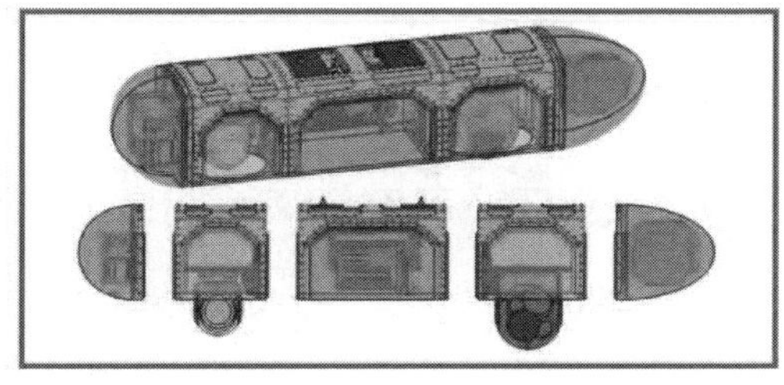

图2　敏捷吊舱（左）由3~5个识别载荷舱组成（右）

自主系统的试验、鉴定、验证和确认是保障高度自主的关键，重点在于精确且结构化的标准和工具。DARPA 支撑下发展的“自主性鉴定自查评估工具”（AVIA）项目，重点发展测试自主系统的自主逻辑性工具。DARPA 实施的“进攻性集群使能战术”项目，发展无人自主集群集成试验床是其关键技术之一。

（二）基于人工智能发展不断增强自主作战能力，提高无人系统作战效率和效能

基于人工智能和机器学习可开发具有高度自主水平的无人系统，这种学习能力能扩展和改进无人系统的功能，变革战场管理和指挥控制，提高无人系统效率和效能，增强战场作战能力。在无人系统利用人工智能的过程中，需解决信任问题，同时调整相关政策与法律限制。国防部加强与私营企业合作获得成熟解决方案，并对自主无人系统终端控制进行演示验证，深度利用人工智能技术，使无人系统具有类人智慧；同时，提高作战安全性和效率，提升人机编组能力，实现从任务支持到作战支持，发展接近全自主的无人系统。

DARPA 实施的“快速自主轻量”FLA 项目旨在开发一种先进的算法，使无人机或无人车辆能够在没有人类操作员、GPS 或任何数据链的引导下自主运行，侧重于自主性，其中“自主”包括感知、规划、控制等方面。2018 年7 月，无人机完成第二阶段飞行试验：验证了算法的无人自主性的两个方案；完成多层建筑之间以及狭窄空间的飞行并识别目标；验证了无人机穿过狭窄窗户进入建筑物，沿着走廊找房间并创建内部的三维地图；同时验证了可识别并飞下一段楼梯，然后通过敞开的门口离开大楼（图3）。2018 年10 月，美国波士顿动力公司研制的机器人 Atlas，基于人工智能算法，完成跨越障碍和三级跳，在动作的连贯性上已经逼近人类的表现。2018 年10 月，通用动力公司公布了最新的“金枪鱼” -9 无人潜航器，其集高导航精度、高声纳分辨率和精密作业能力于一体，可在数分钟内形成精确数据（此前一般需数小时），可用于国防、商业以及研究等领域。2018 年6 月，美国海军“刀鱼”水下猎雷无人潜航器通过海上验收试验，测试证明“刀鱼”系统基于先进的算法可在高杂波环境中检测、分类并识别水雷。DARPA 实施的“终身学习机器”（L2M）项目，旨在开发全新的机器学习方法，使无人系统能够不断适应新环境而不会忘记以前的学习内容。2018 年5 月取得两项突破，一是技术领域致力于开发完整的系统及其组件；二是技术领域将探索生物有机体的学习机制，目标是将其转化为计算过程。

图 3 “快速自主轻量”项目第二阶段飞行测试

（三）加强赛博防御、信息保障和电子战防护建设，确保无人系统作战的网络安全

无人系统在通信/GPS 拒止环境中易受网络、电子战攻击。在无人系统发展中，需要不断加强集成赛博防御、电子战防护技术，以确保信息的完整性、实用性和安全性。

2018 年 7 月，美国 CTSi 公司和 L3 技术公司在美国海军支撑下完成用于高度竞争和 GPS 拒止环境的一体化通信导航系统的飞行测试。该系统为“增强型链路导航系统”（ELNS），是首个能在 GPS 拒止环境中向小型无人机系统（UAS）提供导航能力的系统，引领了飞行器定位、导航和授时（PNT）功能的发展新方向。可利用在通信和 GPS 拒止环境中仍能发挥作用的波形，对抗敌军探测和中断盟军信号的行动。

（四）强化建设人机接口、人机编队技术，支撑人机协同的体系化作战的实现

人机接口是人类操作和收集来自无人系统信息的机制。未来，人机接口将实现更高级别的人机协助和战斗编队，以任务和编队为中心，将人类识别和判断能力与无人系统的自主技术相结合，利用多域资源来满足动态任务目标。

DARPA 实施的“拒止环境中协同作战”（CODE）项目实现了对这方面的探索。2018 年 1 月，CODE 项目下开发的“协同和应急规划监控”（SuperC3DE）系统完成单人对无人机集群任务的人在回路监控试验。试验中，系统监控 2 架真实和 2 架虚拟 RQ－23“虎鲨”无人机集群在通信受限环境下执行 ISR 任务，验证了集群状态监测、自主人/机应急决策方案生成、紧急干预等功能。

人机编组是士兵、有人和无人系统同步部署、协同工作，结合各自优势，以产生不对称的作战优势的作战能力。未来发展的重点是士兵、有人和无人系统之间寻求最佳平衡点，以实现减小士兵作战负荷、增强各军种作战能力。

2018 年 1 月，根据美国国防部部长办公室支持的“自主性研究试点计划”（ARPI），美国陆军研究实验室（ARL）完成了两个项目，研究了通过增强代理透明度这一方法来改进人与人工智能代理之间的协作，成功验证了提升人与人工智能代理编队工作效率的新方法。该方法是指机器人、无人驾驶车辆或软件代理向人类传达其意图、行为、未来计划和推理过程的能力。

2018 年 7 月，德事隆系统公司和德事隆航空防务公司成功完成有人—无人机编队协作能力的集成和验证飞行项目。在此次验证飞行中，通过德

事隆系统公司代号为 Synturian 的控制和协作技术，德事隆航空防务公司“蝎子”攻击机成功发挥其优势，将能力提升到新的级别，德事隆系统的互操作水平（LOI）由 3 提升到 4，同时使移动飞行器对多设备的指挥和控制成为可能。

2018 年 7 月，美国海军陆战队成功测试了单人单次控制 6 架无人机，未来希望能达到单人单次控制 15 架。

2018 年 10 月，DARPA 征集“进攻性蜂群使能战术”（OFFSET）项目“蜂群冲刺”第三阶段提案，主要包括两个研究领域，一是士兵—蜂群编队的革新，二是蜂群战术库的扩充。士兵—蜂群编队的革新是指包括设计、开发并演示新的编队模式，以增强人与自主蜂群的交互方式。该研究领域识别并寻求解决蜂群系统本身的复杂性，以及士兵或战术指挥员在进行城市作战时的认知需求、生理需求与情境需求。蜂群战术库的扩充是指通过 OFFSET 项目中的蜂群战术交互，研究新的蜂群战术，以扩充蜂群战术库。蜂群战术库是一个工具、战术和方法的存储库，供蜂群“冲刺者”使用。选定的蜂群“冲刺者”将设计并实施战术库中没有的复杂蜂群战术，具体内容为：采用由空中无人机和地面机器人组成的多样化蜂群，在 1 ~ 2 小时内解决四个城市广场街区的“城市突袭”任务。

三、结束语

美国国防部 2042 年路线图是为确保美军未来利用无人系统获取绝对优势，既满足当前紧急作战需求，又立足未来体系作战的支撑能力。2042 年路线图指出 19 项需要近远期发展的关键技术，包括机器人技术、开放式体系架构、自主和建模仿真、机器学习、人工智能、尺寸重量与功耗/小型化技术、集群能力、增强现实、虚拟现实、传感器技术、防撞技术、引领—跟随技术、GPS 拒止解决方案、网络弹性和稳健性、信息安全解决方案、增加网络和频谱容量、人机接口、自主数据策略调整技术，是美军未来重点发展的关键技术。从主要动向看，美军已经开始实施项目，开始开展相关技术的研究，这些技术面向作战需求，对提升无人系统作战效率和效能将发挥重要作用。

（中国航天科工集团第三研究院三一〇所　李磊　王彤）

美国成立国家人工智能安全委员会事件分析

2018 年 3 月 20 日，美国国会发起提案，建议成立“国家人工智能安全委员会”，由国防部、参议院军事委员会、众议院军事委员会任命的 15 人组成，致力于对人工智能、机器学习等技术开展审查，以全面应对其所带来的经济、军事风险。2018 年 5 月 10 日，美国政府在白宫举办了人工智能（AI）科技峰会，并发布了《2018 美国白宫人工智能科技峰会总结报告》。宣布在国家科学和技术委员会下设立了国家人工智能安全委员会，委员会成员由联邦政府最高级的研发官员组成。2018 年 6 月 18 日，美国国会正式通过了《2019 财年国防授权法案》。国防授权法案是美国的联邦法律，主要对美国的国防开支进行详细筹划，明确拨付资金水平及使用规则等。在此次国防授权法案中，人工智能受到了前所未有的高度重视，批准新设立了一个独立的国家人工智能安全委员会。一系列举措在一定程度上折射出美国在此领域的最新发展动向。

一、人工智能安全委员会情况简介

美国国家人工智能安全委员会由美国众议院武装部队新兴威胁与能力

小组委员会提议成立，作为独立设立的联邦政府部门，负责对人工智能、机器学习的发展和相关技术开展审查。在进行此类审查时，委员会应审查促进美国人工智能、机器学习和相关技术的发展所需的方法和手段，以便全面解决国家安全需要，包括经济风险和国防部的任何其他需要。国家人工智能安全委员会由15名成员组成，由国会领导人以及国防部长和商务部长任命。成员应在委员会任期内任命，作为联邦雇员的身份，委员会主要成员如表1所列，主要职责如表2所列。委员会将于2020年10月1日终止。

表1　委员会主要成员

序号	委员会成员	身份	背景信息
1	罗伯特·沃克	主席	前国防部常务副部长、新美国安全中心高级合伙人
2	埃里克·施密特	主席	Alphabet公司技术顾问
3	萨夫拉·卡茨	成员	甲骨文公司联合CEO
4	安迪·雅西	成员	亚马逊公司网络服务CEO
5	安德鲁·摩尔	成员	谷歌云人工智能主管
6	格里菲斯	成员	达科他州立大学校长
7	肯·福特	成员	佛罗里达人类与机器认知研究所CEO
8	简志伟	成员	加州理工学院和NASA的共同代表喷气推进实验室人工智能小组
9	克里斯特·达比	成员	In－Q－Tel投资公司CEO
10	贾森·马西尼	成员	美国情报高级研究计划局前局长
11	威廉·马克	成员	SRI国际信息与计算科学部主任
12	卡特里娜·麦克法兰	成员	管理咨询公司柏科国际顾问
13	吉尔曼·路易	成员	风投公司阿尔索普路易合伙人
14	米尼翁·克莱本	成员	“开放社会基金会”合伙人
15	埃里克·霍维茨	成员	微软研究实验室主任

表2　委员会主要职责

序号	主要职责
1	美国在人工智能、机器学习和其他相关技术方面的竞争力，包括与国家安全、经济安全、公私伙伴关系和投资相关的事务
2	美国在人工智能、机器学习和其他相关技术，包括量子计算和高性能计算方面保持技术优势的手段和方法
3	国际合作和竞争力的发展和趋势，包括在人工智能、机器学习和计算机科学领域的外国投资
4	在基础研究和高技术研发中，强化重点和投资手段，以鼓励人工智能、机器学习和其他相关技术的私人、公共、学术和联合倡议，包括量子计算和高性能计算
5	吸引和招聘人工智能和机器学习方面领导人才的劳动力和教育激励措施，包括科学、技术、工程和数学项目
6	美国和外国在军事上应用人工智能和机器学习的风险，包括根据国际武装冲突法、国际人道主义法，以及动态调整
7	基于人工智能和机器学习将来的可能应用，对其伦理问题的考虑
8	建立数据标准，鼓励在相关的数据驱动的工业中分享开放数据训练
9	制定关于人工智能、机器学习和相关技术数据的隐私保护措施
10	委员会认为与国家共同防御有关的其他任何事项

此外，该委员会将为国会和美政府撰写一份人工智能报告，就国会和政府所采取的有关人工智能、机器学习和相关技术的行动提供建议，报告要求内容如表3所列。

表3　报告要求内容

序号	报告要求内容
1	评判美国在人工智能和相关技术方面的竞争力
2	保持美国人工智能和量子计算机技术的领先地位
3	跟踪国外人工智能的发展情况

（续）

序号	报告要求内容
4	鼓励私营企业投资人工智能
5	开展劳动力教育和奖励计划，吸引高质量候选人加入该领域
6	研判与人工智能军事化有关的风险
7	研究人工智能的道德问题
8	建立鼓励开放源码共享数据的“数据标准”
9	制定与人工智能相关的隐私和安全措施
10	办理委员会认为与国家共同防御有关的其他事务

二、人工智能安全委员会关注重点

“数据、算法、算力”是人工智能发展“三驾马车”，随其应用横向拓展、垂直加深，“应用场景”和“人机回环”牵引作用更加突出。“应用场景”就是问题导向的创新源头。美国作为世界强国之一，几乎参与全球大部分国际事务，面对日益繁杂的国际形势，其对于人工智能技术的需求愈发强烈。此次美国成立国家人工智能安全委员会，主要是为争取保持美国在人工智能领域的国家优势，关注重点包括量子计算和高性能计算的技术、国家安全、数据隐私及道德相关方面。

美国为在人工智能、机器学习和其他相关技术方面保持竞争力，重点关注任何无需人类监督、可在不同情况和不可预知的情况下执行任务的人工系统，或可通过数据集提高性能和学习经验的人工系统；在计算机软、硬件或其他环境中开发的人工系统，用于解决需要人类感知、认知、规划、学习、沟通或身体动作的任务；设计认知结构和类脑神经网络的人工系统，用以完成“认知任务”的机器学习、量子计算和高性能计算；通过感知、计划、推理、学习、交流、决策和行动实现目标的人工系统，包括智能软件系统或实体机器人。

在国家安全领域，通过研究人工智能技术，采取安全保护措施，以及广泛的网络安全保护，密切跟踪外国或非国家行为者在人工智能和机器学习的军事成就，包括根据国际武装冲突法，国际人道法和升级动力学方面取得进展的有关的风险，防止人工智能军事系统一旦被盗或者非法复制致使人工智能网络武器被恶意使用。

在数据隐私方面，重点关注人工智能、机器学习和相关技术方面开发数据的隐私和安全保护措施，以及更广泛的网络安全保护。建立数据标准并为相关数据驱动行业内的开放式培训数据共享，提供激励的手段，如知识产权盗窃、版权侵权问题以及与外部影响相关的风险。执法部门可合法使用技术手段将犯罪分子绳之以法，或协助进行更广泛的刑事调查。

考虑人工智能和机器学习方面的相关道德，通过开展国际合作、教育、投资等更多手段，吸引和招募更多人工智能和机器学习领域的科技人才，关注采取适当机制，以激励人工智能、机器学习和其他相关技术（包括量子计算和高性能计算）的个人、企业、学术团体联合起来，在未来人工智能领域寻求更广泛的应用，以及委员会认为与美国的共同防御或经济安全有关的其他事项。

三、对此次事件的认识

美国在国家层面设立人工智能安全委员会，考察人工智能在军事应用中的风险以及对国际法的影响，考察人工智能在国家安全和国防中的伦理道德问题，建立公开训练数据的标准，推动共享公开训练数据，研究各国对人工智能技术的发展规划和使用方式。可以看出，美国已经充分认识到人工智能在未来应用的潜力。

首先，人工智能军事应用主要面临“标准、数据、技术、机制和伦理”等难关。委员会的成立，首要致力于解决标准关和伦理关难题，通过统一标准，推进数据融合与共享应用，为人工智能技术发展奠定基础。委员会还将推动建立覆盖全美的人工智能生态体系，使技术与产业紧密结合、相互支撑，提升技术发展后劲。而伦理准则的制定，将为健全机制和人工智能的武器化应用扫除最大障碍，未来人类将可能不再是战争的完全主宰者，自主机器将在战争中发挥重要作用，战争模式也将由此发生颠覆性改变。

其次，委员会设立是美国“第三次抵消战略”的深入演进。作为委员会联合主席，罗伯特·沃克在任职国防部常务副部长期间，他是美军“第三次抵消战略”的设计师和重要推手。罗伯特·沃克长期关注人工智能，认为人工智能是“第三次抵消战略”的关注重点，以人工智能为核心推进“第三次抵消战略”的观点从未改变。其所在的人工智能和国家安全特别工作组主要联合国家安全领导人与人工智能专家共同研究人工智能革命对国家安全带来的挑战和问题。

最后，委员会设立是构建军民融合创新生态体系的顶层统筹。委员会成员汇集来自国防、学术界、技术公司、咨询公司和风投组织的顶级精英，致力于研究推动国家人工智能总体发展，破除人工智能标准、数据、技术、机制和伦理各领域发展障碍，为军民融合创新生态体系建设奠定基础。它的设立将人工智能上升到国家安全层级，从顶层统筹指引全美人工智能领域发展，进一步完善人工智能监管链条，为聚合各方之力加速推进人工智能发展奠定重要基础。

四、结束语

人工智能已成为当前最为突出的新兴战略领域之一。世界各国已将人工智能视为决定未来战争胜负的关键技术，正从战略设计、项目研发、机构设立、资金注入等方面全方位推进人工智能的军事应用，使之快速嵌入现有的武器装备、军事教育、网络攻防等军队建设领域，并注重管控其所带来的风险。美国成立国家人工智能安全委员会，是对人工智能的高度重视，是美国在最新国家安全战略和国防战略指导下推动“第三次抵消战略”的体现，旨在通过占领先进技术主导权，保持美国的绝对安全，护持美国的霸权地位。

特朗普政府强调大国战略竞争，并将中国视为最主要的“战略竞争对手”和假想敌，认为中国对人工智能领域进行巨额投资会侵蚀美国的技术和作战优势，破坏自由和开放的国际秩序。从“301”调查、“中兴事件”再到对华出口实体清单，之后的“孟晚舟事件”，可以看出，美对华的封锁和制裁已经从限制系统装备从技术进步向遏制基础产品全产业链方向发展，波及范围更广泛、领域更全面、影响更深远。

（深圳航天工业技术研究院有限公司　何银铜　朱正才　方亚）

2018 年美军应用人工智能的重点领域分析

近年来，大数据、云计算和物联网等技术的发展带动了人工智能技术的快速提升，深度学习、强化学习和群体智能等技术被广泛地应用于各个行业。人工智能技术日益成为国际战略竞争的新焦点，已成为推动新一轮科技革命和军事变革的重要力量。美国作为世界军事强国，已率先将人工智能技术应用到军事领域，预期利用人工智能等颠覆性技术继续保持美军强大的威慑能力，进而维护其霸权地位。

一、2018 年美军应用人工智能的顶层规划

2018 年 5 月，美国在白宫召开人工智能峰会，将人工智能指定为国家研发的优先任务，并宣布相关研究计划，确保美国能够成为人工智能领域的世界领导者。2018 年 6 月，美国国防部宣布成立联合人工智能中心（JAIC），其与国防高级研究计划局（DARPA）和国防创新小组（DIUX）共同构成了美国国防和军事科技创新发展的顶层架构。2018 年 8 月，美国在其发布的《2019 财年国防授权法案》中明确指出：为了应对人工智能、

空间和反空间技术、网络以及超声速技术方面的进步，大力支持 DARPA 和 DIUX 进行技术研发和技术实验，以确保技术优势，尤其在人工智能和机器学习等方面提供的资助金额高达数亿美元，以加速其研发和应用。

二、2018 年美军应用人工智能的重点领域

据防务新闻网 2018 年 4 月 19 日报道，美国国防部副部长格里芬称，目前美军共有约 592 个与人工智能密切相关的项目，包括“终身机器学习”“小精灵”“指控官虚拟参谋”等。从这些项目来看，2018 年美军应用人工智能的领域主要集中在以下 6 个方面。

（一）指控平台领域应用人工智能打牢基础

美军各军种都正在致力于研发基于人工智能技术的陆、海、空、天等指控平台，这将大大增强其作战效能，且更少地依赖人工输入，同时还可以减少指控平台的维护成本。2018 年 8 月，美国空军正在与洛克希德·马丁公司合作开发的多域指挥和控制系统（MDC2）进行了为期 3 天的第 4 次演习，MDC2 既是美军公布多域作战概念后的实际举措，也是人工智能在指控平台上应用的新尝试。2017 年，美国陆军通信电子研究、开发与工程中心（CERDEC）开发了自动计划框架（APF）原型系统，2018 年仍在继续研究，APF 可以使指挥官与参谋以更快的速度制定计划和发布命令，也是美国陆军使用人工智能技术的基础。通过这些系统来看，美军将人工智能技术应用于指控平台的目标是实现人机协作下的指挥控制，以适应未来战场上日益增大的信息流通规模和速度。经授权的人工智能指控平台可以在战场上快速做出指挥与控制决策，还可以基于战场的即时态势信息，滚动制定作战计划，动态下达任务指令，适度调控作战行动，精确评估作战效

能，在加速既有作战进程的同时，实现作战效能的最优化。

（二）网络安全领域应用人工智能守住底线

军事系统往往容易受到网络攻击，这可能导致军事机密的丢失和军事系统的破坏，美军十分注重推动人工智能在网络安全领域的应用。配备人工智能的军事系统可以自主保护网络安全，使计算机、程序和数据免受任何未经授权的访问。在网络攻击方面，美国国防部正在开发“高级持续性威胁”（APT）攻击系统，该系统在人工智能的加持下可以 24 小时不间断搜索作战对手网络系统的漏洞并进行自主攻击；在网络防御方面，美国国防部下设的国防信息系统局（DISA）于 2018 年 7 月从美国国家安全局（NSA）接手了 Sharkseer 项目，该项目通过应用人工智能和机器学习等方法来分析潜在的恶意软件的运行规律，达到检测并阻止恶意软件运行的目的。该项目只需进行少量更新，即可在隔离网络中工作，可以对入侵美国国防部的邮件、文件和输入通信量进行监控，及时发现“零日漏洞”（zero - day）攻击威胁，并自动阻止恶意软件对网络的攻击。

（三）目标识别领域应用人工智能提升效率

随着大数据技术和深度学习算法的应用，基于人工智能的目标识别系统可以提高复杂作战环境中目标识别的准确性，还可以与全球定位系统结合增强识别目标位置的能力，并对敌人可能的攻击行为进行预测和标记。例如，DARPA 研究开发的基于机器学习技术的目标识别与追踪程序可以从合成孔径雷达图像中自动定位和识别目标。美军的“阿帕奇”攻击直升机在进行智能化改造后，不仅能够自动提供战地图像，还能实现对 1000 个侦察目标进行自动分类，并按威胁程度大小选择优先打击目标。另外，已经启动一年的“Maven”项目也是通过开发目标探测、识别与预警的算法，来提高情报部门对无人机全动态视频的处理、利用和分发能力。“Maven”项目在 2018 年又获得了 1.31 亿美元经费，目前已经在美国非洲司令部和中央司令部的五六个地点实现部署，后续还将在更多地点部署。

（四）情报处理领域应用人工智能优化流程

人工智能可以快速有效地处理大量数据并从中获取有价值的情报信息。据 C^4ISRNET 网站 2018 年 8 月 22 日报道，美国陆军正在运用人工智能技术来整合不同来源的情报，从而感知目标活动模式的变化。目前，已经可以从数百种数据集合中快速匹配目标模型，为军事人员提供实时的战场态势信息。美国情报部门也经常运用人工智能技术来分析报告、文档、新闻和其他形式的非结构化信息，进而迅速发现潜在的威胁目标。美国海关和边境保护局利用集成人工智能技术的无人驾驶飞机（UAV）来巡逻边境地区，从而大幅度节省人力成本。美国地理空间情报局正在开发的项目也表明，他们正致力于加速完成情报、监视和侦察（ISR）部门的自动化，最终仅将重要决策任务留给人类。此外，美军在情报处理上还注重与科技公司的合作，一方面研究新型算法来摆脱情报处理对训练数据和标记结果的过度依赖；另一方面加快人工智能芯片技术的研发，最终目标是将芯片嵌入作战平台或传感器中，通过边缘计算来提升情报处理的效率。

（五）模拟训练领域应用人工智能强化效果

模拟训练是军队使用模拟训练系统或器材，模仿武器装备性能、战场环境和作战行动进行的训练。模拟训练系统综合运用系统仿真、虚拟现实、人工智能等技术，对战场环境、武器装备和作战人员进行精细化建模，可以构建逼真的立体战场空间，使士兵在部署前便可以对作战地域了如指掌。美国国防部长詹姆斯·马蒂斯对模拟训练高度重视，希望美军可以在每一次实战前进行 25 场不流血的战斗，美军正在加大投资和开发基于人工智能技术的模拟训练系统。2018 年 5 月，美国陆军与 Leidos 公司签订了价值 2.1

亿美元的合同用于开发模拟训练系统，该系统包含了伊拉克、阿富汗等多个地区的地形数据集，通过人工智能和虚拟现实技术提供高分辨率、逼真且具有地理地形特征的虚拟环境，供美国陆军进行模拟训练。2018 年 11 月，与美国空军合作的罗克韦尔柯林斯公司在美国防工业协会的年度会议上发布了新一代飞行员模拟训练系统“格里芬”二代（Griffin-2），该系统允许飞行员在360°视觉模拟的穹顶环境中进行训练。美军还计划将人工智能和机器学习等技术融入现有的“综合训练环境”（STE），在开展模拟训练时可以对战斗、演练和培训中的数据进行收集、挖掘与分析，进一步提升模拟训练的质量效益。

（六）后装保障领域应用人工智能增强能力

后勤物资运输、武器装备维护、战地医疗救援是达成军事行动的重要环节，人工智能应用于这些领域，也可以成为军队战斗力的倍增器。美国国防部正在研发“智能后勤运输系统”，它可以对战场上的后勤物资需求信息进行实时采集、传输和处理，还可以与现有的物资配送平台进行无缝对接。借助基于人工智能的多智能体策略和路径规划算法，“智能后勤运输系统”还可以使物资配送更加高效。除了提升后勤物资运输效率外，人工智能还能够轻松检测装备异常并快速处理装备故障。2017 年 9 月 7 日，美国陆军后勤保障局与 IBM 公司签订了 1.35 亿美元订单，主要内容是使用“沃森”人工智能平台来帮助识别“斯特赖克”轮式装甲车的先期故障问题。另外，美国国防部还参与了许多战场医疗系统的开发，配备人工智能的医疗系统可以挖掘士兵的医疗记录并协助医生进行复杂的诊断，还可以与机器人手术平台进行集成，为战场上的美军提供远程手术支持。

三、结束语

从上述人工智能应用的重点领域不难看出，美军已经将人工智能视为决定未来战争胜负的关键技术，正从顶层规划、项目研发、资金注入等方面全方位推进人工智能的军事应用，使之快速嵌入现有的指控平台、网络攻防、情报处理、后装保障等领域。可以预见，在“第三次抵消战略”的大背景下，美军未来还会继续强化对人工智能的研发投入和政策扶持，以维持美国的技术和军事优势。

（陆军指挥学院　张国宁　张清亮　沈寿林）

人工智能在美国陆军六大现代化优先事项中的应用

2017 年 10 月，美国陆军参谋长马克·米利首次提出陆军六大现代化优先事项，分别为远程精确火力、下一代战车、未来垂直起降平台、网络能力、先进防空反导能力和提高单兵作战能力。美国陆军急切希望利用最新前沿技术推动上述六大领域的发展，在未来的军事竞争中保持全球领先地位，而人工智能正是陆军寄予厚望的技术之一，它与每一领域都密切相关，拥有巨大的应用空间。

一、远程精确火力

美国陆军认为俄罗斯等国在远程火炮和高超声速导弹等武器的研究上成果丰硕，已经威胁到美国强火力系统的领先地位，因此在六大现代化优先事项中将远程精确火力排在首位。美国陆军希望迅速做出调整，以跟上潜在对手的现代化进程，除研发先进火炮外，还须发展精确制导导弹和高超声速导弹等，并利用人工智能技术确保火力优势。

人工智能是导弹发展的内在需求。对导弹武器而言，精确制导智能化是导弹武器智能化的核心，将人工智能技术引入传统制导领域，被认为是优化该技术的绝佳方向。美军的远程导弹武器面临未来作战高度对抗、有限信息支援、全气象条件、多任务需求的挑战，不确定性大幅增加，如此复杂的环境要求导弹武器具有自主感知和态势认知能力，以适应不确定性的战场变化。

远程导弹的导航制导控制需要多元的信息，以应对各种各样的环境，这就要求导弹具备智能运动控制能力，根据外界环境实施最佳的控制，为人工智能的应用提供了需求场景。为了提高武器的作战效能，协同作战、体系化作战已经成为发展趋势，需要导弹能够互相协作完成复杂任务。面对敌我复杂博弈态势，单弹的任务完成效果对弹群攻击任务影响凸显，又要求导弹能够依据全局目标智能决策，完成担负的任务。

在末端攻击和目标精确打击方面，面对有限的敌方信息和敌方干扰、欺骗、伪装，要求导弹具备一定的智能性；利用信息融合准确完成目标价值识别、要害识别，自动规避敌方拦截，实现高精度打击。

未来作战面临快速反应、简化武器装备维护的迫切需求，而导弹作为高精度武器要求全流程进行智能管理。在导弹储存、转运、测试、发射准备流程中充分利用智能技术，通过智能处理、上报使用问题，减少人工环节，提高反应速度，降低保障要求。

二、下一代战车

在未来的作战环境中，杀伤力优势、车辆生存能力、车组人员作战效力、作战和战术机动性以及后勤负担的减轻比以往更为重要。美军认为，作为联合军种的一部分，下一代战车在与实力相当的对手开展的近战中必须具有优势和决定性杀伤力。为了达到这一目的，美国陆军将强化人工驾驶和无人驾驶操作平台，重点训练人机协作、无人驾驶系统自主编队和战车的自主作战能力。

运用人工智能技术实现有人—无人驾驶战车编队作战能力。陆军希望下一代战车能够在有人和无人驾驶条件下实现无缝切换，不同战车之间能够进行互相通信，实现协同作战。陆军首套下一代战车由6台试验原型组成，包括2辆有人驾驶车辆和4辆机器人战斗车辆，机器人车辆能够自己移动和相互通信，也可以在现场接受作战人员控制和交付指令。这6台试验原型机预计将于2019财年底之前交付，并于2020财年初开始试验，另外2套试验原型将在2021财年交付。陆军要求2028—2035年之间实现下一代战车的正式应用。

运用人工智能技术发展战车自主能力。美国陆军希望下一代战车具备优秀的自主作战能力，不仅能收集和监测战场环境参数反馈给作战人员，同时具备在复杂地形下的优秀作战性能，能够实现单一战车的独立作战。下一代战车原型将依赖陆军坦克汽车研究发展与工程中心开发的新兴技术，允许作战人员遥控驾驶战车向目标实施火力打击。

战车还将具备自主监控能力，能利用人工智能管理战车的电力系统、帮助监控车辆状况、预测车辆未来需求。由人工智能驱动的计算机能够实现对历史数据库和传感器信息的快速读取，使指挥官能够快速掌握机械可能发生的故障、设备运转状况及使用寿命，以便于实时做出决策。

下一代战车是陆军进行近战和地面作战的必需机动力，把人工智能技术和机器人技术融合到新的战车平台，将为陆军提供强大的作战支撑和保障。

三、未来垂直起降平台

美国陆军认为，其自身目前缺乏进行空中武装侦察、实施轻型攻击的能力，为了弥补这一差距，陆军希望通过建设未来垂直起降平台，发展空中对峙能力和发动致命及非致命打击的能力。陆军设想中的垂直起降平台规模较小，可以隐藏在大城市建筑物中，避免被雷达发现。垂直起降平台将由具备高度自主能力的有人—无人驾驶旋翼机构成，在陆军新成立的未来垂直起降跨职能小组领导下研发，预计在10年内交付。

运用人工智能技术发展无人机编队作战能力。垂直起降平台的重点在于无人驾驶飞机系统的研制，通过研发具有高度自治、可对目标定位与监测以及实施火力打击的无人机，提升美国陆军空中作战能力的现代化。这些先进的无人驾驶飞机系统将用于轻型作战并执行复杂和危险的工作，如长期的持续监视任务或在化学、生物、放射性、核爆和高当量爆炸性环境中作战。通过与具有杀伤能力的未来垂直起降旋翼机开展协同编队作战，这种先进的无人机可帮助陆军突防对抗性空域。

美国陆军希望发展具备自主性的无人机作战能力的同时，提升无人机与有人机协作、降低维护成本、缩短维护时间，保证空中作战具备持续、高效率的特性。陆军将对整个垂直起降平台进行协同化打造，采取通用、开放式体系结构，利用人工智能协调无人驾驶与有人驾驶飞机的团队作战，扩大有人—无人直升机的作战范围，增强杀伤力、防护能力、生存能力以及可维护性。

四、网络能力

美国陆军认为，美国潜在的对手不断提高信息战能力，给陆军带来了更多的威胁，陆军现有的网络无法满足作战指挥官的要求，不能与对手抗衡并获取胜利，新兴的网络能力则可为陆军提供更加灵活有效的作战方法。陆军要求研发并部署机动性足够强的软硬件和基础设施，确保官兵在严峻的电磁频谱环境中有可靠的网络支援。

运用人工智能技术统筹网络作战体系。陆军所讲的网络能力并不单指通信网络，而是涵盖了全部的信息层面，包括战术作战人员信息网、战术无线电策略和任务指挥系统。陆军当前的网络体系过于复杂和脆弱、易受攻击、容易被探测到及受到干扰，且不易进行防护。陆军希望利用人工智能辅助军队进行网络战分析决策的同时，统筹发展未来的网络作战体系，使其具备生存能力、可进行防护，且具备可互操作、可持续、标准化以及高度的机动性。

美国陆军希望建立可快速投入作战、具备防止网络攻击能力的网络组件，为前线士兵提供网络服务。同时，陆军希望发展可独立使用的辅助 GPS，使士兵继续在面对强烈干扰情况下有效地执行任务，进行机动和通信，并维持态势感知能力。陆军的多个网络系统可单独工作，但在构建一体化网络体系时，必须利用人工智能技术，协调多个网络系统进行协同作战，对抗网络攻击和干扰，保持各网络系统的稳步一致推进，强化指挥官与前线士兵的实时同步，将整个网络作战体系统筹合一。

五、先进防空反导能力

美国战略与国际研究中心报告指出，面对日益突出的导弹威胁，陆军当前的防空反导防御力量极易受到对手压制。俄罗斯等国潜在对手已经获得一系列防空反导能力，导弹密集型威胁已经构成了“反介入/区域拒止”能力的支柱，加重了美国军事力量投送的难度。面对复杂威胁，美军应强化先进防空反导能力，创建一支更加灵活、更加分散的防空反导部队，提高防空反导力量的灵活性和弹性。

运用人工智能执行防空反导任务。陆军在提升防空反导能力方面的首要要求是提升防空反导体系的技术水平，应对俄罗斯等国日益成熟的高超声速导弹和其他先进武器。美国陆军和国防部正开展多个秘密项目，研究使用人工智能技术的计算机系统，侦测和应对能够运载核武器的导弹袭击。陆军希望开发加入人工智能技术的反导系统，能够提前对可能向美国发动的导弹袭击发出警报。人工智能若检测到导弹已发射，则可迅速给出应对建议，为陆军争取更多时间予以摧毁或中途拦截。

美国陆军还希望将人工智能技术融入雷达探测体系，形成具备感知周围环境能力的智能、动态的认知雷达。陆军将整合“爱国者”和“萨德”系统，利用探测距离更远的“萨德”雷达来探索预警，利用人工智能对探测结果进行分析、学习、推理和规划，实时调整雷达系统参数，使用最合适的系统配置来适应外部环境的变化，从而提供有效、可靠、稳定的探测数据，进一步优化“爱国者”导弹系统，使其能够利用彼此的能力形成更加难以突破的防御网。

运用人工智能打造“一体化防空反导战斗指挥系统”。美国陆军拥有多种型号的雷达和导弹武器，将这些武器连接起来构成一套完整的防御网络是一项重大的技术挑战，如何将这套防御网络与前线士兵和作战指挥官联系在一起，打造一个集成的命令控制和战斗管理系统则更加至关重要。陆军希望借助人工智能强大的运算和分析能力，糅合不同型号的雷达和导弹系统，实现不同系统间的无缝衔接，保证雷达输出的高质量数据能够有效辅助反导系统的决策，并为前线士兵和作战指挥官提供明晰的命令系统，确保“一体化防空反导战斗指挥系统”的有序、高效运行。陆军希望整个先进防空反导能力体系建设能够在2022年之前完成。

六、提高单兵作战能力

美国在历史上一直注重单兵作战能力的建设，其单兵作战水平也长久居于世界领先地位。美国陆军希望此次的现代化转型能够再次全面提高单兵作战能力，通过部署下一代单兵与班组战斗武器、单兵防护装甲、传感器、无线电和外骨骼系统等先进装备，从射击、机动、通信、防护、维持等多个方面将单兵作战提升至新高度。

运用人工智能技术开发外骨骼系统。外骨骼系统能够增强士兵负重力、提高行进速度和其他基础运动能力，还可以为士兵提供伤害防护，为士兵的持续作战提供保障，是陆军提高单兵作战能力的一大研究方向。外骨骼必须能够感应人体活动并对其做出反应，将来自能量源的能量转换为可用的促动能量，以辅助穿用者开展活动。这就要求利用人工智能技术对人体活动进行全面感应和预测，再根据人的肢体活动来驱动机械关节重现动作。同时，外骨骼自带的人工智能系统，还可以帮助收集士兵行动数据，进行作战情况分析，以提升单兵战斗力。

运用人工智能技术建立合成训练环境。合成训练环境是指利用人工智能、机器学习和虚拟现实等技术，为受训人员提供完全仿真的模拟训练。合成训练环境可以大幅降低训练成本和危险程度，扩大训练的规模和范围，迅速提升士兵作战能力。美国陆军希望建立的新型合成训练环境能提供三种核心仿真功能：一是可生成全球任何地点的仿真地形供训练使用；二是提供虚拟训练员，帮助班组及营以上的编队开展联合作战机动训练；三是提供训练仿真软件，可创建开放体系结构和标准应用编程接口。陆军的最终目标是将实兵、虚拟和推定环境整合为单一的仿真训练环境。

七、结束语

2018 年 1 月，美国国防部发布新版《国防战略报告》，将“大国竞争”作为三大战略核心之一，要求打造一支更具杀伤力、更加顽强且快速革新的联合部队，以应对日益复杂的安全环境和来自俄罗斯等国的战略威胁。陆军提出的六大现代化优先事项也正是服务于美国建设可信赖军事力量的目标。

技术的发展带动军事革命的发生，以信息技术为核心的高新技术迅猛发展，引发了军事技术的革命性创新。而随着人工智能、大数据、机器人技术、精确打击技术的迅速发展，新一轮军事革命曙光乍现。美国陆军认为，以人工智能为代表的新技术将催生战争性质发生根本性变化，希望在军事革命的关键时期把握住人工智能技术的浪潮，确保美军领先地位。

（国务院发展研究中心国际技术经济研究所　李鹏飞）

美军在认知神经科学领域研究进展分析

认知神经科学是以揭示脑认知功能的神经基础为目标的前沿交叉学科。在军事领域，认知神经科学将利用生物技术、信息技术等最新研究进展来增强战斗人员的认知能力，并能有效地防御敌方对我战斗人员的认知干扰行为。随着新一代信息技术的快速发展，现代战争逐渐向智能化方向发展，认知能力很可能在未来战场发挥举足轻重的作用，日益受到美军的重视。美国陆、海、空军和美国国防高级研究计划局（DARPA）相继开展了认知神经科学研究，其中 DARPA 生物技术办公室（BTO）和陆军“认知与神经工程学协作技术联盟”（CaN CTA）开展了大量研究，已成为认知神经科学军用研究的主要部门。

一、美国军方对认知神经科学研究内涵不断扩展

近年来，伴随着生物技术及认知神经科学的飞速发展，生物技术、信息技术及认知科学的聚合价值引起美军更大关注。具体而言，2006 年 9 月，美国国防高级研究计划局公布了一份《生物学军事应用》的资金调拨计划

书，其中，大多数项目与神经科学有关。2007 年 8 月，美军国防情报局（DIA）委托美国科学院成立了一个技术预测与评估委员会，名为“未来 20 年神经科学军事与情报研究方法应急委员会”。该特别委员会希望了解脑科学研究的动向，以帮助美国情报部门预测到 2027 年时世界范围内神经科学的发展状况。2008 年 8 月，该委员会的评估报告提交给美国国防情报局，标题为“崛起的认知神经科学及相关技术”，报告系统分析了未来 20 年认知神经科技发展趋势及军事应用前景。2009 年 5 月，在美国陆军资助下，美国科学院又发布了一份《神经科学未来军事应用前景评估》的报告，不断加强认知神经科学的研究。美国国防部《2013—2017 年国防科技发展计划》则提出，认知神经科学（含脑科学）的颠覆性应用前景是实施思维干扰与控制的神经生物战。尽管目前距离这一“终极目标”的实现尚早，但该领域已经取得了一些突破。美国《华盛顿邮报·军事周刊》曾披露在伊拉克战争中美军使用过控脑武器。2018 年 10 月，美国国防情报局局长罗伯特·阿什利（Robert Ashley）在美国陆军协会（Association of the U. S. Army）年度会议上表示“人机融合”是颠覆性技术的一个“关键领域”，将会影响美国的国家安全。同时他表示，“人机融合”在军事方面可能会引发“认知能力的进步”，不仅体现在思维方式上，还体现在单个士兵的耐力上。

二、DARPA 重点开展脑机接口和脑增强项目

DARPA 生物技术办公室于 2014 年成立，认知神经科学是其研究的重点领域之一，开展的计划主要集中在脑机接口方面，部分项目已取得实质性进展。例如，DARPA 于 2013 年启动“阿凡达”项目，旨在通过人脑远程

控制技术，打造“类人机器人”军团，以代替士兵执行作战任务。该项目研发出一种自主式双脚机器人，能让士兵通过意念实现远程控制，从而替代士兵执行部署监视设备、对建筑物内威胁目标探测及打击等任务。2016年启动的“神经工程系统设计”（NESD）项目，旨在开发可植入的神经接口，实现在大脑和电子系统之间以高带宽传输数据，目前该项目正在从硬件、软件和神经科学方面进行基础突破；“大脑调制解调器植入”项目（STENTRODE）拟研究一种高带宽的神经接口，可让人类大脑与外部电子设备实现数据信息交互，目前已利用绵羊成功开展了试验，后续将利用人脑开展试验。2018 年 7 月，BTO 发布了“下一代非侵入性神经技术”（N3）项目征询，该项目正在开发高分辨率、便携式神经接口系统，能一次读取和写入多个脑点，将神经接口系统扩展到健全个体，支持未来国防部提升人机组队方面的能力。

此外，DAPRA 于 2016 年公开的“靶向神经可塑训练”（TNT）项目，则意在建立促进官方认知技能学习训练的平台，缩短培养外语专家、情报人员、密码分析人员相关技能的时间，提升成人认知学习效率。DARPA 已在 7 个研究机构内资助了 8 个项目，第一步重点解开刺激大脑可塑性的神经机制，第二步将把基础研究成果应用到已有的各类训练演习中。

三、美国陆军重点提升作战人员神经认知能力

美国陆军于 2010 年 5 月组建了“认知与神经工程学协作技术联盟”（CaN CTA）。该联盟开展了真实作战任务环境下的人脑功能机制研究，以在高负载动态信息条件下，增强个体和群体协同作战中作战人员神经认知行为的理解。美国陆军在全面监测大脑和身体的便携式传感器系统、大规

模集成实验的设计与实现、处理高维数据集的算法创新等领域取得了重要进展，部分研究成果在2018年4月进行了演示。

根据2014年4月CaN CTA研究管理委员会会议的消息，CaN CTA依据对认知神经科学未来发展的科学研判，制定了认知神经科学技术发展的愿景，即通过整合神经科学、心里学、运动机能学、计算机科学和工程学等学科领域的基础研究成果，致力于提高对真实作战环境下人脑功能机制的认知，了解作战人员在复杂作战环境中的神经认知行为，提高作战能力。为实现该愿景，美国陆军技术联盟重点探究了作战环境下神经科学研究的路径，主要包括：①开发新的试验范式；②开发新型可穿戴传感器，用于监测大脑和身体动态；③获取和处理高维数据集，用于描述身体行为、心理行为、生理行为和环境背景；④发现用来识别和描述高维数据集的统计学关系模型和新方法，这些高维数据集反映了大脑功能、行为和环境在执行复杂作战任务中的动态变化；⑤从参与者样本中获取和分析数据，以描述个体之间和个体内部的差异，系统研究个体模型之间的关系。

下一步，CaN CTA将更加关注先进算法、脑机交互技术和现实世界的神经影像三个新领域：①先进算法，重点探索大规模集成实验产生的大型多元数据集，创建和改进算法，使未来脑机交互技术更强大和安全。②脑机交互技术，重点通过开发可适应心理状态变化的脑机交互算法，直接解决脑机交互潜在的稳健性问题和非平稳性问题；提高脑机交互技术针对新用户进行快速和准确调整的能力；通过将脑机交互技术与智能辅导技术相结合，构建人类与机器通信词典的新方法。③现实世界的神经影像，重点探究现实世界的压力和疲劳波动，通过利用已开发的整体监测方法，影响真实环境和模拟环境中的行为。此外，进一步拓展基于干电极的无线脑电图学系统的开发与应用，研究提高干电极材料可靠性和性能的方法。

四、美国陆军推动技术创新和转化的主要做法

CaN CTA 在推动认知神经科学技术创新和转化方面也发挥着重要作用。该联盟汇聚了美国陆军研究实验室、DCS 公司、加州大学圣地亚哥分校、台湾交通大学、密歇根大学、奥斯纳布吕克大学（德国）、德克萨斯大学圣安东尼奥分校、卡内基·梅隆大学、哥伦比亚大学、宾夕法尼亚大学、约翰·霍普金斯大学等 13 家成员单位的学术力量，通过学术界、私营企业和陆军研究实验室三方积极协作，共同推进技术创新从前沿基础研究快速转化为战场解决方案。其中，学术研究实验室是国家基础科学创新的储备库；行业合作伙伴负责进行研究成果的技术转换；陆军研究实验室则专注于以作战人员为中心的研究，确保项目解决陆军面临的技术挑战。

CaN CTA 主要通过与成员签署合作协议，提供基础研究项目资助，也可通过与 DCS 公司（行业领导者）签订合同，开展技术转换应用。技术联盟的所有项目、技术、财务和行政事务由联盟管理委员会负责，该委员会由每家成员机构的一名人员组成。根据合作协议要求，政府只保留不超过 10% 的经费权，用于奖励向政府提交与其项目目标一致的建议案。目前，CaN CTA 开发的技术与工具，正在向联盟内外的学术界、政府和行业伙伴进行转化。联盟已与美国国防部开展合作，支持人类自主集成研究、神经生理学和未来技术性能研究。

五、结束语

认知神经科学在军事领域的应用前景已不言而喻，通过美军在该领域

的技术研究情况和未来重点发展领域，可以看出其抢夺技术制高点的决心和能力，同时也可看出认知神经科颠覆未来作战样式的巨大潜力。这也提醒我们必须密切和持续的关注该领域发展动态和趋势，并及早布局和开展相关研究，争取在认知神经科学的基础研究、实验方法和设备仪器、作战人员认知能力研究及认知精神类武器的防范等方面能有较大的进展。

（中国运载火箭技术研究院研究发展部　李志国）

人工智能技术在美军情报分析和指挥决策领域的应用

近年来，在战争需求和技术进步的推动下，传感器和采集平台的能力显著提高，收集了大量数据，这可能使作战人员对战场态势的理解更加丰富和准确。但是，庞大的数据量超出了情报分析人员将其转化为行动情报的能力，无法为战场态势理解提供有效的帮助。现代战场环境的高度复杂性、动态性和不确定性，也需要指挥官能够适应环境变化、快速应对战场不确定性、加快决策速度。美军在图像识别、自然语言理解、认知计算等方面开展了大量研究，积极推动人工智能技术在军事领域的应用，提升作战能力。

一、人工智能应用概况

（一）情报分析

美军积极将人工智能技术应用于图像等半结构化和非结构化数据的处理。DARPA 于 1976 年开始图像理解（Image Understanding）项目，目标是开发能够自动或半自动分析军事照片和相关图片的技术。2017 年 4 月，美军成立“算法战跨职能小组”（AWCFT，即 Maven 项目），分析无人机提供的大量视频信息。该项目将计算机视觉和机器学习算法融入智能采集单元，自动识别针对目标的敌对活动，实现分析人员工作的自动化，让他们能够根据数据做出更有效和更及时的决策。

美军采用人工智能技术提升多源信息融合能力，构建统一的战场图像。DARPA 于 2011 年设立“洞悉”（Insight）项目，通过分析和综合各类传感器和其他来源的信息，集成烟囱式的信息形成统一的战场图像，发现了威胁和无规律的战争行动。该项目用于增强分析人员实时从所有可用来源收集信息，从中学习以及与最需要的人分享重要信息的能力。该项目的目标是提供全面战场态势，增强情报分析人员为战场上时间敏感的行动提供支持的能力。

美军还将人工智能技术应用于动态行为的分析，提升战场空间感知能力。DARPA 于 2010 年启动“心灵之眼”（Mind's Eye）项目，寻求使用人工智能进行视频分析，开发一种机器能力——视觉智能，提供观察区域中与活动相关信息，能够提前对时间敏感的重大潜在威胁进行分析。它与机器视觉的区别在于：后者是识别各种物体以及它们的特性，描述的是静态情景；前者的重点是增加感知和认知，辨别和推断这些情景中的动作和行为，获得关于情景更加完整的描述。

此外，美军情报高级研究计划局（IARPA）也在寻求利用人工智能技术来辅助整理传统情报手段收集的信息。近期完成的知识、发现和分发（KDD）项目可帮助对来自分析或现场报道等不同来源的数据进行归类。

（二）指挥决策

DARPA 在 20 世纪 80 年代资助动态分析和重新规划工具（DART）项

目，采用自动推理，显著改善“沙漠风暴”和“沙漠盾牌”行动中后勤和其他领域的规划问题。DARPA 于 2007 年启动“深绿”（Deep Green）项目，借鉴“深蓝”，将人工智能引入作战辅助决策，预测战场上的瞬息变化，帮助指挥官提前思考，判断是否需要调整计划，并协助指挥官生成新的替代方案。它通过对 OODA 环中的观察和判断环节进行多次计算机模拟，提前演示不同作战方案可能产生的各种结果，对敌方行动进行预判，协助指挥官做出正确决策。“深绿”将指挥官的注意力集中于决策选择，而不是方案细节的制定。

2017 年，美国陆军通信电子研究、开发与工程中心（CERDEC）开发了自动计划框架（APF）原型，帮助指挥官和参谋人员分析军事决策过程、评估机动、后勤、火力、情报及其他作战行动过程，提供加快指挥官规划和发布指令速度的关键技术。自动计划框架是一个自动化工作流系统，在任务规划相关的标准图形和地图中嵌入了实时数据、条令数据，为军事行动提供通用的参照系。借助自动计划框架，指挥官和参谋可通过军事决策程序同步工作或在规定时间内按任意顺序生成最佳计划。自动计划框架项目的成果包括计划模型、计划生成器和计划监视器三个方面。

为了应对海量数据及复杂的战场态势，美军希望利用苹果 Siri、谷歌助理、亚马逊 Alexa 和微软 Cortana 等产品的成果，处理海量的多源情报信息，为指挥官制定决策提供支持。美国陆军于 2016 年启动了指挥官虚拟参谋项目，综合应用认知计算、人工智能和计算机自动化等技术，提供主动建议、高级分析及人机交互，为陆军指挥官及其参谋制定战术决策提供从规划、准备、执行到行动回顾的全过程决策支持。美国空军正在开展类似的研究。2018 年 1 月，美国空军发布“数字企业多源开发助手”（MEADE）项目的广泛机构公告，试图通过对话的方式来改进军事情报分析，同时支持决策制定。美国空军研究实验室（AFRL）资助辛辛那提大学研究人员开发名为“ALPHA”的人工智能系统，它通过收集大量来自战斗机上种类繁多的传感器所采集的数据，协助处理这些信息，并理解它的背后含义，从而提供合适的建议。2016 年，该系统在飞行模拟测试中，作为红方在模拟空战中用三代机成功击退了有预警机支持的四代机。

二、近期研究项目

（一）指挥官虚拟参谋

美国陆军通信电子研究、开发与工程中心下设的指挥、力量和集成局（CP&I）于 2016 年启动了指挥官虚拟参谋（CVS）项目。该项目的目的是采用工作流和自动化技术帮助营级指挥官和参谋监控作战行动，同步人员处理，支持实时行动评估，在复杂环境中为决策制定提供可用的信息。该项目将提供以下能力：

（1）任务指挥中的任务分析：确定可自动化的任务基本组成清单，增强指挥官和参谋的决策制定能力。

（2）工作流组织：一种同步并加速指挥官和参谋在灵活和可修改的框架下执行军事决策程序（MDMP）的软件工具，以支持部队标准作业程序。

（3）行动作战方案评估：用于持续任务监控并比较可选作战方案的软件算法和模型，提示指挥官和参谋做出决策或修正行动。

（4）评估可视化：将数据和流程固化为可执行的信息，能够对分散的低级别评估结果进行检查。

（5）任务自动化：能够将流程和程序自动化的软件代理。

该项目的研究计划如图 1 所示。

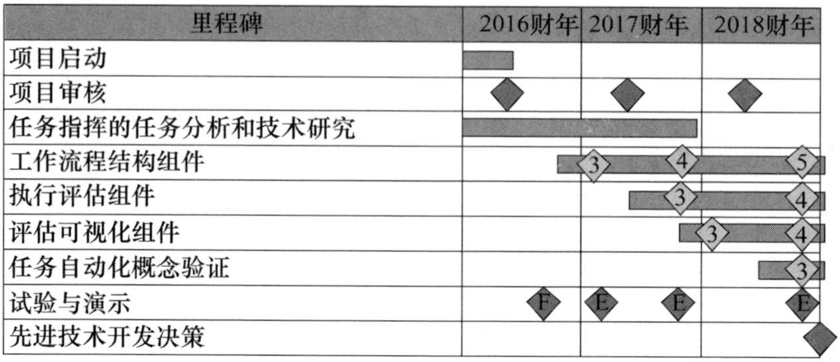

里程碑	2016财年	2017财年	2018财年
项目启动			
项目审核			
任务指挥的任务分析和技术研究			
工作流程结构组件			
执行评估组件			
评估可视化组件			
任务自动化概念验证			
试验与演示			
先进技术开发决策			

图 1　CVS 项目研究计划

◆—里程碑节点；◇—技术成熟水平或系统就绪水平

（二）数字企业多源开发助手

随着所收集的情报数据的复杂程度、速度、种类和数量的增加，多源情报分析的效率也需要相应地提高。2018 年 1 月，美国空军发布“数字企业多源开发助手”（MEADE）项目的广泛机构公告，寻求研发一种交互式问题解答系统，作为虚拟助手帮助分析人员处理海量的复杂情报数据，更好地从对手相关的信息中发现和解读存在的模式。

该项目所寻求的能力不是简单地罗列潜在情报来源，让分析人员自己解决问题，而是能够直接回答问题或者通过与用户交互，协助引导情报分析人员找到答案。在该项目中，交互式问题解答中的“交互”包括两个方面：一方面是用户与软件进行交互；另一方面是不断地响应用户的输入，使得问题更加明确并提升答案的满意度。它不仅可以支持情报分析，还可用于决策制定。该项目的目标是使得任何人员无论技术能力如何，都可以完成复杂的分析任务。

MEADE 项目包含两个重点关注领域：“实时操作员驱动的要点探索与响应”（ROGER）和“交互式分析和情境融合”（IACF），如图 2 所示。

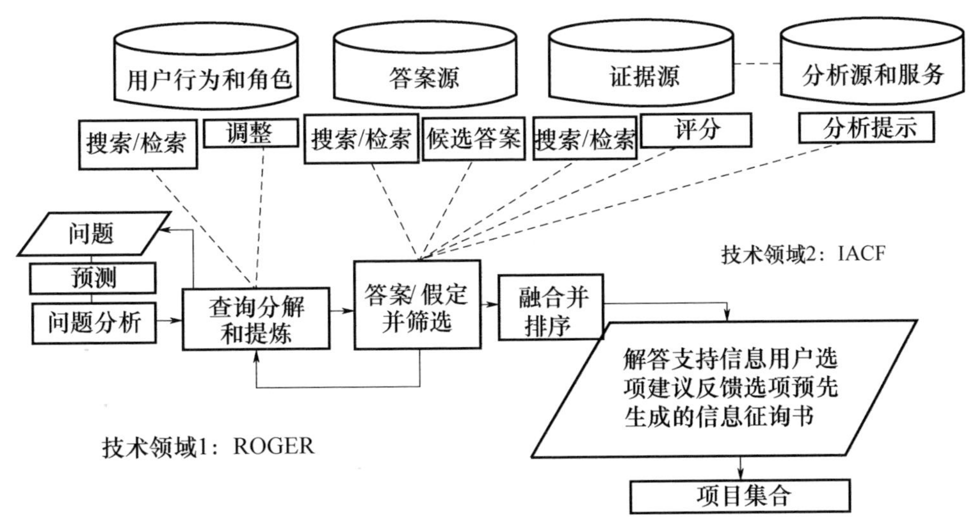

图 2　MEADE 项目概念视图

ROGER 是一个会话式问答系统，研究人员将开发一个分析助手，提供便捷的接口来支持交互式搜索、信息检索，并在给定的问题空间中进行分析。它整合了多情报源搜索/检索、自然语言处理、推荐引擎、应用分析和问答系统等，将运行在云或分布式计算环境中。ROGER 将确定是进一步分析，还是已有直接可用的答案。ROGER 可充分利用用户的行为和提示信息。

在 IACF 中，研究人员将开发情境融合和预测分析能力，为给定态势找到最好的行动方案。此外，该领域需要研究与 ROGER 的交互方法，所开发来的技术应能够回答 ROGER 驱动的分析性问题，至少包括以下内容：针对多源情报的数据分析；跨多平台或多传感器的情境融合；用户和实体的行为分析；使用结构化叙述或类似的通用语义表达来组织信息；相关软件；提供响应时间、精确度等评价指标。

AFRL 为该项目投资 2500 万美元，将在 5 年内分阶段实施。AFRL 将成立一个系统集成研究室，通过其“自动化处理和开发中心”来支持相应的安装、测试、分析和完善等工作。

（三）“指南针”

2018 年 3 月，DARPA 战略技术办公室（STO）发布了一项名为“指南针”（COMPASS）的项目，旨在帮助作战人员通过衡量对手对各种刺激手段的反应来弄清对手的意图。目前采用的 OODA 环不适合于“灰色地带”作战，因为这种环境中的信息通常不够丰富，无法得出结论，且对手经常故意植入某些信息来掩盖真实目的。该项目试图从两个角度来解决问题：首先，试图确定对手的行动和意图，然后再确定对手如何执行这些计划，如地点、时机、具体执行人等。但在确定这些之前必须分析数据，了解数据的不同含义，为对手的行动路径建立模型，这就是博弈论的切入点。其次，在重复的博弈论过程中使用人工智能技术，在对手真实意图的基础上试图确定最有效的行动选项。

COMPASS 项目包含三个技术领域，如图 3 所示。第一个技术领域侧重于对手长期的意图、策略；第二个技术领域为战术和动态作战环境的短期态势感知；第三个技术领域建立指挥官工具箱。

COMPASS 利用现有的先进技术，包括从非结构化信息源中提取事件的技术（如主题建模和事件提取）等，能够应对不同类型的灰色地带情况，包括但不限于关键基础设施中断、信息作战、政治压力、经济勒索、安全部队援助、腐败、选举干预、社会不和谐以及混乱等。COMPASS 测试与评估（T&E）团队在虚拟环境中对技术进行评估，并通过实时建模仿真推动技术评估。

图 4 描述了集成 COMPASS 系统的高级功能视图。军事用户通过第三个技术领域表达他们的态势感知需求。第一、第二个技术领域分析感知数据，并根据态势感知需求和对环境的认知，提出旨在减少歧义的探测行为。用户审核推荐的行为并决定要执行哪些行为，探测行为的结果成为作战环境的新状态。

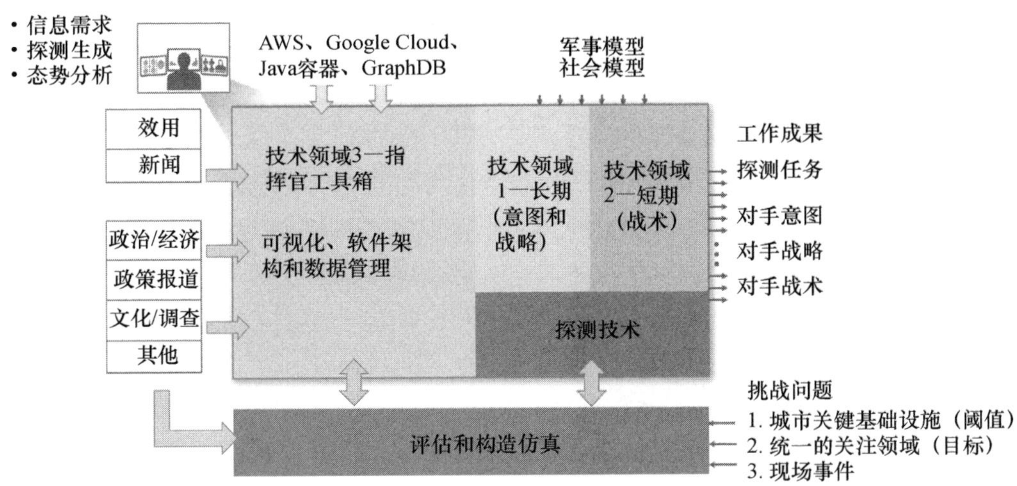

图 3　COMPASS 项目的架构

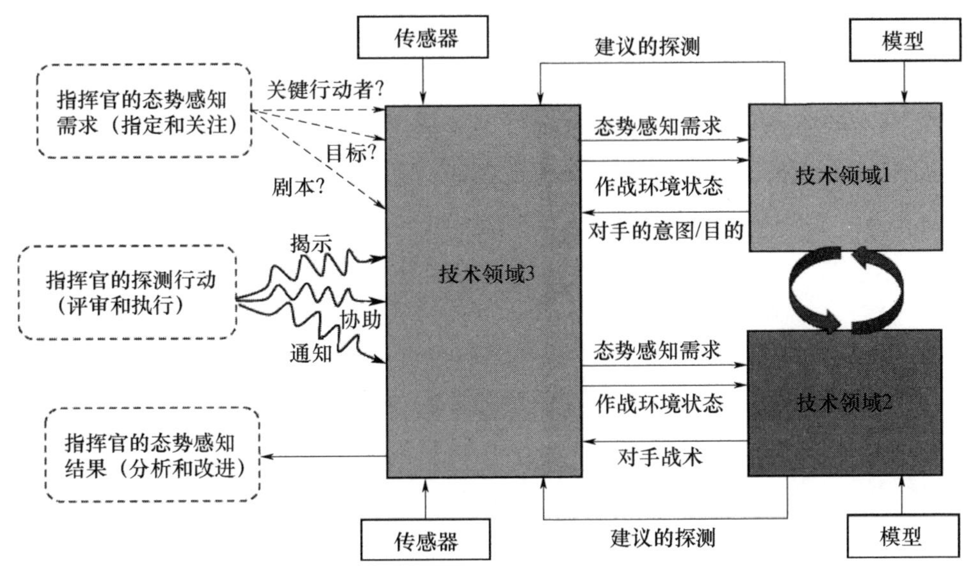

图 4　COMPASS 系统高级功能视图

COMPASS 项目预计耗时 30 个月，开发计划分为 2 个阶段：第 1 个阶段为期 12 个月，主要完成物理系统建模；第 2 个阶段为期 18 个月，将加入社会与文化等要素，完成多技术实验和原型转换。

三、结束语

随着战场环境和对手的日益复杂多变，人工智能技术在指挥控制领域将发挥更加重要的作用，成为深入理解对手意图、增强战场态势理解、加快决策速度和正确性的重要因素。

（中国电子科技集团公司第二十八研究所　钱宁　李晓文）

人工智能技术在网络空间安全领域的应用

在移动互联、大数据、超级计算、脑科学等新理论新技术以及社会发展需求的共同驱动下，人工智能进入快速发展期。主要发达国家都把发展人工智能作为提升国家竞争力、维护国家安全的重要措施。网络空间安全作为国家安全的重要组成，2018 年以来更是面临着威胁形势日益复杂、网络攻击日趋规模化和自动化、网络安全防御需求由被动向主动转化的局面，传统的网络空间安全模式已经难以适应威胁的快速发展，人工智能技术的发展为网络空间安全提供了新的思路。

一、人工智能对网络空间安全的意义

目前，网络空间安全主要面临着以下问题：一是网络空间态势感知不清。网络空间的组成要素更加繁杂且在快速扩展，感知网络空间单单依靠人工或固化的程序难以适应，更难以感知网络空间的全面；二是对抗目标的状态变化快（如 IP 机动），网络空间攻击的时机稍纵即逝，而且攻击行动的有效性和持续性有待提高；三是网络空间防御点多面广，人力资源有限，难以全面有效应对。为解决以上问题，急需新的技术和思想提供解决方案，人工智能技术的发展为解决以上问题提供了良好的机遇。2018 年 4 月，全球顶级安全会议（RSA 2018）在美国旧金山召开，会议专门设置了人工智能专题进行探讨，表明人工智能将成为驱动网络安全的新引擎。

（一）可大大提升网络空间态势感知能力

网络空间态势感知能力是网络空间作战的基础，随着数据量的爆发式增长、深度学习算法优化改进以及计算能力的大幅提升，人工智能技术得到跨越式发展，为网络空间态势感知提供了强有力的支撑。基于深度学习算法的人工智能技术，可更有效处理模糊、非线性、海量数据。人工智能通过对不同类型的大量数据进行聚合、分类，可有效检测识别各类网络威胁，大大提升检测效率、精准度和自动化程度。通过对各种网络安全要素数据进行归并、关联分析、融合处理，可综合分析网络安全要素，评估网络安全状况，预测其发展趋势，进而构建网络安全威胁态势感知体系。总的来看，利用数据融合、数据挖掘、智能分析和可视化等人工智能技术，可直观显示、预测网络态势，为网络预警防护提供保障，并在不断的自学习过程中大大提升网络空间态势感知能力。

（二）可有效增强网络空间攻击能力

在 2017 年召开的网络安全黑帽大会上，62% 的网络安全专家认为下一波重大网络攻击很可能是由人工智能支持的。2018 年 2 月，26 名网络安全专家联合撰写的《人工智能的恶意用途：预测、预防和缓解》报告认为，人工智能技术可能在未来 5 ~ 10 年产生新型网络攻击。分析来看，人工智能对网络空间攻击的影响在于以下三个方面：一是人工智能将使现有的网络攻击能力变得更加强大和高效，如身份窃取、服务攻击和密码破解等。此类攻击有可能切断城市供电，破坏医疗系统，甚至影响国家安全。二是人工智能可助力网络行为体实施定制型网络攻击。例如，鱼叉式网络钓鱼攻击要求攻击者提供关于潜在目标的个人信息，人工智能系统可以帮助收集、组织、处理个人信息，使此类攻击变得更容易、更快速。三是人工智能可提升攻击者遇阻时的反应速度。例如，攻击遇阻时可借助人工智能技术迅速利用另一漏洞，或者开始扫描新系统，而无需等待人工的指令，此时防御方人的反应可能无法跟上人工智能攻击方的变化。

（三）可有效提升网络空间防御能力

当前，人工智能技术在网络防御方面得到了广泛运用。具体体现在：一是在入侵检测领域中，神经网络技术已经得到了十分广泛的应用，如对DDoS检测、垃圾邮件检测的调查等方面。将神经网络作为网络检测的决策算法，能够有效降低出错率，并提高网络的检测能力，如对蠕虫病毒的检测效率更高，还能有效识别全新的蠕虫病毒。此外，将循环网络、多层感知技术等进行结合，能够形成用于入侵检测的神经网络体系结构，可解决传统的检测方法不够准确等问题。二是利用成熟的专家系统，可有效支持网络防御作战的决策制定。专家系统是一种发展比较成熟的人工智能技术，能够根据某领域专家提供的知识进行推理，模拟专家提供相应的解决方案。三是利用多Agent系统的感知环境和规划能力，可用于网络态势感知和入侵防御。随着多Agent系统的发展和成熟，这一技术在网络防御中得到广泛应用。例如，美国国土安全部等机构正在开展的Archipelago和DIMES项目，通过部署在全球网络空间内用于网络测量的大量Agent对互联网进行连续测量，并通过信息汇总形成全球互联网地图，大大提升了美国在网络空间的网络防御能力。

二、人工智能在网络空间安全的应用实例

人工智能在网络空间安全领域的应用非常广泛，其原因就在于网络空间安全领域是人工智能应用的天然领域，因为此领域软件和算法等因素所起的作用非常大，而网络空间的复杂性使得人类难以承担一些频繁、量大的任务。2018 年以来，人工智能在网络空间安全方面已发挥了很大作用。

（一）研发智能化态势感知工具更好地理解网络空间

美国国土安全部（DHS）是负责美国民事网络安全的主要机构，长期以来，DHS 主要依托“爱因斯坦计划”防御美国政府的网络安全，其目标就是实现网络安全的智能化监测，以阻止针对政府网络的入侵行为，保护政府网络系统的安全。该计划于 2003 年 12 月正式提出，目前已发展到第三代。除保护美国政府外，近 90% 的美国民用机构加入 DHS“爱因斯坦 3A”计划。2018 财年，DHS 继续向“爱因斯坦计划”投入 3. 972 亿美元，开发包括人工智能在内的先进技术，部署新的入侵防护、信息共享和分析功能。2017 年 2 月，DHS 在 RSA 安全大会上展示了三种网络安全人工智能或机器学习工具：一是 CHARIOT 工具。这是一款利用机器学习过滤开源社交媒体搜索的工具，以帮助排除与网络安全分析无关的主题。该工具由麻省理工学院的林肯实验室开发。二是动态防御/网络随机化工具。该工具由美国桑迪亚国家实验室开发，使用机器学习算法检测偏离正常操作的系统模式，识别恶意活动，并采取缓解措施。动态防御为操作人员提供态势感知，并增加对手的不确定性。三是 SilentAlarm 工具。该工具采用检测异常网络流量的一种技术，由美国太平洋西北国家实验室根据动态行为知识而开发，并利用机器学习和贝叶斯推理构建可能与网络恶意活动相关的假设。当有

把握断定特定流量足够高时，该技术会采取安全行动，如生成警报或阻止访问。

在军事网络态势感知方面，2018 年 3 月，DARPA 启动“指南针”（COMPASS）网络态势感知项目，旨在利用机器学习和人工智能技术，为指挥官提供强大的态势感知能力。2018 年 6 月，美国陆军在举行的年度 Cyber Quest 演习中，重点演练了人工智能和机器学习增强网络空间态势感知的能力。美国陆军网络卓越中心指挥官乔治·B·莫里森少将表示，理解网络空间正在发生的事情非常具有挑战性，Cyber Quest 演习期间使用的人工智能工具发挥了重要作用，演习双方可以更好地理解网络空间和网络力量的使用。2018 年 12 月，美国空军宣布计划在 3 年内投资 1 亿美元，研究人工智能网络和信号分析处理工具，以更好理解网络空间为高质量的决策提供支持。

（二）开展人工智能网络攻击项目提升攻击能力

人工智能网络攻防一直是美国追求的目标。2014 年以来，DARPA 一直探索人工智能攻防能力，其历时两年从 104 支队伍中选出的 7 支人工智能攻防软件参加了 2016 年 8 月 4 日的网络挑战赛（CGC），比拼实时查找、利用和修复安全漏洞的能力，最终卡内基·梅隆大学 For All Secure 团队的 Mayhem 系统获胜。挑战赛第一次展示了 AI 可以自动寻找对手代码漏洞，进而实现入侵的能力。2016 年 8 月 5 日，DARPA 推出 Mayhem 系统参加了第 24 届全球黑客网络攻防比赛，这是全球第一次人—机网络攻防大赛。Mayhem 战胜了 14 支人类参赛队伍中的两支，尽管没有取得最终胜利，但显示了人工智能在网络攻防中的巨大潜力。DARPA 还资助基于人工智能芯片的自主网络攻击系统研发。2017 年 10 月，美国斯坦福大学和美国 Infinite 初创公司联合研发了一种基于人工智能处理芯片的自主网络攻击系统，该系统基于

ARM 处理器和深度神经网络处理器的通用硬件架构，仅内置基本的自主学习系统程序，能够自主学习目标网络的架构、规模、设备类型等信息，并通过对网络流数据进行分析，自主编写适用于该网络环境的攻击程序。系统每 24 小时即可生成一套攻击代码，并能根据变化对攻击程序动态调整，由于攻击代码全新生成，因此依托已有病毒库和行为识别的防护系统难以识别，隐蔽性和破坏性极强。该系统的自主学习能力、攻击能力得到 DARPA 的高度重视，认为该系统能够在未来的网络作战中帮助美军取得技术优势。

2018 年 12 月，英国兰开斯特大学开发出了利用人工智能破解网站验证码的算法。该大学使用生成式对抗网络生成了这一算法，该算法具有比以前的验证码破解系统更高的精度，几乎不需要人为参与就能成功破解大多数网站复杂的验证码，显示了强大的网络攻击威力。

（三）开发人工智能网络安全平台助力网络防御

2016 年 4 月，美国麻省理工学院计算机科学与人工智能实验室（CSAIL）的研究人员和机器学习创业公司 PatternEx 共同开发了基于人工智能（AI）的网络安全平台 AI^2，该平台每天可以查看超过 3.6 亿行日志文件，能够预测 85% 的网络攻击。此系统不仅依赖于人工智能，同样依赖人员，这也是此系统称为人工智能平方（AI^2）的原因。AI^2 工作流程是：系统首先用机器学习技术自主扫描数据和活动，之后把发现的结果反馈给人类分析师。人类分析师将会识别哪些是真正的网络攻击活动，并反馈给 AI^2 系统。分析的数据越多，分析结果将会越精确。测试表明，AI^2 的准确性约为当前自动分析工具的 3 倍。AI^2 在分析过程中还可不断产生新模型，来自分析师的反馈越多，预测准确性就越高。人机交互创造了互相渗透的效应。

2018 年以来，基于人工智能的网络安全产品不断出现。2018 年 5 月，DARPA 正式公布“人机探索网络安全”（CHESS）项目，开始联合 BAE 公司研发人工智能网络安全技术，以应对当前日益复杂且频繁的高级网络攻击。10 月，IBM 公司公布了以人工智能为核心的“安全连接开放平台”，该平台将人工智能和数据、开发人员等整合到一起，可跨过以前未连接过的工具和环境来分析联合安全数据，可大大改善网络攻击事件响应和可信计算能力。11 月，美国空军发布信息请求，希望战场机载通信节点（BACN）采用人工智能技术提升网络安全。12 月，赛门铁克公司开发出一种基于神经网络的工业控制系统保护（ICSP）产品，可保护公共基础设施免受网络攻击和防止网络攻击导致的停电事故。

三、人工智能对网络空间作战带来的影响

未来几年，人工智能技术将取得更快和更大的发展，在网络空间安全中的应用也会更加广泛和深入，必将在作战模式、作战烈度、作战规模等方面对网络空间作战带来深远而广泛的影响。

（一）未来网络作战模式有可能发生变化

以美国为首的北约已经将网络空间视为新的作战域。鉴于网络空间已经深度融入陆、海、空、天等其他作战域，因此，未来作战必将首先通过网络空间或在网络空间打响。网络空间以往的作战模式，一般都是通过人工找寻网络漏洞的方式进行，而人工智能的发展将使程序能够自主寻找网络漏洞并加以利用，这种手段将逐步取代人工漏洞挖掘方式，使网络作战部队的行动更加高效和迅速，针对特定网络目标的攻击手段更加隐蔽和智能。不可否认，掌握人工智能的一方在未来网络空间作战中掌握主动权的能力会进一步提升。另外，在未来网络空间作战中，技术的对抗性体现得更加明显，可以说在很大程度上是作战双方智力能力的对抗，人工智能将

大大影响双方情报数据分析的速度、作战决策的质量以及作战行动的效果。同时，由于网络空间的全球连通性以及军事和民事网络空间的不可分割性，在某种程度上来说，网络空间作战中的技术决定战术、战术行动影响战役行动甚至战略行动的特点更加突出。

（二）对网络攻击的防控将更加困难

传统的基于病毒库和行为识别的方式，将无法应对更加灵活多变的人工智能病毒生成系统，其恶意代码的生成、执行与感染具有更强的隐蔽性和欺骗性，将导致网络防御一方面临更大的挑战。真正的人工智能网络攻击，可能会远远超过当前的自动化攻击行动，特别是一旦超人工智能真正实现，其应对作战环境实际变化、适时调整攻击策略的能力可能会比人类更有效。例如，超人工智能从智力水平、运算能力和数据分析能力方面全面超越人类，其挖掘漏洞的速度、生成攻击代码的水平和判断攻击时机的能力人类难以企及，未使用人工智能或仅使弱人工智能的一方将难以应对此类攻击，并导致网络安全防御一方针对网络攻击的防控更加困难，网络空间智能化对抗的较量才刚刚开始。从 Wannacry 到 Equifaxt 和 Uber，困扰 2017 年的主要数据泄露事件影响深远，这些事件背后都有智能攻击的影子。有资料显示，2018 年不仅是数据泄露更糟糕的一年，也是人工智能驱动的网络攻击年，网络空间的防御面临着非常严峻的挑战。

（三）网络空间军备竞赛的态势将加快形成

当前，网络对抗中的不可控因素更加复杂，人工智能的发展才刚刚起步，就已经在网络空间安全领域表现出巨大的潜能。当前网络空间已经成为一个国家政治、经济、社会和军事的重要战略空间，世界上任何国家或政治实体都不会放弃发展人工智能这一巨大机会。2018 年 7 月，美国国防部宣布成立联合人工智能中心（JAIC），美国国防创新试验小组（DIUx）

机器学习部的负责人同时表示，人工智能将影响到国防部门的所有领域，会影响国防部执行各种任务的方式，如网络防御等，将重点投资人工智能在军事上的应用。美国陆、海、空等各军种也开展了各自的人工智能在网络空间的应用研究。2018 年 2 月，法国军事情报机构负责人表示正在积极开发人工智能算法以支援战场部队行动，英国正在与 DARPA 联合开发新型人工智能网络安全技术，以应对频繁复杂的高级别网络攻击。俄罗斯总统普京表示，人工智能是“人类的未来”，掌握它的国家将“统治世界”。2018 年 3 月，俄罗斯国防部部长绍伊古呼吁民用和军用设计师联手开发人工智能技术，由军方牵头的“人工智能和语义分析研究”项目正在开展。由此可见，人工智能在网络空间防御、攻击和利用方面的竞赛已经开始，尽管打着网络安全的名义，但从国外公开披露的网络空间领域的研究项目来看，以美国为代表的西方国家早已在此领域进行了深入的全面布局，全球网络空间军备竞赛的态势正在加快形成。

（军事科学院系统工程研究院　夏文成）

人工智能技术在材料、化学、物理等基础科研的应用

材料、化学、物理等领域的研究过程中充满了“大数据”，从设计、实验、测试到证明等环节，科学家们都离不开数据的搜集、选择和分析。人工智能技术（机器学习算法）擅长在海量数据中寻找“隐藏”的因果关系，可用于解决基础科研中的种种问题，因此得到了科研工作者的广泛关注。

近两年，人工智能在材料、化学、物理等领域的研究上展现出巨大优势，正在引领基础科研的“后现代化”。在 AI 2.0 时代，把握人工智能技术不仅意味着科研效率的提升，更意味着科研“弯道超车”机遇的到来。

一、人工智能对材料、化学、物理等基础科研的影响

2016 年，谷歌 AlphaGo 的横空出世，将世人的焦点吸引到了人工智能领域。短短两年时间，人工智能技术在商业领域获得了空前的成功。语音

识别、图像识别、无人驾驶、智慧金融等领域，无一不在影响着人们的生活。

但不为大众所关注的是，人工智能技术在科研领域也掀起了巨大的“波澜”。本文以2018年物理学家组织网和顶级期刊上的文章为基础，向大家介绍人工智能在材料、化学、物理等领域如何产生作用。

（一）新材料领域

2018年7月，Keith Butler等人在《自然》期刊上发表题为“分子和材料研究用的机器学习”的文章，对人工智能技术在材料、化学中的作用进行了综述。

文章认为，计算化学/材料学的研究流程已经更迭至第三代。第一代是“结构—性能”计算，主要利用局部优化算法从结构预测出性能；第二代为“晶体结构预测”，主要利用全局优化算法从元素组成预测出结构与性能；第三代为“统计驱动的设计”，主要利用机器学习算法从物理、化学数据预测出元素组成、结构和性能。

其中，机器学习主要分为4个步骤：一是数据搜集，包括从实验、模拟和数据库中获取；二是数据选择，包括格式优化、噪点消除和特征提取；三是机器学习方法选择，包括监督学习、半监督学习和无监督学习；四是模型选择，包括交叉验证、集成和异常检测。

在实际的新材料研发中，人工智能技术已经在文献数据获取、性能预测、测试结果分析等各环节展现出巨大优势。

2018年1月，美国加州大学和马萨诸塞大学的研究人员合作开发人工智能平台，可自动分析材料科学研究文献，并可根据文本中提及的合成温度、时间、设备名称、制备条件及目标材料等关键词进行自动分类。结果表明，该平台识别文章段落的准确度为99%，标注关键词的准确度为86%。

2018 年 6 月，美国斯坦福大学的物理学家开发了一种新型的非监督人工智能程序“Atom2Vec”。该程序只用几小时，就“重新发现”了元素周期表。Atom2Vec 是非监督型人工智能，未来科学家们可以通过给它设定目标，引导其寻找新材料。

2018 年 9 月，东京大学利用理论计算方法建立了与原子结构相匹配的光谱数据库，并利用层聚类和决策树两种机器学习方法，对光谱大数据进行解释和预测。结果表明，该方法可成功应用于复杂光谱的解释，以及材料光谱特征的预测。

（二）化学领域

2018 年 3 月，上海大学 Mark Waller 团队在《自然》期刊上发表题为“利用深度神经网络和符号 AI 规划化学合成”的文章，引发了业内的广泛关注。

研究团队首先收集了截至 2014 年发表过的几乎所有的化学反应，加起来大约有 1250 万个反应。然后，研究团队应用深度神经网络及蒙特卡罗树算法，成功地规划了新的化学合成路线，即便是权威的合成化学专家也无法区分这款软件与人类化学家之间的区别。

与两种传统的合成方法相比（红色和绿色），使用新型人工智能技术（蓝色）在较短时间内可以完成更多分子的合成路线预测。该研究是人工智能在化学合成领域的重大突破，Mark Waller 也被媒体誉为“化学 AlphaGo”的先驱。

“化学 AlphaGo”仅是人工智能用于化学领域众多案例中的一个。近年来，人工智能、机器学习、深度学习在合成化学、药物化学等领域不断产生新应用，其热度变得越来越高，有望为化学领域带来革命性的变化。

2018 年 7 月，英国格拉斯哥大学研究人员采用机器学习算法，开发出可预测化学反应的有机化学合成机器人。在学习了 100 种（10%）化学反应后，该智能机器人能够以 80% 的准确度预测出其他化学反应，并且还能够预测出人类未知的新型化学反应。

2018 年 7 月，美国北卡罗来纳大学开发名为“结构演化的机器学习”（ReLeaSE）的人工智能系统，其包括两个神经网络，可学习 170 万个已知生物活性分子化学结构，并随时间推移推测出新型药物分子。

2018 年 7 月，美国莱斯大学和宾夕法尼亚州立大学的研究人员合作，利用机器学习技术和量子化学模拟改善催化剂的设计，可大幅节约时间与成本。利用量子化学模拟，研究人员可以创建出包含各类催化剂属性的数据库；机器学习技术可快速搜索数据库中隐藏的模式，帮助研究人员设计更便宜、更高效的催化剂。

（三）物理领域

2018 年 8 月，美国能源部斯坦福直线加速器中心和费米国家加速器实验室的研究人员合作，在《自然》期刊上发表题为“在粒子物理学的能量和强度边界应用机器学习”的文章，总结了在粒子物理学的前沿使用机器学习所带来的机遇和挑战。

欧洲核子研究中心（CERN）的大型强子对撞机（LHC）是目前世界上最大的粒子加速器，其每秒可产生 100 万吉字节的数据。如此海量的数据，给存储和分析带来了极大难题。研究人员利用专用的硬件和软件，通过机器学习技术来实时决定哪些数据需要保存，哪些数据可以丢弃。结果表明，机器学习算法可以至少做出其中 70% 的决定，大大减少了人类科学家的工作量。

2018 年 9 月，美国劳伦斯伯克利国家实验室的科研人员与英特尔、克雷公司的工程师合作，利用深度学习技术开发出物理科学应用程序 Cosmo

Flow，可用于处理大型三维宇宙学数据集。

2018 年 9 月，美国加州大学伯克利分校 Break through Listen 项目的研究人员利用机器学习基础，从距离地球约 30 亿光年的光源中发现了 72 个新的宇宙无线电爆发。

二、人工智能在基础科研领域中作用

材料、化学、物理等基础科研领域的发展，是大国科技竞争力的重要保证，直接决定了社会各方面进步的步伐，重要性不言而喻。在 AI 2.0 时代，如何利用大数据挖掘和人工智能技术为基础科研领域赋能，成为了基础科学实现“弯道超车”的重要命题。

（一）传统科研模式需要进一步革新

2007 年，图灵奖得主 Jim Gray 在 NRC – CSTB 大会上提出了科学研究的四类范式：经验科学（实验科学）是第一范式，在研究方法上以归纳为主，带有较多盲目性的观测和实验；理论科学是第二范式，偏重理论总结和理性概括，在研究方法上以演绎法为主；计算科学是第三范式，主要根据现有理论的模拟仿真计算，再进行少量的实验验证；数据密集型科学即第四范式，它以大量数据为前提，运用机器学习、数据挖掘技术，可从大量已知数据中得到未知理论。

以材料科学为例，当前普遍采用的基础科研模式主要以第一、第二范式为主，第三范式为辅。在实际科研工作中，传统模式带来的问题主要有：一是重复性劳动过多，新材料研发环节中变量多，“试错法型”的实验量繁杂；二是“失败实验”的数据遭抛弃，海量数据沉默，无法被人有效利用；三是耗时太长，以航空涡轮发动机为例，单晶高温合金叶片的研制周期往往长达10年以上。

随着互联网时代的发展，数据传播、分享的门槛大大降低，而计算机硬件计算能力的提升又令大数据的计算分析成为可能，从而催生了科学第四范式。随着第四范式的诞生，所能解决的科学问题的复杂度进一步提升，势必会给材料、化学、物理等基础科研领域带来效率和效果的极大提升。基础科研领域拥抱第四范式，已经成为必然的趋势。

（二）人工智能支撑基础科研领域发展

在AI 2.0时代，数据是最核心的资源，也是实践基础科研领域第四范式的基础。当前，不同科学领域数据库的建设，已经受到各国的高度重视。例如，美国国立卫生研究院的生物基因序列库GenBank迄今已收录超过2亿条基因序列，并正以大约每18个月翻一番的速度增长；美国国家标准技术院Materials Data Facility收集的数据量已达到12.5太字节；日本物质·材料研究机构建设的MatNavi数据库是关于高分子、陶瓷、合金、超导材料、复合材料和扩散的世界上最大的数据库之一。

21世纪以来，“材料基因组”“化学基因组”和各类物理学数据库的建设正加速进行。在人工智能算法和计算机硬件不断进步的背景下，“数据挖掘+人工智能分析”已经成为基础科研领域快速发展的重要驱动力。

（1）人工智能变革科研数据的搜集、获取方式。利用人工智能语义分析技术，科研论文中的数据将更易搜集和获取，解决了人工搜集科研数据效率低的问题。

（2）人工智能变革科研数据的分析方式与效率。利用深度神经网络及其他机器学习技术，科学家们将可从海量的结构化数据中高效获得隐藏的因果关系，从而大幅提升数据分析效率。

三、结束语

未来，基础科研领域的发展将构筑于数据与人工智能基础之上。对此，应该抓住 AI 2.0 时代的发展契机，积极构建基础科研数据库，高效利用人工智能技术，抢占技术创新高地，实现材料、化学、物理等基础科研领域的“弯道超车”。

（国务院发展研究中心国际技术经济研究所　宫学源）

DARPA“加速第三波”全力推进人工智能交叉创新

为了在人工智能领域保持领先地位，DARPA 准备投入超过 20 亿美元，以刺激第三波人工智能技术的发展。2018 年 9 月，DARPA 在其成立 60 周年研讨会上宣布这一项多年期计划，计划名称为“AI Next”（下一代人工智能）。该计划将为新增的和现有的共计超过 60 个项目注入资金，希望将现有的人工智能技术和系统转变为“解决问题的合作伙伴”，重点关注如何开发能够获取类人沟通和推理能力、能够识别新环境并适应新环境的新一代智能机器，该计划将与 DARPA 于 2018 年 7 月启动的“人工智能探索”（Artificial Intelligence Exploration，AIE）计划进行协同推进。目前，DARPA 已经在超过 60 个项目中应用人工智能技术（从合作共享电磁频谱带宽的代理到检测和修补网络漏洞等），并在继续寻求和促成逾 20 个新项目来发展人工智能技术。

一、“AI Next”计划发布

“AI Next”计划的研发重点集中在鲁棒人工智能、对抗性人工智能、高性能人工智能和下一代人工智能等领域。DARAP 认为，“AI Next”计划需要探索的关键领域包括：国防部核心业务流程自动化，如在一周时间内完成安全许可审查或者在一天时间内认证用于作战部署的软件系统等；提高人工智能系统的鲁棒性和可靠性；增强机器学习技术和人工智能技术的安全性和灵活性；降低能源、数据和性能的失效概率；先导性研发下一代人工智能算法和应用，如可解释性人工智能和常识推理等。DARPA 过去的投资促进了“第一波”（基于规则）人工智能技术和“第二波”（基于统计学习）人工智能技术的发展，而“AI Next”计划将专注于“第三波”人工智能技术的发展。这些新技术将被整合到与作战人员协作的军事系统中，将有助于在态势复杂、时间紧迫的战场环境中做出更优、更快的决策，有助于共享对海量、不完整甚至矛盾的信息与知识的理解，有助于无人系统安全、高度地执行关键核心任务。

此外，在 DARPA 整体的规划中，“AI Next”计划与 DARPA 于 2018 年 7 月启动的“人工智能探索”（AIE）计划密切相关。AIE 计划同样专注于“第三波”人工智能技术的理论及应用，包含一系列高风险、高回报的项目，旨在加快新一代人工智能平台的研究和开发工作，以帮助美国保持其在人工智能领域的技术优势和领先地位，研究人员计划在 18 个月内论证前沿人工智能概念的可行性，并进行人工智能试点，将商业技术平台用于国防用途，以及操作或技术工具的设计、开发与演示。

二、追逐人工智能技术的“第三波”浪潮

此次“AI Next”计划投入 20 亿美元，昭示着 DARPA 对“第三波”人工智能技术的追求与探索。DARPA 不一定要寻找“以往存在于科幻小说

中”那种具有知觉的机器人，而是深入探索和超前布局人工智能发展的下一个阶段。作为“解决问题的合作伙伴”的机器实际上已经成为这一段时间美国国防部人工智能研究的目标，如果能够达到这一点将代表着技术上的一次飞跃——在 DARPA 的设想中，机器不再是执行人类编程规则的工具或者是从人类编制的数据资源中归纳知识的“工具”，而将作为人类的“伙伴”与“搭档”进而发挥更大作用。

尽管近年来人工智能技术（以“第二波”为主）受到了史无前例的重视并取得了令人瞩目的成就，但大多数人工智能研究成果及应用系统都是基于规则或者统计的程序——它们擅长于某一领域的某一件事（现阶段难觅通用人工智能技术与系统），需要依托于大规模巨体量数据资源、经过数十万小时的训练才能达到这一点。由于这些人工智能技术依赖大量高质量的训练数据，所以不能适应不断变化的条件与环境，只能提供极为有限的性能保证，并且无法向用户解释其结果。对人工智能技术发展的三波浪潮，概述如下：

（1）人工智能的“第一波”浪潮：始于 20 世纪 60 年代，以可以在国际象棋比赛中击败人类世界冠军的人工智能程序为代表，基于规则对狭义或单一问题进行推理和求解，但是确定性较差，如果没有人工编制的规则，机器完全无法感知其在执行什么任务。

（2）人工智能的“第二波”浪潮：始于 20 世纪 90 年代，以深度神经网络为代表，通过创建统计模型对大数据进行训练和分析，在通过计算层过滤知识方面取得了突破，并在自然语言处理、人脸识别和无人驾驶汽车导航等领域取得了重大进展。

（3）人工智能的“第三波”浪潮：DARPA 认为，当下这波浪潮将推动人工智能向上述国防部设想的“人机协同”方向发展。这一愿景的实现将取决于机器能够像人类一样思考和交流，从而能够与人类并肩工作和完美交互。“伙伴关系的一部分将取决于信任”，DARPA 希望通过诸如可解释的人工智能之类的程序来发展这种信任，试图让机器以人类的思路和方式来解释它们是如何得出结论的，以及为什么得出这样的结论，而人工智能现阶段无法做到这一点。

DARPA 局长史蒂芬·沃克博士在宣布“AI Next”计划时表示：“现阶段人工智能机器缺乏上下文情境推理能力，而且对其的训练必须要涵盖所有可能发生的实例与情况，这不仅代价高昂，而且最终是不可能实现的。”因此，DARPA 一直在追求人工智能机器向更加人性化而且经济适用的发展方向。

三、以“加速第三波”理念推进人工智能交叉研究创新

在“加速第三波”背景下，近期 DARPA 正在全力推进人工智能交叉研究创新。

2018 年 10 月，DARPA 发布化学人工智能技术领域的“加速分子发现”（Accelerated Molecular Discovery，AMD）项目，旨在加速发现、验证和优化新的高性能分子。该项目寻求开发新的系统化方法，通过对从数据库与文本中提取现有数据、执行自主的实验测量与优化、结合计算方法开发基于物理的表示和预测工具等能力的开发、构建及集成，开发闭环系统来提高发现和优化高性能分子的速度，这些方法最终将实现基于人工智能技术的全新分子设计和发现，而这些分子在多个分子特性上进行了优化，适用于特定的应用。DAPRA 期待该项目的创新性方法，能够从科学、设备和系统等方面在小有机分子研究领域取得革命性进展。

2018 年 10 月，DARPA 发布认知人工智能技术领域的“机器常识”（Machine Common Sense，MCS）项目，旨在征集机器常识领域的创新研究建议，以使人工智能程序与应用能够理解新的环境与情境，并且能够监控人工智能程序与应用行为的合理性，以便更有效地与人沟通，并强化对新领域和新知识的迁移能力。2018 年 12 月，DARPA 发布认知人工智能技术领域的“基于模式的知识驱动人工智能推理”（Knowledge - directed Artificial Intelligence Reasoning Over Schemas，KAIROS）项目，旨在构建基于本体模式的人工智能能力，实现针对复杂现实世界事件的语境推理和时间推理，进而理解这些事件并能预测这些事件的演进。

2018 年 12 月，DARPA 发布生物学人工智能技术领域的“万灵药”（Panacea）项目。人体生理学是美国国防部作战准备的一个限制因素，当人体受损或生理系统功能不正常运转时，需要采取干预措施来帮助修复损伤或支持持续性的工作。因此，该项目致力于在药物生物学和系统药理学等方面开发新的技术方法，以扩大可药物化的蛋白质组，并在限制最佳生理功能的软组织疼痛/炎症和代谢应激领域研发新的治疗工具。上述技术与工具将直接满足国防部的需求，以支持作战人员特定的生理需求，并为新药研发渠道与链条提供概念证明。在生物人工智能技术领域，DARPA 已在 2018 年 3 月和 6 月，分别发布了“下一代非手术神经技术”（N3）项目和“保护性等位基因和应答元件的预先表达”（PREPARE）项目。前者寻求设计、建造、演示和验证非手术脑机接口系统，以扩大脑机接口对健全作战人员的适用性；后者旨在为人类开发可编程的基因调节剂，为对抗生物、放射及核威胁提供具体、有效、安全的医疗对策和预防措施。

四、结束语

近年来，美国充分认识到人工智能的战略意义，一直注重该领域的技术研发，从国家战略层面开始加紧超前布局，卓越的技术研发机构为人工智能的发展奠定了雄厚的技术基础，取得了大批令人瞩目的成果。DARPA是美军开展人工智能研究的领导者，也是最重要的研究机构，美国人工智能的发展很大程度上也要归功于 DARPA 的支持。DARPA 认为“第三波”人工智能技术浪潮以“适应环境”为核心特征，能够可持续学习并且可解释，强调针对真实世界现象建立能够生成解释性模型的系统、机器与人之间可以进行自然的交流沟通、系统在遇到新的任务和情况时能够学习及推理。2018 年 7 月和 9 月，DARPA 先后推出专注于加速人工智能“第三波”的 AIE 计划和“AI Next”计划。伴随着人工智能“第三波”浪潮，DARPA 也正在延续着对跨学科人工智能项目的支持力度。可以预见，不断发展与革新的“第三波”人工智能技术将在诸多军事领域发挥着越来越重要的作用，具有可持续学习并且可解释其决策能力、能够获得人类信任的新技术、新应用、新系统，将推动自主智能系统成为未来重要的作战力量，促进各种新型作战样式的发展。

（中国航天科工集团第三研究院三一〇所　杨依然　葛悦涛）

近期机器学习在军事智能化中的动向分析及展望

2017 年底，DARPA 推出了 AI Next 计划，计划于 5 年内向多个地区投资 20 亿美元用于人工智能研究。2018 年 10 月 22 日，DARPA 信息创新办公室主任 Brian Pierce 在美国加利福尼亚州米尔谷举行的 VB 峰会上表示："AI Next 的使命是将人工智能引入其下一波发展浪潮，并引发全新的创新水平。AI Next 计划将使人与机器之间的相互作用更加对称，让机器成为解决问题中更有效的合作伙伴。"2018 年 11 月，作为 AI Next 计划的一部分，DARPA 授予 BAE 系统公司一项价值 920 万美元的合同，用于其射频机器学习系统（RFMLS）计划。根据这项第一阶段合同，BAE 系统公司的研究人员计划使用认知方法创建基于深度神经网络的机器学习算法，这些机器学习算法将使用特征学习技术来区分射频信号，最终为军事用户提供更加成熟的射频信号产品。

一、人工智能时代中的机器学习浪潮

（一）机器学习概述

机器学习（Machine Learning，ML）是一门多领域交叉学科，涉及概率论、统计学、逼近论、凸分析、算法复杂度理论等多门学科。机器学习通常用数据或以往的经验优化计算机程序的性能标准，是一类针对能通过经验自动改进的计算机算法的研究。

机器学习是继专家系统之后人工智能应用的又一重要研究领域，也是人工智能的核心研究课题之一。其中，机器学习的研究领域主要围绕以下三个方面进行：①面向任务的研究，研究和分析改进一组预定任务的执行性能的学习系统；②认知模型，研究人类学习过程并进行计算机模拟；③理论分析，从理论上探索各种可能的学习方法和独立于应用领域的算法。

机器学习作为人工智能研究较为年轻的一个方向，近 10 年来得到越来越多的关注，每年与机器学习相关的学术会议空前活跃。此外，机器学习方法的应用范围也在不断扩大，并越来越多地投入到各类产业应用中。机器学习最主要的应用领域有数据挖掘、计算机视觉、自然语言处理、生物特征识别、搜索引擎、医学诊断、DNA 序列测序、语音和手写识别、军事战略和机器人。

（二）机器学习对于人工智能的重要性

目前，各国逐渐开始认识到人工智能的重要性，并且都已逐步加大人工智能相关产业的投入。近年来，人工智能更是加速向军事领域渗透转移，正在引发军事领域的链式突破。可以预见的是，人工智能在军事中的应用水平将成为大国军事实力比拼的重要标志。换句话说，人口规模将不再是大国军事实力的唯一支撑要素，与其并驾齐驱的将是国家军事智能化水平。

人工智能领域中，机器学习方法占据着最核心的位置。纵观人工智能领域的发展过程，真正极大改变了人们的生活方式，并为社会生产带来深刻影响的正是 20 世纪 90 年代后期，以机器学习和统计学习方法为支撑的人工智能浪潮。例如，Siri 出现的语音识别技术，以及人脸识别、目标定位、图像分类等技术，这些技术无疑都需要从大量的训练数据中学习模型（即机器学习方法）。因此，机器学习的发展直接影响了人工智能领域的前进步伐。

从近几年各国军事发展导向来看，基于机器学习技术的人工智能将催生新的“以弱胜强”。随着人工智能浪潮的全面兴起，以及仿人智能、机器智能、群体智能、人机混合智能逐渐发展成熟，前沿科技、物质生产和战争实践的链条被全面打通，新一轮创新战争方式呼之欲出。另外，伴随人工智能技术的不断融入，智能战场态势感知牵引下的各种作战行动高度耦合、并发进行成为可能，智能化军事战争将会在新的科技领域相互较量。

二、机器学习在军事领域中的发展动向分析

（一）机器学习嵌入美国空军智能化战略

近年来，美军在空中作战的各个领域广泛开展了基于人工智能和机器学习技术的开发与项目研究。在智能化作战的大趋势下，美军空中作战体系的建设正在进行全方位的转型与转变。在无人机系统中，人工智能和机器学习技术起着至关重要的作用，除了负责搜集信息、实时分析数据外，更重要的是通过智能互联实现协同作战。

2018 年初，DARPA 向雷声、诺斯罗普·格鲁曼和洛克希德·马丁等公司授予了进攻性蜂群战术项目（OFFSET）第一阶段的合同。第一阶段的目标是开发能够以 250 个或更多数量进行蜂群行动的小型空中无人机和地面机器人。这些蜂群机器人通过互联系统组成，其最大的优点在于：即使在战斗中失去许多个体无人机，对其完成主体任务的能力也几乎没有影响。在此项目中，人工智能和机器学习得到了更多的体现，无需人工干预便能够

让机器人蜂群根据实时状况自动学习当前环境，并且智能调整蜂群配置，极大提升了军事作战的可靠性。

（二）人工智能逐渐引领情报侦察体系发展

机器学习方法的一个重要特点就是善于处理和分析海量数据，并从海量数据中智能提取人们感兴趣的内容。正是基于此特性，能够使得机器学习技术在海量军事情报处理分析工作中大展拳脚。

目前，美军已将以自然语言处理技术为代表的机器学习技术视为未来情报、侦察与监视体系的支柱，特别是将人工智能技术用于处理和分析海量情报数据。这项工作也是在军事情报侦察领域最重要和最强烈的应用需求。当前，美国空军大力推动运用智能化技术辅助指挥官决策，即从全球传感器、平台及武器网络收集数据，迅速融合形成可支持作战行动的决策和情报。

2018 年 12 月，美国中央情报局（CIA）旗下风险投资机构 In - Q - Tel（IQT）对 Immersive Wisdom 进行战略投资，支撑其 VR/AR/MR 地理空间协作与情报软件平台和其他先进的人工智能技术应用于战地态势感知、任务规划与执行，以及军事情报挖掘与分析等。这正是人工智能技术在侦察及作战理念领域的典型体现。

（三）融合机器学习的军事自主系统

近几年来，美国陆军力推“多域战”这一新的作战概念，在此作战概念中，机器人和自主系统被认为是实现多领域优势的一个关键，美军倡导智能机器人以及自主系统同未来部队的组织及能力融合发展，确保军事智能化完善并发展壮大。2018 年 11 月，美国国会研究服务处（CRS）发布《美国地面部队机器人和自主系统及人工智能：国会应考虑的问题》，探讨“机器人、自主系统和人工智能之间的融合”，概述美国地面部队采用自主系统和人工智能带来的一些潜在影响和军事应用，并指出国会需要考虑的一系列问题。

机器人和自主系统（Robotic and Autonomous Systems，RAS）是无人地面系统和无人空中系统在陆军的统称，该系统涵盖了无人系统的物理特性和认知特性。美军认为，要让一名士兵能够方便地操控多种不同的RAS，让它们自主独立或相互配合完成一些任务，必须发展以下关键技术，即自主性技术、人工智能技术以及通用控制技术。其中，基于机器学习的人工智能技术将在RAS发展中起到关键作用。例如，机器学习技术帮助RAS独立执行某些任务而无需人工干预，如越野驾驶、路线分析和海量数据管理等，极大地降低了士兵的分散工作。未来若干年，RAS将成为美国陆军装备体系中的一个重要组成部分，并将与部队完全集成，成为战斗力倍增器。在未来战场，美国陆军将大范围运用各种类型的RAS，显著提高部队的态势感知、指挥决策、机动作战和后勤保障能力。基于机器学习的技术在军事领域中应用将会越来越广泛和深入，最终将会把军事领域中分散的节点智能连接起来，打造成为更加先进的军事智能平台。

三、军事背景下机器学习的关键技术

（一）研究机器学习微型化技术，降低设备依赖

目前，机器学习方法通常需要在较大的训练数据集上进行学习、分析和建模，以上过程通常需要先进的图形处理设备支持，并且需要占用较多的处理资源。然而，军事领域中的某些极端场景下，如小型无人机、野外侦察设备以及单兵微型设备等，对机器学习方法的资源占用以及处理时间限制较为严格。为了适应上述情景，机器学习的微型化成为关键。

2018 年 6 月，Jetpac 公司数据科学家 Pete Warden 发表了一篇博文，指名并详细阐述了微型化是机器学习应用的一条出路。机器学习“微型化”就是将机器学习技术在微小的、低功耗的芯片上运行，并利用深度学习极大提高能源利用率。谷歌大脑负责人 Jeff Dean 也转发这篇博文，并且也强调了其技术可行性。因此，提升机器学习的微型化应用，降低资源占用，将机器学习芯片嵌入到现有的产业链中，能够更好地让机器学习方法应用在更加广泛的军事领域场景，是机器学习发展的关键技术。

（二）提升机器学习预测准确率，增加系统稳定性

分类和预测技术一直是机器学习领域中的研究热点。简单地说，就是通过对现有数据和知识的学习，来对未来的数据进行分类以及状态预测。目前，绝大多数人工智能应用都使用了机器学习的分类预测技术。

在军事领域中，分类和预测技术也同样起着至关重要的作用。例如，在军事装备系统中，要实时跟踪军用设备中数以百万计机械部件的使用状况，是非常耗时耗力的。为了解决这种密集耗时的任务，2018 年 6 月，美国军方计划与 Uptake 科技公司合作，研究使用机器学习方法预判军车故障，让机器学习软件来预测需要的维护军车，并且提前标记出需要维护的机械部件。在这套预测系统中，装载在运兵车引擎上的传感器能够记录诸如引擎温度、转速等信息，并将数据传送回 Uptake 中枢系统；随后，机器学习将提炼出这部分数据的特点，与已知可能导致发动机故障的数据进行匹配甄别；最终，根据决策算法输出故障类型等信息。

然而，如果预测系统出现错误预测后，将会增加不必要的资源消耗，故机器学习预测准确率的高低直接影响了战争资源的消耗多与否。因此，准确的机器学习预测方法对于国家军事资源的保障具有极其重要的作用。利用更加先进的机器学习方法提升分类和预测准确率，是影响其在军事领域发挥作用大小的关键技术。

（三）基于试错的强化学习算法

2016年，谷歌公司DeepMind团队研发的AlphaGo程序在人机围棋大战中战胜韩国著名棋手李世石，轰动了世界；2017年，AlphaGo Zero又以绝对的优势战胜AlphaGo；2018年，通用化进化版本AlphaZero能够不接受人工训练，只是对游戏规则进行了解的基础上，通过自我学习掌握围棋、国际象棋以及日本将棋的技巧，并能击败人类最顶尖高手，成为迄今为止最强大的围棋类人工智能程序。以上一系列事件有力地证明，具有自主学习能力的智能机器能够在智力上超越人类。显然，AlphaGo Zero单通过学习人类的棋谱显然不足以打败人类，那么是什么技术让其获得如此重大的成功呢？一个重要的技术就是强化学习。

强化学习是一种重要的机器学习方法，在智能控制机器人及分析预测等领域有许多应用。相对于传统的机器学习方法，强化学习技术通过试错的方式，能更加迅速、准确地学习海量数据中有用的信息，并进行自我更新。在军事领域中，每时每刻都有着大量的数据需要处理；此外，由于军事领域资源有限，维护的时效也受到一定限制，因此，一个能够自动、高效且能够智能学习的方法是军事智能化的重要关注点。而强化学习技术能够缓解这一问题，是机器学习在军事领域应用的关键研究点。

四、军事智能化中存在的挑战

（一）军事智能系统潜在的安全风险

军事领域中的信息是多元的，包括文本、语音、图像、视频以及信号等数据。包含这些数据的军事智能系统有可能存在不同的安全风险：①随着军事需求的变化和增加，并且伴随着作战环境、条件的演变，若不符合智能算法的预期分析，那么系统有可能引发出一系列潜在的安全风险；②机器学习和人工智能技术目前无法保证百分之百的判断正确率，进而可能导致系统分析军事情报、监视与侦察或指挥时，出现难以预料的问题；③由于智能系统本身可能存在漏洞，战争对手还可能采取措施故意损害或干扰 AI 系统，导致产生灾难性的后果；④由于智能化因素的加入，使网络攻击的成本更低，隐蔽性更强，可以预见，智能化时代的网络战争将更加频繁，军事冲突有可能成为常态。由此可以看到，强化对军事 AI 系统的安全性和完整性的测试是未来军事智能化的一个重点关注方向。

（二）军事智能化带来的伦理道德问题

2017 年，有报道指出，谷歌已将其 TensorFlow 机器学习平台提供给美国国防部的 Maven 计划使用。实际上，Maven 计划的研究领域包括机器学习的计算机视觉，这是自无人机用于监视和其他军事应用以来美国五角大楼特别感兴趣的一个话题。在 Maven 计划中，国防部通过 TensorFlow 平台分析无人机的视频片段。而正是该报道使谷歌的决策遭到了部分谷歌公司员工和学者们的强烈反对，数千名员工曾在一份请求谷歌取消该合作计划的请愿书上签名，并有数十名员工因此辞职。

2018 年 6 月，迫于舆论压力，谷歌公司宣布“在与国防部的 Maven 计划合约到期后，将不再与其签订新的合作计划”。2018 年 10 月，谷歌公司又宣布“不再竞争价值高达 100 亿美元的五角大楼云计算合同，其原因包括项目可能与其企业价值观发生冲突”。随后谷歌公司发布了一系列 AI 道德原则指南用于评估 AI 项目。

谷歌公司与军方合作项目的再次流产表明，人工智能以及机器学习在军方领域的发展道路，必然会收到伦理道德的制约。如何更好地处理人工智能在军事智能化道路中的道德准则，是未来军事智能化的一个重要挑战。

（三）机器常识与可解释性

目前，机器学习系统已经非常强大，但仍然缺少一个关键组件——机器常识。机器常识类似于人类常识，拥有这些知识可以更好地推进人与机器之间的关系，让机器更好地参与人类的工作。美国军方正在追赶人工智能的“第三次浪潮”，届时机器人将具备 10 岁儿童的基本常识。2018 年 10 月，DARPA 信息创新办公室有关负责人表示：“缺乏常识会阻止智能系统了解其世界，与人自然沟通，在不可预见的情况下合理行事，并从新体验中学习。这种缺失可能是我们今天的狭隘人工智能应用程序与我们希望在未来创建的更为通用的 AI 应用程序之间最重要的障碍。”

与机器常识密切相关的是人工智能领域中近期的研究热点——可解释性。可解释性是衡量人类观察者可以理解模型预测背后原因的程度。基于深度学习的机器学习技术虽然带来了极大的方便，但同时具有太多的不透明性，这种不透明性使人类很难用语言来解释为什么机器会做出某种决定。这一点在军事智能应用中存在着巨大的隐患，可能导致严重的道德问题、责任分配不均、指挥失误等隐患。2018 年 3 月 14 日，在美国国会众议院武装力量委员会新兴威胁与能力小组委员会召开的“2019 年国防部科技项目预算申请”主题听证会上，美国国防高级研究计划局局长史蒂芬·沃克提出了该局确定的全球战略优先事项，“可解释的人工智能”被列为核心项目。可以看到，可解释性在未来仍然是人工智能领域的重要挑战。

（四）其他可能存在的问题

除了上面提到的问题，人工智能在军事领域的全面应用还有大量不可控因素。2018 年 4 月 25 日，美国智库兰德公司发布研究报告警告称，人工智能可能打破地缘政治稳定性，突破当前核武器仅作为威慑手段的地位，甚至会鼓励人类做出灾难性决定，包括可能在2040年发动核战争。这实际上是强调了使用人工智能技术可能对军事决策带来的风险。因此，在享受人工智能和机器学习技术带来的种种便利的同时，也要密切关注潜伏在深处的风险。

五、结束语

人工智能及机器学习的诞生与发展是20世纪最伟大的科学成就之一，也是新世纪引领未来发展的主导学科之一。从美军近几年的动向来看，未来人工智能在军事战场的地位会越来越高，与人工智能相配套的机构、体制、法律法规也会逐渐完善。最终，军事智能化的趋势将会越来越明显。因此，推进军事智能化的发展是当前各国的重要任务，想要在智能化浪潮中占据先机，就要敏锐把握人工智能快速发展的契机，打破固化思维，促进智能化向军事领域深度扩散与渗透。

（中国航天科工集团第三研究院三一〇所　耿建福　葛悦涛）

美国利用人工智能识别导弹阵地的技术研判

2017 年 11 月23 日，美国“大众机械”网发布报道，密苏里大学研究团队设计、训练的人工智能程序可以快速高效地从高精度卫星图像中检测、识别出中国的地空导弹（Surface - to - Air Missile，SAM）阵地。这项研究揭示了人工智能技术如何用于辅助人类情报专家从海量卫星图像数据中搜索感兴趣的目标。由于应用场景的高度敏感性，该消息迅速引起国内外媒体广泛关注和报道，基于人工智能的自动情报判读成为国内外热议的话题。

一、报道中的人工智能算法解析

“大众机械”网的报道是对美国密苏里大学空间地理智能信息中心在深度卷积神经网络（Deep Convolutional Neural Networks，DCNN）领域研究成果的解读，该项研究成果于 2017 年 11 月发表在《Journal of Applied Remote Sensing》期刊，英文名称为 Rapid broad area search and detection of Chinese surface - to - air missile sites using deep convolutional neural networks。论文提出了一套流程方法用于训练 DCNN 算法模型，并用于辅助情报专家在卫星

图像中搜索和识别全球 SAM 阵地，关键步骤包括：首先是建立卫星图像样本集，根据已公开的世界范围内 2209 处 SAM 阵地坐标，在商业遥感数据公司（如美国 DigtalGlobe 公司）的数据库内查询和下载 SAM 阵地卫星光学遥感图像，经裁剪生成了 2209 幅带标签的原始样本集；其次，通过翻转、平移、旋转等多种方法扩展训练集规模，并利用图像集训练 DCNN 算法模型；最后，选定实验区域内的卫星图像，将训练形成的 DCNN 程序用于卫星图像中 SAM 阵地检测，评估判读准确度和效率等性能指标。

为验证小样本集训练情况下的 DCNN 检测性能，研究团队选取了中国东南沿海地区约 94000 千米^2 的区域作为研究对象。该区域内包括已公开的 14 个 SAM 阵地。研究团队利用已知的中国其他地区的共计 94 个 SAM 阵地图像作为训练样本来训练 DCNN 模型，用于辅助情报判读人员在上述区域内识别 SAM 阵地，并与人工判读进行性能比对。实验表明，在取得同样判读准确率（约 90%）的情况下，情报判读专家耗时约 60 小时，而采用 DCNN 辅助人工判读仅需约 42 分钟，效率提高约 81 倍。

论文提出的算法之所以取得成功，关键在于在两个方面做了细致的工作：

一是海量带标记的训练样本的生成。根据公开的全球 SAM 阵地数据库信息，涉及的中国 SAM 阵地有 108 个，除去待检测区域内的 14 个，仅有 94 个图像样本可用于模型训练。针对训练样本缺乏的问题，论文提出了一种样本集扩展方法：首先，将图像由 RGB 色转成黑白（B/W）两种颜色图，扩增 2 倍（×2）；其次，将图像沿 8 个方位向（北/东/南/西 + 东北/东南/西北/西南）分别平移 10、20、30 和 40 个像素，扩增 32 倍（×32）；再次，图像沿水平翻转，扩增 2 倍（×2）；最后，图像绕中心点以 5°间隔旋转 360°，扩增 72 倍（×72）。通过上述操作样本集扩增了 9504 倍，可生成

94×9504 = 893376 个包含 SAM 阵地的图像正样本集。以每个 SAM 阵地中心点为参考，向东/南/西/北四个方向各偏移 5 千米选取与样本同等面积的区域作为负样本，并用同样的样本集扩增办法，生成 94×4×9504 = 3573504 个不包含 SAM 阵地的负样本。综上所述，利用 94 个已知的中国 SAM 阵地图像原始样本和样本扩增方法，可形成 4466880 个训练样本，基本满足 DCNN 模型训练需求。

二是 DCNN 的模型架构选取。论文没有提出新的 DCNN 算法架构，而是直接引入 CaffeNet、GoogLeNet、ResNet－50 和 ResNet－101 等当前人工智能领域内广泛使用的 4 种主流算法。经训练后的 4 种算法用于对比实验，通过评判目标识别准确度，优选出具有 100 层卷积深度的 ResNet－101 模型作为最优识别算法。研究团队利用扩增后的中国 SAM 阵地图像训练样本集训练 DCNN 算法模型，并将训练后的算法模型应用于辅助情报专家判读卫星图像，实现了在大区域（约 8.8 万千米^2）光学遥感图像中，自动检测出包含感兴趣目标区域为 136 千米^2，仅占全部搜索区域面积的 0.15%，大大降低了人工判读的难度和工作量。

二、人工智能用于目标辅助判读的评价

从技术层面来看，研究团队并未采用先进的技术手段或是精巧的算法，之所以能在大区域卫星图像中以较高准确度识别中国 SAM 阵地，关键原因可能有如下三个方面：一是论文识别出的 SAM 阵地属于固定式防空阵地，在卫星图像上十分规则（图 1），“梅花”状分布的阵地配置形成区别于周边地物的显著特征，契合深度学习方法检测目标的研究需求；二是论文中涉及的 SAM 阵地全部没有采取有效伪装措施，各阵位、连接道路以及雷达、

导弹发射架等装备清晰可见，图像场景语义解析较为简单；三是论文中列举的SAM阵地图像涉及的国家包括伊朗、朝鲜、中国、俄罗斯等，上述国家的地空导弹技术源于苏联，系统组成、阵地构筑参考的教范基本相近，这也体现在各国、各地区的SAM阵地在卫星图像上体现出较为一致的几何特征。

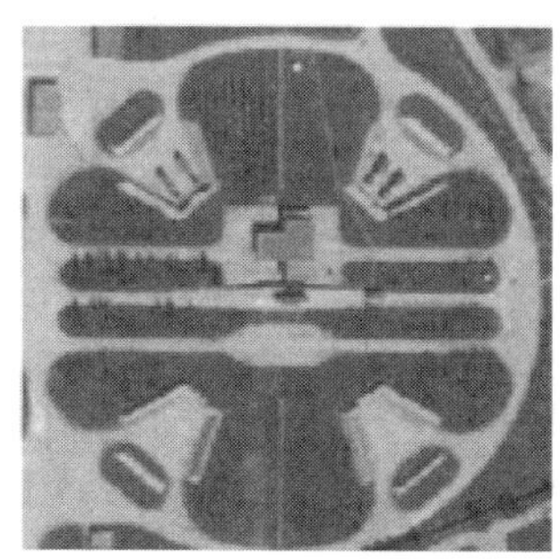

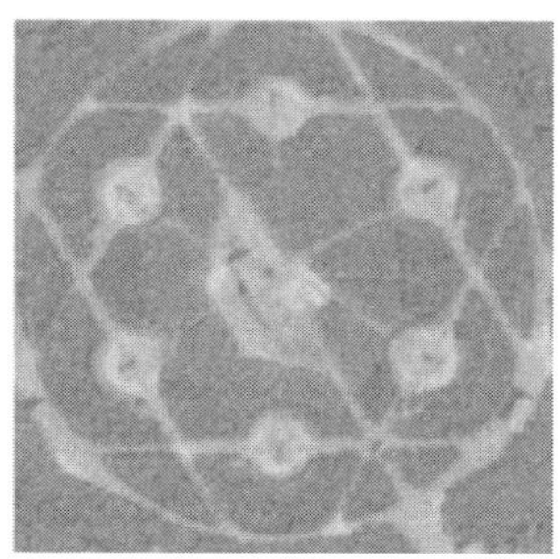

图1　论文中给出的地空导弹阵地光学遥感图像

事实上，针对结构轮廓规则的地面目标图像检测，国内外已经有大量研究成果报道，包括机场、储油罐等民用目标的自动检测和识别，可以实现很高的准确度。根本原因在于：一方面是上述目标尺寸大，可辨识特征多；另一方面是目标构型基本相似，特征一致性好。从技术角度来看，从卫星图像中检测SAM阵地的难度并不比人脸识别等典型DCNN应用困难，只是因为应用的敏感性，才引起国内外媒体的广泛关注和转载报道。

三、人工智能辅助情报判读的发展前景

卫星图像是现代战场侦察监视的重要情报来源，人工图像判读作为目前世界各国情报生成的主要手段之一，因判读耗时长，效率低，已经成为

制约情报信息实时生成的瓶颈问题。随着人工智能技术的发展，以往依靠人工作业完成的目标检测、分类、识别、评估等工作可逐步由计算机来代替。人工智能判读甚至是类脑认知情报判读将有望解决长期存在的海量卫星数据获取与人工处理速度偏慢的矛盾问题。

目前基于 DCNN 的人工智能算法在目标识别领域取得较大进展，在经济、安防、社会保障等多个领域得到应用。在应用场景更为复杂、不确定性因素更多的卫星图像判读领域，还需要解决多方面的问题。

一是综合运用多源图像样本数据。卫星遥感数据既包括可见光、高光谱、红外等光学图像，也包括反映目标或场景微波散射特性的合成孔径雷达（SAR）图像。SAR 雷达属于主动有源传感器，成像机理区别于光学遥感，电磁散射机理、极化散射效应、成像几何关系等因素影响目标在 SAR 图像中的特征。多源遥感图像蕴含了目标不同维度的典型特征，为军事目标分类识别提供了更加丰富的信息，这就要求人工智能算法具备综合利用多源数据训练模型和识别目标的能力。

二是建立军事目标图像训练样本集。缺乏足够数量的训练样本一直是制约人工智能军事应用的关键问题。深度学习算法识别目标的前提是需要大量带标记的训练样本集来训练模型，从而提高目标识别的准确度和鲁棒性。尽管国内外学者以生成式对抗网络（Generative adversarial networks, GAN）等技术扩大样本集规模，但依然需要大量带标签且有效的原始数据样本。因此，建立多源军事目标标准图像集是推动人工智能军事应用的必要环节。

三是进一步提高人工智能识别的自主性。深度学习通过海量数据训练与学习，可以提取出更丰富、更有用、深层次的特征，保持识别准确率的情况下大幅提高工作效率。需要指出的是，在目标信息深度挖掘和细节信息分析等方面，人工智能算法与经验丰富的情报判读专家相比，其功能性和可靠性仍然有较大差距，有限训练样本集条件下的目标识别准确率和鲁棒性还有待提高。

四、结束语

航天遥感时代，海量数据输入与人工处理速度偏慢的矛盾问题日益突出。基于深度学习理论的人工智能目标识别算法展现了比传统算法更快的处理速度和更高的准确度，为解决海量遥感图像判读提供了可行的解决途径，在军事情报领域具有广泛的应用前景。基于人工智能的情报判读是未来发展趋势，应紧紧跟上人工智能的发展步伐，加强目标特性数据集和智能识别算法方面的研究，提高遥感侦察数据的利用水平。

（中国人民解放军63983部队　周伟　崔宝生　徐小倩　孟令媛）

美国 DBM 项目推进分布式指挥控制能力发展

数十年来，各军事大国不断提升“反介入/区域拒止”能力，使得美国不再拥有空中技术优势。为应对威胁，美军提出“分布式作战”概念。为支撑其发展，美军发布了一系列项目，如体系集成技术及试验项目、小精灵项目和分布式作战管理等。2018 年 2 月，BAE 系统公司披露分布式作战管理项目飞行试验取得阶段性成功，接下来将进一步提升通信拒止环境中的指挥控制能力。该项目一旦得到充分验证，将大大提升分布式作战中指挥控制能力，并可减少人员工作负荷，提高作战效率。

一、项目发展概况

（一）背景

在分布式作战中，由于实际战场环境的复杂与动态性，在指挥控制方面，参战人员将面临以下挑战：规划人员几乎不可能一直都做出最优的规划方案；过于繁重和紧张的工作可能使指挥官在生理和心理上都难以胜任，甚至可能会做出错误的决定；除此以外，作战系统还要面对不可靠的通信环境，无法确保能时刻得到指挥官的指示。

为解决指挥控制上的一系列问题，美国开发了一套智能化的分布式指挥控制管理系统，可以辅助规划人员和指挥官进行任务规划和战术决策，决胜于战场。

（二）发展概况

美国国防高级研究计划局在2014年提出分布式作战管理（Distributed Battle Management，DBM）项目，开发合适的控制算法和机载决策辅助软件以及用于驾驶舱的先进人机交互技术，以提高分布式自适应规划和控制及态势感知能力，协助机载战斗管理人员和飞行员在强对抗环境中执行空空、空地作战任务（图1）。

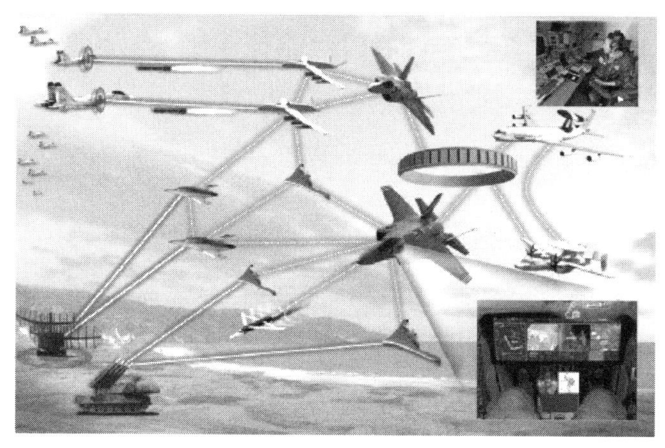

图1　DBM项目概念图

（三）项目进展

分布式作战管理项目共分为两个阶段，第一阶段主要聚焦于基础技术的发展，包括规划、控制和态势感知算法，合适的人机交互界面的设计以及整体系统工程。第二阶段主要实施综合性DBM能力建设，以便在高对抗性环境中管理空对空和空对地作战，并且在大规模虚拟和真实飞行测试中验证各项能力。

2016 年 5 月 3 日，美国空军研究实验室（AFRL）信息处代表 DARPA 向洛克希德·马丁公司授予了 DBM 项目第二阶段合同，金额 1620 万美元。合同要求洛克希德·马丁公司设计全功能的决策辅助软件原型，提供有限的传感器和通信联网能力，并在虚拟—现实—构造（Live/Virtual/Constructive，LVC）环境下进行飞行验证。

2017 年 9 月，BAE 系统公司、洛克希德·马丁公司与 AFRL、DARPA 合作，对有人驾驶的战斗机和无人机编队，进行为期 11 天的飞行测试，包括在加利福尼亚州爱德华兹空军基地进行模拟与真实的 7 次飞行。洛克希德·马丁公司提供了基础设施和测试装备，BAE 系统公司提供了网络技术。测试使用了现实和虚拟的飞机，它们都安装了 DBM 软件的两种系统——反介入实时任务管理系统（ARMS）和“网络对抗环境态势理解系统”（Consensus）。

在其中一次测试中，洛克希德·马丁公司和 BAE 系统公司使用庞巴迪利尔喷气机（Bombardier Learjet）作为替代的无人机，在包含多架飞行器的 LVC 实验室中进行作战管理和决策辅助试验。飞行员驾驶的虚拟有人机引入一项任务目标，之后 DBM 软件将其分解，其中部分任务目标被分配给试验空域的无人机。该系统在试验中表现得很好，当通信中断后，任务还可以按照预期的试验参数继续向前推进。飞机可以在数分钟没有协同的情况下继续执行任务。另外，在试验过程中的一次故障也可以证明系统的能力——在一次飞行过程中，飞机之间有数分钟不能通话，然而试验却仍然可以正常进行。最后查明，一次强烈的太阳耀斑是造成通信中断的原因。因此，BAE 系统公司负责 DBM 项目的高级工程师凯尔博格认为，该系统工作得非常好，软件的架构和他们方法的正确性得到了检验。该项目将会在2019 年 7 月结束。

二、DBM 项目关键技术

在战场管理和控制算法领域，DARPA 已经进行了大量的基础算法开发工作，但是很多都聚焦于通信受到保障的宽松环境。然而在分布式作战中，环境复杂多变，有人—无人编队将面临指挥控制能力不足、态势掌控有限以及人机交互不及时等威胁，“分布式作战管理”项目针对以上问题，开发了分布式自适应规划和控制、分布式态势感知以及人机交互界面技术。

（一）分布式自适应规划和控制

分布式自适应规划和控制的目标，是协助飞行员与战斗管理员在通信受限的环境下实现对飞机、武器和传感器的实时管理，以达成指挥官的意图。这包括为飞机分配角色和目标、资源部署、武器和目标的配对、传感器调度等。作战管理系统将向作战环境下的武器操作员或飞行员提供支持，同时也适当地允许无人系统自主选择任务执行方式。

1. 系统功能

（1）任务权限分配。分布式自适应规划和控制系统根据与友军航空器的连通性情况、任务、一系列交战规则所包含的相关约束条件及对友军和敌军的预估情况确定给飞机分配任务权限，其中包括允许同一级别的多架飞机“协商”各自的角色和责任，并可以有效应对网络中断、飞机损失和系统故障（如给定有效载荷的损失或通信系统的性能退化）等情况。

（2）决策空间分配。飞机和任务的类型决定了决策空间以及相关的规划和控制问题，传统的指挥、控制飞机上的作战管理人员与战斗机飞行员的决策空间完全不同。机载作战管理人员有更广的战场视野，可以做出更高层次的决定，如指挥多个战斗机群、指挥多个任务的进行及给机群分配任务/指定目标等。而战斗机飞行员的整体战场态势感知能力则差得多，只能做出较低层次的决定，如武器与目标配对、传感器调度、给无人机分配作战支持任务（自主系统的指挥和控制）等。

（3）无人机自主规划。DBM 项目将为无人机开发软件，使其能够与其他配备 DBM 的空中平台（有人和无人飞机）互相通信，从而能够接受来自其他平台的任务，随后无人机根据软件对任务进行的规划方案（如计算航线等）自主执行或与其他无人机协同执行。

2. 反介入实时任务管理系统

DBM 项目自适应规划与控制系统是基于承包商之一 BAE 系统公司的反介入实时任务管理系统（ARMS），ARMS 可将规划与控制任务分配给每架飞机。这样，即使不能相互通信，它们也可根据对任务状态的了解来继续执行任务直至连接恢复。ARMS 是以 BAE 系统公司的多机任务控制系统（Multi－Vehicle Mission Control System，M2CS）为基础开发的，M2CS 是第一个实时整合任务计划和控制的应用程序，它同时优化了不同组合有人—无人机的任务分配、时间安排以及自动路线规划（图 2）。

通过增加管理程序的决策能力，M2CS 允许指挥官更多地关注执行的任务，而不是管理飞机的路线和有效载荷等低端决策。系统根据指挥官在特定优先级，任务意图和时间、空间、顺序和自主上的限制等方面的指示来提高任务的有效性。

M2CS 支持从集中式的地基控制到移动式分散控制的机载航空电子设

备。它同时支持情报、监视和侦察（ISR），电子战和敌方防空系统压制等广泛的任务类型。M2CS 优化所有的武器系统资源，并提高空中平台面临先进综合防空系统时的生存力。

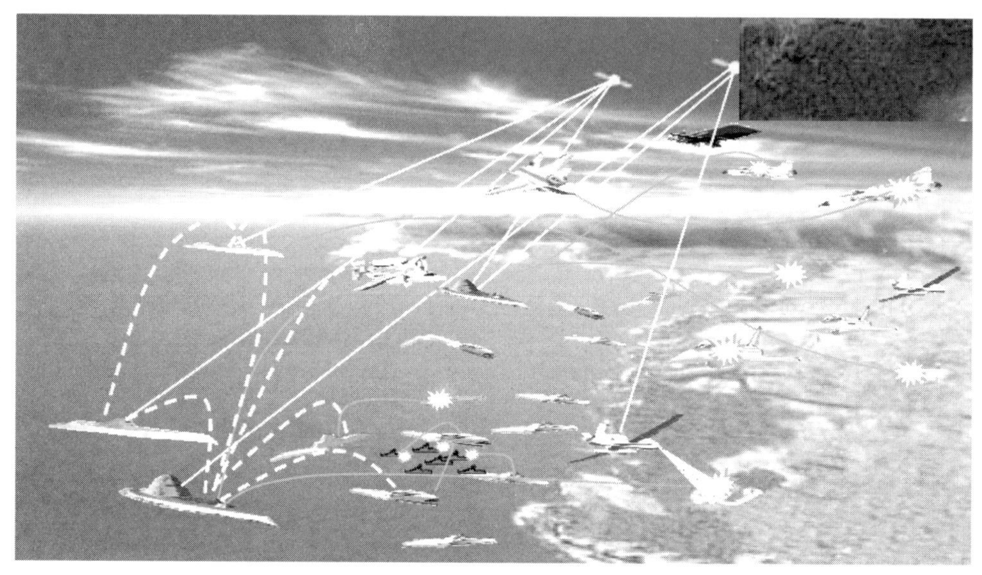

图 2　M2CS 任务规划概念图

M2CS 可以作为支撑分布式自适应规划和控制的基础技术系统，主要有以下功能：

（1）可用于有人—无人系统作战（防空压制/武装侦察）：在特定情景下，在高不确定和动态战场环境中由特定编队实时发现目标和威胁，执行快节奏作战任务。

（2）快速重规划：动态适应战场变化，大情境下的任务重新规划用时少于 5.0 秒。

（3）基于模型的环境展示：异构模型（飞机、武器、传感器、目标、威胁、作战概念）允许对新环境和任务的快速适应。

（二）分布式态势感知

分布式态势感知系统的目标是跨平台生成并共享数据，确定友军和敌军的位置，对其进行识别，掌握其状态，以便支持分布式自适应规划和控制功能。分布式态势感知系统的关键是实现信息管理的自动化，做到战场态势感知共享，以支持对等威胁对抗性环境中的复杂杀伤链。由于战场空间的不确定性，分布式态势感知系统将不得不根据有限且可能互相冲突的信息推理出正确的结论。

1. 系统功能

（1）信息优先级标识。在通信受限的对抗空域中，DBM 软件能够感知和呈现网络状态，据此推测飞机之间是否可以通信，并决定在网络从断开到恢复连接之后哪些信息具有最高发送优先级。DBM 软件并不会向各个平台传输所有数据，而是将任务根据价值高低进行排序，并根据优先级依次发送，以避免不重要的信息占用有限的信息通道，并保证压缩后的重要信息可以通过现有数据链得到传输。

（2）作战任务分解。DBM 软件会把作战任务分解为单个任务，并将其以拆分的任务数据包的形式而不是一个个作战行动的形式来进行数据传输。因而，即使通信中断，无人机也可以在不与主机通信的情况下根据任务列表依次执行任务。任何飞机都可以使用该软件成为作战网络的一部分，无人机在没有得到人批准的情况下不能开火，但它可以执行分配的其他任务。

（3）多源数据融合。态势感知系统的工作集中在利用现有的算法进行数据融合和跟踪，提高信息融合能力，并将着重开发新算法和信息管理协议（涉及传送什么数据、传送给谁以及何时传送等问题）。另外，如何在本地（如无人机小平台）及时处理数据以便最大程度地减少需要传送的数据量也是要重点关注的技术。

2. 对抗网络环境态势感知系统

分布式态势感知功能使用了 BAE 系统公司的另一个软件平台——对抗网络环境态势感知系统（CONSENSUS），它是一款分布式态势感知软件，通过融合来自多个平台和传感器的原始数据，通用作战图向飞行员和操作员提供武器瞄准指示和任务感知信息。在此基础上，ARMS 可以为编队所有飞机生成正确的任务和路线。

分布式态势感知系统的目标状态是能够自动可信地侦察探测作战场景中数据流的异常情况，做到战场态势感知，同时减少对操作人员的依赖。为此，该系统需要满足以下功能：①通过信息处理以侦察、分类和跟踪飞机；②整合和分析机载传感器信息与地面雷达信息；③实现更复杂的基于规则的战场态势分析，以减少操作人员的工作量；④基于学习的战场态势分析来提高操作人员的效率；⑤表现出更强的态势感知意识，并根据一定的规则依次进行数据传输。

图 3 中方块表示系统各模块，分别用于处理视频/图像数据，与地面雷达数据融合为复合信息，分析战场信息以生成警报，并发送给各飞行器，以形成通用作战图（COP），它有助于协作计划和联合执行任务，并协助所有编队实现态势感知。

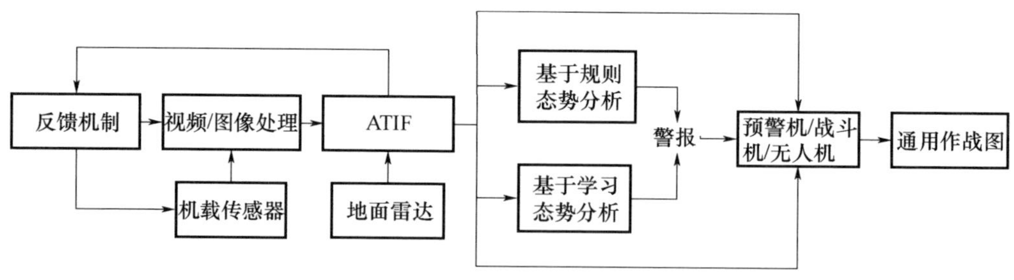

图 3　系统态势感知流程图

此系统基于 BAE 系统公司开发的多源轨迹识别融合器（ATIF），也就是图3中的 ATIF 模块，其通过融合雷达移动目标指示器（MTI）、图像情报（IMINT）、信号情报（SIGINT）、视频及其他类型的动态数据源，以达到跟踪区域低动态、少分类错误和高跟踪连续性的效果，实现目标跟踪和识别。

在分布式作战中，ATIF 将来自机载传感器的跟踪输出和来自地面雷达的跟踪输出进行融合，以生成侦察场景。ATIF 同时会融合这些数据报告，通过分析位置、速度和估计装备尺寸，来生成、关联、跟踪和识别传感器视场内所有敌方单位。

（三）人机交互（界面）

人机交互（HMI）的作用是使操作员和飞行员团队能够快速掌握态势和管理杀伤链，并为他们提供决策辅助和做出具体决定的接口。DBM 项目要在通过软件和算法确定操作员和飞行员需要哪些信息来辅助做出战场管理决策的基础上，开发显示装置和模式，以便更好地实现信息显示和分布式作战管理。为此，人机交互系统在混合主动规划、多功能显示屏、“适应性自主”（允许用户选择自动化水平）等方面进行了研究。

1. 设计需求

在 DBM 项目中，HMI 研发需要满足的需求包括（但不限于）：

（1）基于 DBM 决策辅助工具，开发感知和展示关键作战管理/态势感知信息的显示器。

（2）支持飞行员和机载战斗管理人员的监督控制角色，包括监测目标、识别和处理异常情况以及应对突发事件。

（3）针对不同角色和任务定制相应界面，配合不断发展的 DBM 自动化决策辅助工具，使操作人员了解情况，进行分布式决策和执行任务。

（4）界面需满足分布式环境中团队协同作战加强合作的需求。

（5）界面设计要突出交互和控制便利性。

2. 设计原理

人机交互在本项目中发挥着重要作用，人机交互开发人员面临的重要挑战就是探索人类在 DBM 中的作用，以及人类/机器关系的界限。

从实质上来说，DBM 软件要实现的是一个分布式的自主集合态势感知、决策/辅助决策为一体的系统，此系统与之前作战模式很大区别在于引入了更多、更复杂、更高级别的自动化技术，赋予了各种作战平台本身更高的自主权甚至决策权，这造成了操作人员在角色和职能上的变化，即由体系的完全掌控者变为了参与者，作战平台不再是单纯的命令执行者，而也有了决策者的角色，人机之间的关系在纯粹的支配之外加入了协同的范畴。

而这种角色和关系上的转变，也必然需要更恰当的交互方式和交互逻辑来与之相配合，其关键在于探究人在 DBM 软件系统中发挥的作用，以及人类—无人系统之间的界限。例如，如果操作人员仍然完全保持对于作战的控制，那么 DBM 软件系统也就失去了其意义；而如果操作员不能充分监控 DBM 软件的决策并在必要的时候及时加以修正，有可能导致任务失败。

为了使 DBM 系统在提供有效辅助作用的同时还能保证可靠性，DBM 项目开发人员需要充分提升软件系统的可观测性和可引导性，实现人机间流畅的协调，为此需要在人机交互中引入更好的针对系统动态和自动决策行为的反馈机制。

HMI 的开发需要重点注意以下几点。

（1）可观察性：交互界面需要提供当前的态势画面、软件当前的自主规划以及未来变化的趋势，让操作人员能掌握 DBM 系统决策的过程。有效的可观测性设计可以保障有效的人机交互。

（2）可引导性：当态势发生变化时，操作人员可以利用 DBM 软件展示的信息有针对性地重新引导资源分配和任务设置。HMI 除了需要自动识别有助操作人员掌握系统运作的参数并加以显示，还应集成操作人员对任务做出调整的接口。

（3）针对性关注：实时追踪操作人员和 DBM 软件本身在当前重点关注的对象，并根据当前任务进行调整，包括打断或者重新下达任务。

（4）联合作战协调：针对性关注代表着有人—无人的一种协同方式，但是为了支持其他类型的联合作战，需要在 HMI 开发中引入能主动协调和同步有人—无人任务的接口。接口要能显示无人系统的意图和目标中与有人参与方任务中的重合部分。这种显示要基于共享的数据基础，也就是所有协同作战参与者之间共享的情报和态势预判。

三、评估与测试

（一）性能评估

除去软件本身的研发，如何对软件系统的效能进行评估也是 DBM 项目需要重点解决的问题之一，如作战的有效性（以达成的目标、损失的飞机等的数量来衡量）。在表 1 中提供了一些潜在的指标。

表 1　用于 DBM 性能评估的样本指标

指标类别	示例
任务有效性	任务有效性（例如，达成的目标），相对于界定场景中的宽松通信环境下的有效性而言
态势感知	平均目标错误率，相对于界定场景中的宽松环境下的平均目标错误而言

（续）

指标类别	示例
能力	在实时实施期间所管理的飞机数量
操作人员	开展战场管理所需武器操作员的数量，与 DBM 工具交互时间的百分比
系统灵活性	为获得新能力而升级软件所需时间（飞机、传感器、技术等）

一般来说，评价任务有效性时相对指标比绝对指标更有意义，如用 DBM 进行作战管理相对于不使用 DBM 软件的战斗管理和相对于宽松环境的表现分别如何。

态势感知的目标是在通信受限的环境下评估整个系统 DBM 的质量。同样，态势感知也是通过相对指标来评判的，具体来说是对比 DBM 在通信受限环境中的平均目标识别错误率和宽松条件下的目标识别错误率。

在与实力相近对手交战的严峻情况下，必须让 DBM 软件的数量与全部可控资源的实际数量相匹配。

此外一个重要的指标是，DBM 在支持操作人员的同时不能分散他们的注意力，不能增加他们的负担。

最后，在实施 DBM 项目过程中开发出来的软件必须具有足够的灵活性，易于升级，以便匹配新的体系能力。为了评估这一点，引入系统灵活性能力指标，并评估升级 DBM 软件所需的时间。

（二）测试原理

在空对空作战测试场景中，采用规模不同的红军，蓝军则是以几组有人平台为指挥中心，每组配有数个具有不同能力的无人平台，然后在防守性空战中与红军对抗。DBM 软件被加载到飞机后部（或者背部）的计算机上，并连接到飞机的飞行控制系统以进行搜索和攻击任务。

图 4 所示是测试环境概念图，首先基于 LVC 仿真引擎，建立平台模型、武器模型、电子战模型、传感器模型、通信模型和操作人员模型。其中，

有人机测试在现实/虚拟仿真实验室中进行，包括：宽体机载作战管理平台，真实人员操作真实系统；战术平台，真实人员操作虚拟系统；无人平台。有人平台均通过 HMI 与 DBM 软件交互，HMI 显示将通过玻璃座舱显示屏的虚拟模拟进行评估。无人系统则利用 DBM 软件完成任务，包括平台控制、传感器处理、PNT 和系统状态以及通信，其中真实平台、有效载荷与模拟仿真平台无缝衔接。

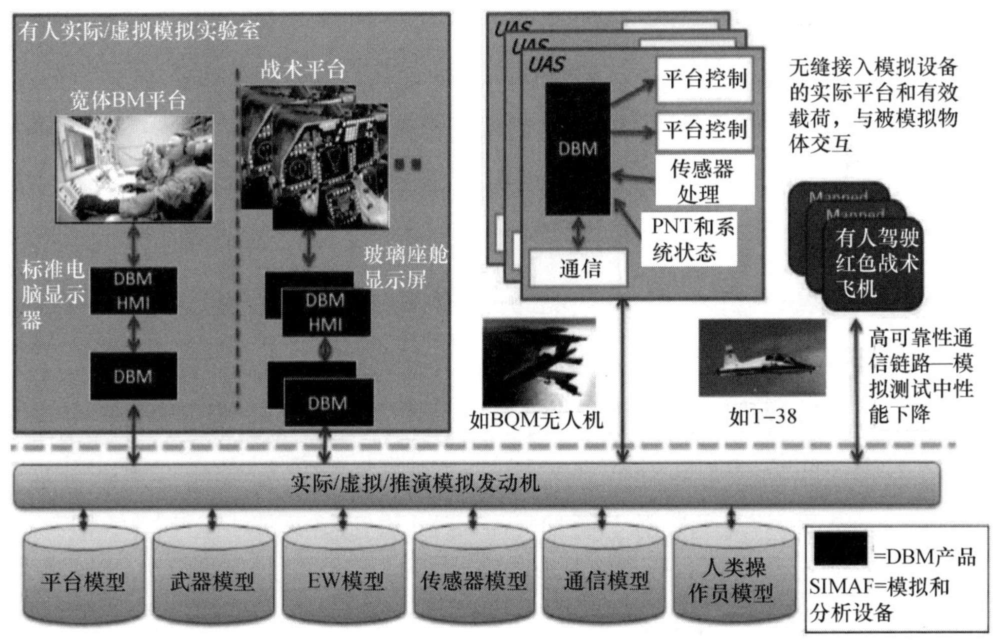

图 4　测试环境的概念视图（可以集成现实和虚拟能力）

四、分析与评述

分布式作战管理项目的核心是开发一款机载辅助决策软件，基于开放式软件框架（可实现飞机互操作性与兼容性），将分布式作战管理软件整合到飞机上，以支持分布式指挥控制。

分布式作战管理软件在实现上可分为4层，分别是物理层、应用层、自主层和协同层。物理层作为一切的基础，主要代表分布式作战管理软件所需要开发的关键技术；应用层则是基于物理层各关键技术而集成的机载分布式作战管理应用软件，可帮助参战人员进行决策辅助，操作人员通过人机交互界面获得所需信息以及下达任务命令等；自主层主要是安装分布式作战管理软件的个体飞行器，通过分布式作战管理软件可以自主进行路径规划，并辅助进行战场态势感知等；协同层涉及整个编队情况，包括无人机协同探测、打击，有人—无人协同作战等。

软件的分层有利于软件从底层到顶层的阶段性实现，也为分布式作战管理方面的其他研究提供参考。软件每个层级实现的功能支撑了整个分布式作战管理的统筹，具体包括：管理飞行器、人员；形成辅助决策方案；应对威胁、挑战等。该软件的实现为分布式作战提供了有效途径，进一步推动分布式作战的发展。

分布式作战管理项目开发先进算法，协助有人—无人机编队在通信受限环境下执行任务。在战场管理和规划控制领域，已经存在大量的算法开发基础，但是很多都只能用于通信受到保障的宽松环境。面对实际战场中网络连接不稳定、数据速率有限等问题，分布式作战管理项目开发“反介入实时任务管理”（ARMS）系统，此系统可对任务进行规划控制并将规划方案和路线分配给编队中的每架飞机，即时通信中断，飞机仍可以根据已有任务列表继续执行任务。

分布式作战管理项目开发通用作战图，以提升作战管理人员和飞行员对整体战场态势感知。为实现跨平台生成共享数据、信息管理的自动化，支持对等威胁对抗性环境中的复杂杀伤链，分布式作战管理项目开发“对抗网络环境态势感知”（CONSENSUS）系统，这是一款分布式态势感知软件，通过融合来自多个平台和传感器的原始数据，形成通用作战图并向作战管理人员和飞行员提供武器瞄准指示、任务感知信息和友军/敌军位置信息等。该软件能够自动可信地侦察探测作战场景中数据流的异常情况，做到战场态势感知，同时减少对操作人员的依赖。

分布式作战管理将继续提高任务执行效率和编队生存能力，同时支撑其他项目，推进分布式多域战能力发展。目前的研究重点是空中分布式作战指挥控制系统，这一项目所取得的成果在地面、水面和水下系统，尤其在那些 GPS 信号不佳或无 GPS 信号的环境中，均展示出很大的应用潜力。此外，“分布式作战管理”项目是 DARPA 战略技术办公室发起的，该项目侧重于对分布式作战指挥控制的研究，该办公室还发起了“体系集成技术及试验”和“适应性跨域杀伤网”项目，这两个项目侧重体系级作战，“分布式作战管理”项目研究成果很有可能应用于体系集成技术及试验和适应性跨域杀伤网项目的指挥控制系统，全面提升高对抗环境中指挥控制能力，加速分布式多域战实战应用。

五、结束语

面对各军事大国日新月异的技术发展，分布式作战逐渐成为未来作战的作战模式，而 DARPA 战略技术办公室开展 DBM 项目，研究重点是提升分布式指挥控制与战场管理能力，全面提升高对抗空域作战中作战效率，并降低机载战斗管理人员和飞行员工作负荷。目前该项目进入最后阶段，DBM 软件将继续提供辅助决策和指挥控制功能，该关键技术将改变整个战场的形式，使美国在未来战场中获得生机。

（中国航天科工集团第三研究院三一〇所　王彤　李磊　蒋琪）

DARPA“快速轻量自主”项目推进无人系统自主能力发展

目前，美国在执行紧急监视任务方面的能力存在不足：军队在城市环境中执行危险的巡逻任务时或救援队开展灾难营救行动时经常使用无人机搜集数据来进行态势感知，执行队员可以在安全区域远程监控进展，但是需要了解建筑物内部的情况时（墙壁、门和杂乱的空间使无人机操控变得困难），仍需人员进入，而这通常会使美国军人或救援队员处于危险之中。

因此，DARPA 的快速轻量自主（FLA）项目旨在创造一种新的导航、感知、规划和控制算法，使其能够在未知、杂乱的环境中实现自主、高速飞行。将这一新技术集成在小型四旋翼无人机上，该项目将展示敏捷的飞行能力，使飞行器在没有外部通信或 GPS 导航的情况下，以高达 20 米/秒的速度在未知的室内/室外环境中自主感知和飞行。

一、FLA 项目概况

2015 年，DARPA 启动“快速轻量自主”（Fast Lightweight Autonomy，FLA）项目，通过研究非传统感知和自主方法，为不确定环境中的高速无人机进行导航，使小型无人机借助自身携带的各种传感器，在杂乱无章的建筑物内和障碍遍布的环境下实现自主完成任务。

FLA 项目开发的先进自主算法——智能软件，集成在质量仅为 5 磅（2.27 千克）的轻型四旋翼无人机上，使得无人机在续航能力和机载计算能力有限的情况下，在室内、地下或故意干扰等 GPS 关闭或 GPS 无法使用时无需远程遥控就可进行工作，以此实现高度自主。其可以将小型空中和地面系统转变为能自主执行危险任务的编队成员，如在充满敌军的城市环境中执行先前侦察任务，或者在地震后搜索受损建筑物以寻找幸存者。

FLA 项目提出之初，DARPA 对其提出了一些衡量指标，如表 1 所列。

表 1　FLA 项目衡量指标

属性	衡量指标
速度	20 米/秒
能耗	计算 20 瓦，传感（待定）
环境	复杂，城市，杂乱无章
预先配置	足以提供目标
距离	1 千米
续航时间	10 分钟
通信	无
GPS	无法使用或拒止

FLA 项目共分为两个阶段，第一阶段主要对室外、仓库和办公室进行飞行测试。2015 年 9 月 25 日，DARPA 向 Scientific Systems 公司授予 FLA 项目第一阶段合同，同时还有麻省理工学院等团队共同参与开发。2016 年成功完成第一阶段飞行试验。

第二阶段主要完成门、窗户和其他物体识别的飞行测试。麻省理工学院和德雷珀实验室团队此阶段致力于使无人机不需要外部通信设施或 GPS 就能在未知的环境中自主感知和机动。2017 年，参与的团队成功完成了第二阶段的飞行试验。

项目资助的所有团队使用政府装备（Government Furnished Equipment, GFE）平台，此平台为小型无人机开发和维护提供支持，这种安排允许团队专注于自主性（算法和软件），而不是硬件的研究。

二、项目采用的智能算法

在未知环境中仅使用机载传感器进行搜索，必须解决两个关键问题：①导航和感知问题，即无人机必须在快速飞行过程中非常有效地从传感器提取信息，以便定位自身位置和感知周围环境，以及识别障碍物和清除不可靠路径；②规划和控制问题，即无人机必须准确和快速地避免碰撞，同时朝着目标前进。此外，这些导航、感知、规划和控制子系统必须与低延迟通信紧密集成才能协同工作，以此实现这种精确的集成系统功能。

（一）导航与感知

为了能够在没有 GPS 的情况下，在各种环境中进行精确定位和导航，研究中使用一种基于视觉惯性测距仪（VIO）技术的估计器，它将机器视觉单目摄像机与性能良好的惯性测量单元（IMU）集成在一起。VIO 利用 IMU 和摄像机的互补性，IMU 提供了具有绝对标度但会漂移的高速率测量，而摄像机提供了无漂移但缺乏标度信息的低速率测量。

目前正探索用于高速飞行中感知的几种协同策略。近场前向感知，商用立体相机和结构光传感器被用于 10 米或更小范围内获取密集深度信息。正在开发基于多层映射技术的新技术，可从单目相机中提取局部几何信息，其中可以通过帧到帧跟踪来快速确定大体深度（图 1）。为了帮助远程规划，正在探索符号感知技术，该技术利用学习技术对环境和物体进行分类，以有助于确认安全、可接受的飞行路线，如道路、通道、门道、窗户和树木之间的空隙。

图 1　基于网格的单目图像几何恢复

（二）规划与控制

规划与控制子系统利用了 3D 反馈运动基元，该基元直接使用局部深度数据来控制行为。这些运动基元可通过基于系统精确动态模型的碰撞概率快速确定，且对低精度状态估计具有鲁棒性的优点。此外，该规划策略不依赖于规划目标轨迹的全局地图，也不依赖于全球地图来规划通向目标的路线，因此，它不受全局地图所带来问题的影响（全局地图通过飞行维持一致性，但飞行存在状态估计误差）。当系统飞入复杂的空间或在大障碍物周围盘旋需要协助时，2D 全局规划器为运动基元系统提供帮助。长远来看，感知子系统将融入学习技术，用于对当前环境进行分类，然后根据该环境类型的一般特征，在超出传感器范围的概率安全轨迹上提供规划子系统（图 2）。

图 2　飞行模拟测试中运动基元轨迹选择路线图

三、飞行验证成果

（一）第一阶段飞行验证

2016 年 4 月，FLA 项目在一个拥有模拟墙壁和过道的室内仓库环境中进行了首次无人机飞行测试（图3）。为了使测试更具挑战性，DARPA 测试团队在通道上创造了死胡同，强制无人机在过道之间转换，并将过道中的各种物品作为障碍物。试验的目标是一辆北极星多功能车，终点距离起点约 60 米。在每次试验之间，测试团队会重新配置环境，以使每次试验都是不同的。在这次飞行测试中，共有 39 次成功达到试验目标，并且在一些试验中无人机达到了 5 米/秒的速度。在这次测试中，无人机只要求找到目标，并没有要求返回原点。

图3　首次无人机飞行测试场景图

第二次测试是在 2016 年 11 月，三个团队在弗罗里达州进行了飞行测试。这次飞行测试是在室外环境中进行的，混合了开阔的草地、道路、茂密的灌木丛、森林和一些建筑物。对于这次测试，单程目标距离大约为 160 ~ 1000 米。如果无人机飞到目标位置，返回原点并自主着陆，则认为试验是成功的。这些试验的目标物体是穿过森林与停机坪后机库内部的红色化学桶（图4）。

有一次试验与其他不同，在出发点与目标之间基本没有障碍物，旨在展示高速飞行，试验的最大距离为1 千米，无需返回原点。在飞行中，飞行速度达到了19.5 米/秒。由于目标距离的增加（需要更好的导航精度才能成功到达目标），非结构化和明确定义的环境（影响障碍物检测）以及多变/具有挑战的照明（影响依赖相机的导航和感知系统），这个试验在复杂性方面有了明显进步。

每个团队在面对不同的路线时显示出各自的优势和缺点，这取决于它们选用的传感器与算法的性能。一些团队的无人机在室内绕行障碍物上表现较好，另一些则在室外通过树丛或开放空间时表现更好。

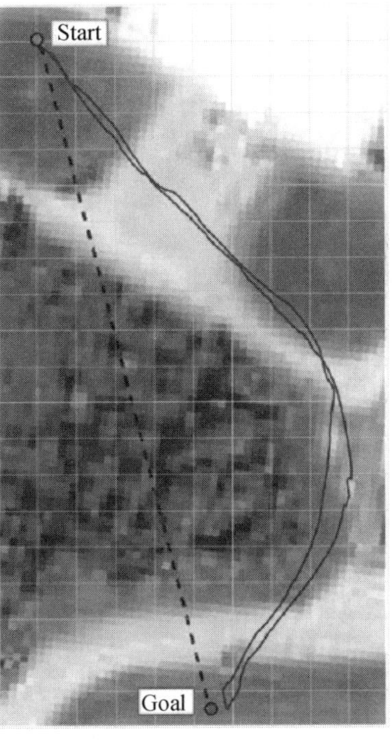

图4　寻找红色化学桶并返回原地概念图（左）与现实仿真图（右）

（二）第二阶段飞行验证

2018 年，FLA 项目完成了第二阶段的飞行测试，研究人员演示最新 FLA 软件在模拟城市环境，并在没有人类帮助的情况下执行现实世界的任务。为使更小、更轻的四轴无人机取得更好的性能，研究人员在 2017 年第一阶段飞行测试基础上，改进了软件和使用的商业传感器，在佐治亚州佩里的监护中心培训基地的模拟城镇进行了空中测试，测试的场景包括城市室外和室内，并取得了重大进展，包括：①以更快的速度飞行在多层建筑之间，穿过狭窄通道，同时识别感兴趣的物体；②穿过狭窄的窗户飞进建筑物，沿走廊搜索房间，并绘制室内三维图；③识别楼梯并沿楼梯飞行，最后从一个敞开的出口离开大楼。

1. 麻省理工学院/德雷珀实验室团队研究成果

在第二阶段，来自麻省理工学院和德雷珀实验室（MIT/Draper）的工程师团队为增加无人机速度，减少了机载传感器的数量，以减轻无人机的重量。该团队负责人表示，FLA 快速轻量自主项目的传感器载荷应该足够轻。第一阶段中，团队在平台上安装了各种不同的传感器来侦察环境的情况。而在第二阶段，尽量只使用一台摄像机。

该团队任务的一个关键部分是，无人机在穿越城市景观时不仅要绘制出地理上准确的地图，而且还要绘制语义地图。当无人机使用传感器在未知环境中进行障碍物快速探测和导航时，它会不断地绘制地图，因为它会探索和记忆它已经去过的地点，也能自行返回起点。

机载计算机利用神经网络可识别出道路、建筑物、汽车和其他物体，并在地图上标识出它们，同时提供可点击的图像。在任务完成后，人类编队成员可以从机载处理器下载地图和图像。此外，麻省理工学院和德雷珀实验室团队开发了一种同步能力，通过连接来自无人机的可选 Wi－Fi（人类编队成员可以根据需要打开或关闭），将无人机收集的数据与一款名为安卓战术攻击套件（ATAK）的手持应用程序可实现实时同步，无人机可以发送关注对象的实时图像。这款程序已经被部署到军队中。

在飞行试验中，研究人员成功地演示了对模拟城镇周边不同位置汽车的自主识别。在“探索模式”下，无人机对车辆进行识别，并通过 Wi – Fi 实时提供可点击的高分辨率图像，同时可在手持设备上的 ATAK 地理数字地图上显示（图5）。

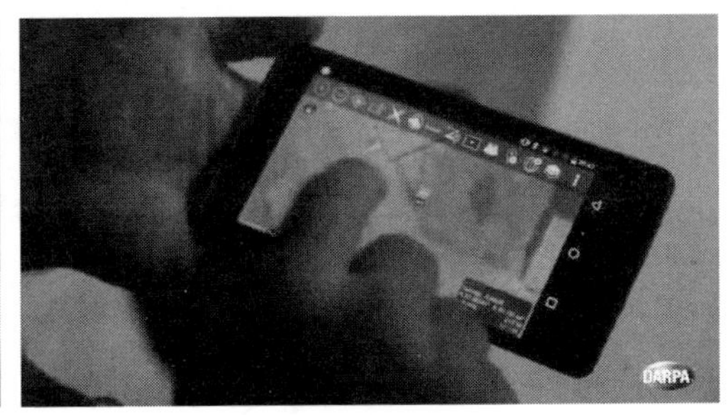

图5　无人机识别车辆（左）与手持设备图像显示（右）

2. 宾夕法尼亚大学团队研究成果

宾夕法尼亚大学研究团队为提升无人机自主性，减小了其尺寸和重量，以便能够在杂乱无章且狭小的室内空间中自主飞行。第一阶段使用的传感器和计算机不再适用于重量和体积减小的无人机，这给研究人员带来了新的挑战。为此，该团队开发一款新的集成单板计算机，容纳所有需要的传感器和计算平台。在第二阶段，使用的无人机与之前相比大小减小一半，重量减轻一半以上，同时使用一款通用处理器，此处理器只需很少的功耗就可以完成全部的计算任务。

在该团队进行的试验中，无人机从室外起飞，识别并穿过只有几英寸宽的二层窗户，沿着走廊飞以寻找开放的房间，发现一个楼梯间并飞下到一层，最后从一扇敞开的门飞回室外（图6）。

图6　无人机识别穿过窗户（左）与飞下一段楼梯（中）以及飞出敞开的门（右）

宾夕法尼亚大学开发的无人机有一个关键特点，其能够创建一个未知室内空间的详细三维地图，可避免障碍，并有飞下楼梯间的能力。在任务执行中，无人机不仅需要认知环境的一部分，还需要掌握它上方以及下方的环境，因为它有可能需要绕着桌子或椅子飞，因此在室内环境中建立一个完整的三维图非常重要。该项目下一步是将更多的计算能力集成到更小的平台上，为军队或救护队员生产一种可以放在手心里的智能无人机。

四、分析与展望

“快速轻量自主”（FLA）项目研究了先进的算法，可以使小型无人机借助自身携带的各种传感器，在不确定的环境中自主完成任务。该项目有以下优势：

（1）FLA项目提升无人机自主能力，以提高自身生存能力并降低人员面临的危险。多次飞行验证的成功表明，该项目开发的系统可以使无人机绘制三维地图与记忆环境，该功能使得无人机可以在没有任何通信GPS等外界支撑的情况下自主执行并完成任务，并且自己能回到出发点以供人员下载信息。这些自主能力减少了无人机被无线电检测的概率，很大程度上提升了它的生存能力和安全性，同时降低了军队或救援队员的危险。此外，新开发的手持设备ATAK可通过Wi－Fi与无人机载荷进行数据同步，以便人员可以根据需要实时关注无人机侦察情况，而无需等待其返回再下载信息，避免可能因延迟带来的危险。

（2）FLA 项目后续将改进算法，已计划过渡到陆军研究实验室。多次飞行试验的成功表明该项目已进入尾声，合作的大学和工业研究团队今后将致力于 FLA 改进算法的开发，在不久以后只要提供一般的航向、飞行距离和需要搜索的特定目标，这些算法可以将轻型、商用现成的空中或地面无人飞行器转换为无需人工干预的高性能操作系统，配备有 FLA 算法的无人系统不需要远程飞行员，不需要 GPS 导航，不需要通信链路，也不需要该区域的预编程序地图——机载软件、轻量级处理器和低成本传感器就可以自动实时地完成所有工作。FLA 项目中开发的算法已计划过渡到陆军研究实验室，以进一步开发潜在的军事应用。

（3）FLA 项目将支撑其他项目，推进分布式协同作战能力的形成。目前的研究重点是无人机，但是这一项目所取得的成果在地面、水面和水下系统，尤其在那些 GPS 信号不佳或无 GPS 信号的环境中，均具有很大的应用潜力。此外，“快速轻量自主”（FLA）项目是 DARPA 战术技术办公室发起的，该项目侧重于单个无人机自主能力的研究，该办公室还发起了“拒止环境中协同作战”（CODE）、“进攻性蜂群使能战术”（OFFSET）项目，这两个项目侧重多无人机蜂群协同作战，FLA 项目研究成果很有可能应用于 CODE 和 OFFSET 项目。截至目前，FLA 的算法仅在无人机上得到验证，但它们也可应用于小型、轻型地面车辆。

五、结束语

无人机快速、轻量、自主的特点逐渐受到国内外各行各业的高度关注。本文通过研究 DARPA 开展的 FLA 项目，分析美国对于优化无人机性能的解决思路。项目通过开发先进的智能算法，应用于集成了小巧轻便传感器和计算载荷的小型无人机平台，使无人机可以在室内、城市室外、野外等复杂、危险和缺少外部支持的未知环境中自主执行任务并完成目标，同时也能使人员通过手持设备在无需暴露的情况下仍能保持对态势的感知。该项目已计划过渡到陆军，一旦形成作战能力，在侦察、饱和攻击等方面将大幅度提高美军作战能力。而且，单架无人机自身自主能力在侦察方面已经展现出极大的应用价值，一旦协同起来形成蜂群，其能力将倍增，不可估量。

（中国航天科工集团第三研究院三一〇所　王彤　李磊　蒋琪）

DARPA 拒止环境中协同作战技术发展

拒止环境协同作战技术是 DARPA 立项研发的关于未来战术导弹和无人机作战技术，支撑了未来强对抗环境作战。这些技术基于“拒止环境中的协同作战”（CODE）项目开展，2018 年 11 月该项目完成第三阶段“反介入/区域拒止”环境下适应和响应意外威胁能力的演示验证，包括无人机系统在尽量降低通信量的同时，高效共享信息，协同规划和分配任务目标，制定协调的战术决策，并协同应对高威胁动态环境。

一、“拒止环境中协同作战”项目发展概况

拒止环境是美军对强对抗环境的别称，在这种环境中，强大对手使用军事力量对抗美军进入战区实现作战目的。

（一）项目研究背景

拒止环境与较宽松作战环境相比，具有以下特点：作战距离远；电磁域超负荷运转且敌我双方争夺激烈，对己方天基高带宽通信及定位服务极为不利；敌方目标为可移动目标或可重新部署的目标；敌方使用诱饵无人机、伪装设施和其他拒止技术；载人军事装备面临高危险；己方综合作战要求协同作战。

然而，现有绝大部分库存无人机很难满足拒止环境作战要求。具体面临的挑战包括：缺乏对不断变化环境的适应能力（如导弹）或严格受控于人类操作员（如无人机）；利用常规方法改善现有无人机系统的生存能力，成本高或技术上不可行；目前无人机的应用模式为单机模式，需要依靠远程战略军事设备实现关键能力，如导航、外部目标锁定及通信；现有无人机需要大量人员对其进行操控，这种运作模式成本高且无法兼容能快速响应动态状况的原作战系统。

（二）项目研究内容及进展

在现有无人机无法应用于拒止环境的背景下，2014 年，DARPA 战术技术办公室启动“拒止环境中的协同作战”项目，研发先进的自主协同算法和监督控制技术以增强无人机（本项目无人机包括巡航导弹、诱饵无人机及其他无人机系统）在拒止环境下的作战能力。关键技术主要涉及编队协同自主、飞行器自主、监控界面、适用于分布式系统的开放式结构 4 个方面，重点关注自主协同作战的传感、打击、通信和导航，以及低通信带宽、人机交互等。研究人员已创建一种超前的模块化软件架构，能适应带宽限制和通信中断，与现有标准兼容，并可在现有平台上进行低成本改造。目前，已研发相应的软件和硬件，正使用实体和虚拟无人机进行通信拒止环境中全任务大规模飞行演示验证。

拒止环境中协同作战项目的愿景为：开发协同自主技术及算法，增强传统无人飞行器（导弹和无人机）实用性；培育异构系统的互操作性等。具体能力包括验证无人机集群协同自主算法在三个参考作战任务（战术侦察、反水面战、摧毁地面的防空力量）中的有效性。主要目标包括：开发、执行和验证能通过自主和协同行为增强现有无人系统执行任务能力的算法；机载软件能在一个“通用任务计算机”（UMC）上运行，并能过渡到小型无人机系统和远程导弹上；软件在开放式架构上开发，并能与无人机系统的新标准实现兼容；相关能力应能进行仿真验证，最初在飞行验证平台，最终在相应智能体平台上进行实物验证。

该项目通过以下三个阶段实施。

第一阶段，2016 年初结束，完成了需求定义、初步系统设计，验证了无人机自主协同的应用潜力，并起草了技术转化计划；选择了约 20 个可以提升无人机在拒止或对抗环境中有效作战的自主行为；人机接口和开放式架构基于“未来机载能力环境”（FACE）标准、“无人控制程序”（UCS）标准、“开放式任务系统”（OMS）标准、“通用任务指挥和控制”（CMCC）标准进行研发。第一阶段的承包商分为两类：一是系统承包商（雷声公司和洛克希德·马丁公司）；二是技术发展商（尼尔 H·瓦格纳协会（弗吉尼亚州汉普顿）、科学系统公司（马萨诸塞州沃本）、智能信息流技术有限责任公司（明尼苏达州明尼阿波利斯）、飞腾科技公司（密歇根州安阿伯）、SRI 国际公司（加州门洛帕克）、Vencore 实验室管理员应用通信科学公司（新泽西州巴斯金里奇））。

第二阶段为 2016 年初到 2017 年底，洛克希德·马丁和雷声公司以 RQ－23“虎鲨”无人机为测试平台，加装相关硬件和软件，开展了大量飞行试验，验证了开放式架构、自主协同等指标。第二阶段的系统承包商及技术承包商与第一阶段相同。

第三阶段将于 2019 年初结束，授予雷声公司合同，要求完成 3 个任务场景飞行试验验证全任务能力。2018 年 11 月，雷声公司进行了为期 3 周的系列试验，验证了 CODE 无人机在最低限度的人类指挥控制下，在通信受限或拒止环境中协同感知、自适应定位以及应对突发威胁和新目标的能力。试验中，在拒止环境下，6 架真实无人机和 24 架虚拟无人机集群接收来自一位任务指挥官的任务目标，然后这些系统自主协同导航、搜索、定位，并在通信和 GPS 拒止环境下，与模拟综合防空系统（IADS）保护下的计划目标和计划外突然出现的目标进行作战。

二、“拒止环境中协同作战”项目关键技术分析

“拒止环境中协同作战”项目研究的关键技术包括单飞行器自主、协同自主、监控界面、开放架构、验证全任务能力技术以及过渡到军队飞行器所用的技术等，具体如表1所列。下面针对CODE项目中重点研究的拒止环境中单飞行器自主、协同自主、监控界面、开放及架构四大关键技术进行分析。

表1　主要目标、关键技术和指标

目标	关键技术	指标
❖ 开发验证无人飞行器自主与协同算法 ❖ 开发通信困难环境下协同能力 ❖ 提供任务指挥官和任务规划者界面 ❖ 开发软件架构兼容新兴开放标准，现有平台可重复使用	❖ 单飞行器自主 • 复杂飞行路径生成 • 机载传感器开发 ❖ 协同自主 • 间歇低带宽通信 • 高度自主动态回应 ❖ 监控界面 • 从操作者到监测者变更 • 打破线性操作平台比例缩放 ❖ 在兼容新兴标准的开放架构中开发S/W ❖ 在飞行验证阶段在政府提供平台验证全任务能力 ❖ 过渡：海军、空军、陆军、海军陆战队目前和将来的无人飞行器	❖ 任务效率：与参考相比性能提高2倍 ❖ 通信要求：与指挥站之间的平均带宽小于50千比特/秒 ❖ 人员配置：只需1个操控或无人操控 ❖ 指挥站：与战术部署兼容 ❖ 开放式架构：每个开发性架构评估工具开放性达到最高水平 ❖ 转化能力：成本低于参考成本的10% ❖ 多任务能力：在3个参考任务中，软件通用性高于90%

（一）飞行器自主技术实现无人系统自主管理能力

在拒止环境中的协同作战，为组建自主无人机编队，每架无人机需有足够的自主级别，包括：无人机平台子系统、任务设备及飞行轨迹的自主管理；自主管理能处理常规和异常情况。具体为：分析飞行器状态数据（无人机的温度、压力、剩余能量等状况以及其他功能）；能识别意外且可处理；可应对数据链突然失效的情况（执行任务、防撞等），平台上处理数据（减少通信数据量），自动跟踪移动目标，可以定义并控制复杂的飞行轨迹。

（二）协同自主技术实现多无人系统协同完成任务

在拒止环境中的协同作战，为了发挥协同作战优势且考虑编队的共同目标以及各种限制，无人机编队共享作战环境，该作战环境的数据在被收集的同时也在不断地产生变化。从各种数据源得到增加的（预处理）数据，可以通过数据融合和分析（包括在人类团队指挥员的帮助下），获取可用于执行作战任务的信息，且闭环控制能改善编队的全局模型。基于全局模型，能发挥每个编队成员优势的行动计划可被确认下来。

本项目协同自主技术具体包括：能够融合多来源数据（形成统一战场图像），共同决策架构（适应不同网络情况，通信带宽降低时给出传输任务优先级排序），动态组合编队和子编队，无天基/空基的支援下工作，适应高度的不确定性。协同方面主要是指协同感知、协同打击、协同通信、协同导航技术、编队飞行、多限制自动路径规划、带宽降低的措施。

本项目主要通过以下措施降低带宽：据任务情况压缩；价值信息（排序）；健康监测（模型）；行为模型等。

（三）监控界面实现异构多无人系统的监测控制

在拒止环境中的协同作战，监控界面最终能够使指挥官的角色提升为监督角色。本项目中需要监控界面可部署在移动控制站，可以控制的无人机多于4架，促进任务规划（定义），人机之间可自然交互，简洁但综合性较强的组合（指挥官可以运用人的判断力判断当前状态），满足训练和实战需求，支持双向信息流动。监控界面研究主要包括：多模型接口耦合点触/声音；理解指挥官意图；上下文理解；不确定性表示；决策辅助；目标分类要求；编队和子编队可视化；编队和子编队任务规划；定义系统权限或自主水平；视觉和听觉的预警。

本项目中，为实现拒止环境中指挥员监控多无人机协同作战执行任务，美国SIFT公司开发了人机交互应急规划（SuperC3DE）系统。人机交互应急规划系统为一套人机交互和智能决策辅助工具，提供综合多视角人机界面，开启调用和开启状态可直接进入地图进行可视化显示，能使一人同时有效控制监督管理多架无人机。此外，该系统还包括监督应急规划评估子系统（SCOPE），模拟无人机系统与指挥者之间规划审议的过程，用于提高机器和人员对共享规划的理解。

图1给出了人机交互应急规划系统架构，该系统包括两个关键组件：战术手册交互（Playbook HSI）和应急规划子系统（SCOPE）。SuperC3DE系统组件直接与编队自主规划（ATP）组件（用于编队无人机协同和规划路径生成）交互。ATP组件生成路径后由无人机的执行。为支撑评估和验证，人机交互应急规划系统采用美国空军实验室的Fusion/IMPACT测试平台（FIT）。

（四）开放架构实现不同类型无人系统功能的快速整合

拒止环境中协同作战开放架构需要自适应性、快速整合、通过白军网络测试过渡，兼容各种标准，高度模块化。开放式系统结构对于拒止环境中协同作战通信的发展极为重要。现有的系统和尚未构建的新设计必须能

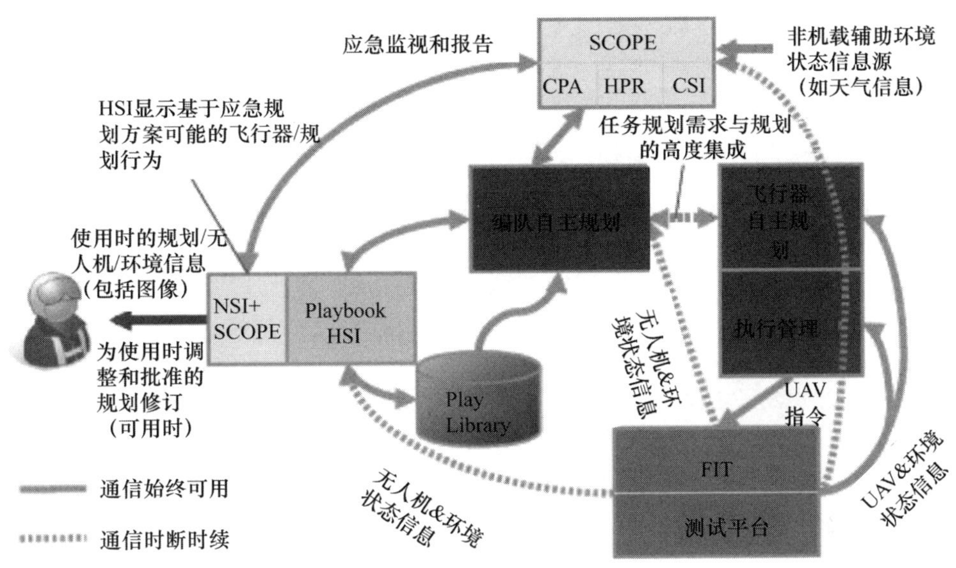

图 1　SuperC3DE 系统架构

够在允许连续改进的环境中共同运行。若要实现这个目标，必须向所有的相关方提供明确界定的界面，这些界面由政府拥有，并能适应快速整合、自适调整灵活测试。

开放式结构必须融入系统研发的每一步。鉴于系统目标是促进许多不同无人系统的协同作战，开放式结构是实现拒止环境中协同作战愿景不可或缺的条件。本项目用到的架构如图 2 所示。

白军网络将注入可视化空中平台、可视化威胁和可视化目标、突发性任务模块。突发性任务包括仿真 GPS 或通信丢失情况及其他任务失败仿真。本项目中为实现白军网络的运行，拒止环境中协同作战项目采用了如图3 所示的软件，该软件实现了白军网络的架构。

WFN 软件是一个由两部分组成的分布式系统，包括通过 TENA 总线通信的基于地面的模块，TENA 总线通过实时网络链路与 SUT 中嵌入的软件模块进行通信。

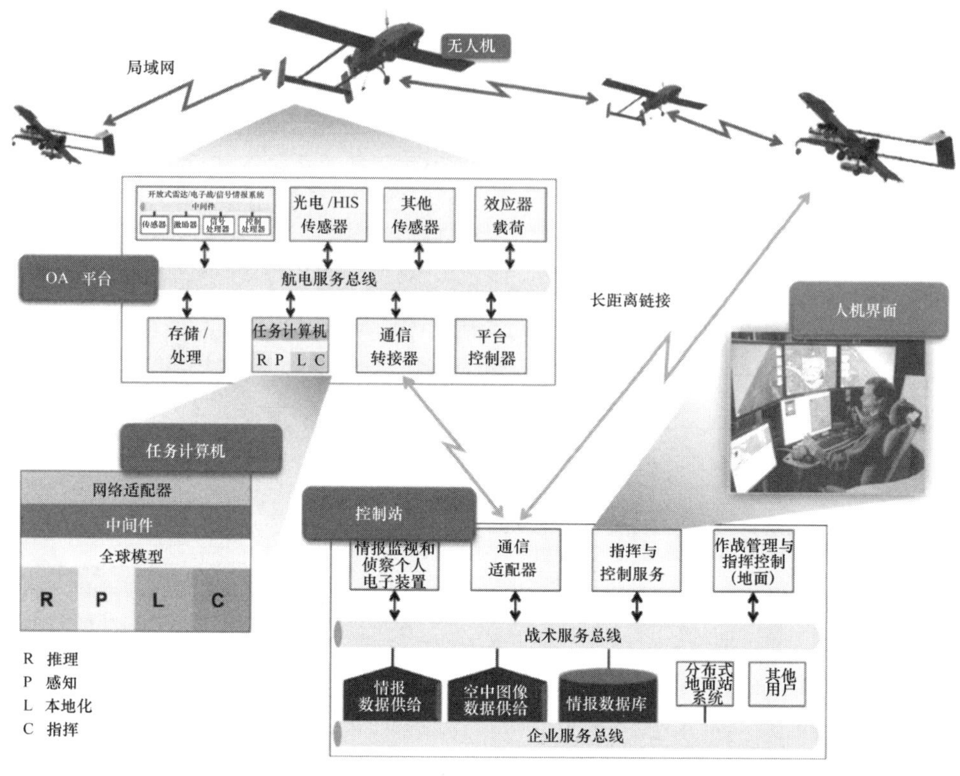

图 2 拒止环境下的协同作战架构

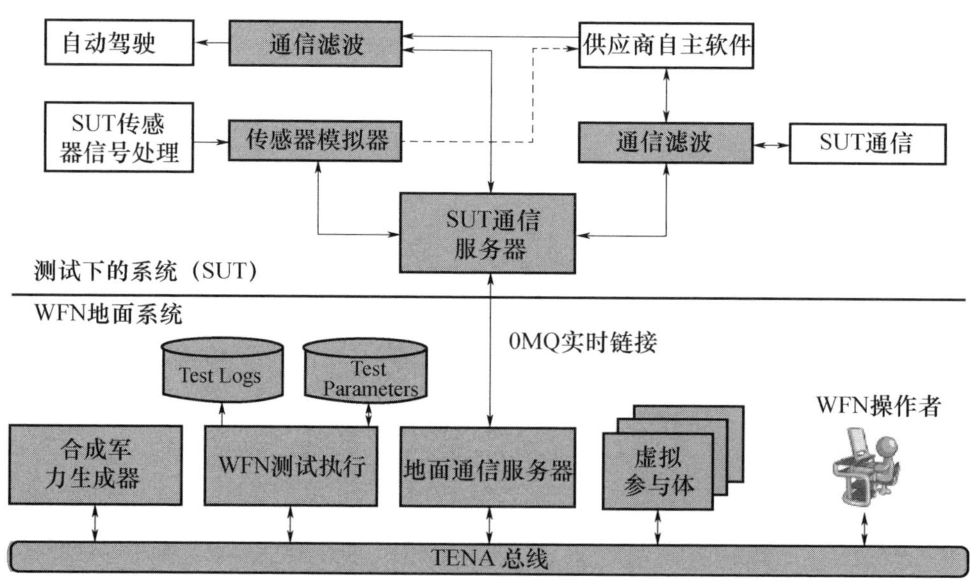

图 3 WFN 软件架构

三、“拒止环境中协同作战”项目在分布式协同作战中的影响分析

（一）“拒止环境中协同作战”项目基于现有无人系统采用分布式协同作战样式，实现现有无人系统作战能力的倍增

“拒止环境中协同作战项目”基于协同自主算法重点解决3个任务场景的作战——战术侦察、反水面战、摧毁地面的防空力量。拒止环境中协同作战开发和演示协作自主算法——无人机编队在单个人的监督控制下协同工作。无人机将不断评估自身的状态和环境，并向任务指挥者提出协调无人机行动的建议，任务指挥者将批准或不批准此类编队行动并指导任务变更。使用协作自主，启用拒止环境中协同作战无人机将根据既定的交战规则找到目标并参战，利用附近其他无人系统，只需最少的监督，以适应动态情况，如友军的消耗或意外威胁的出现。拒止环境中协同作战通过协同自主算法，改进无人机的操作，使每个指挥者操作多个无人机。指挥者可以混合和匹配具有特定能力的不同系统，以适应各个任务，而不是依赖于具有集成能力的单个无人机。这种灵活性可以显著提高现有无人机任务和成本效益，缩短未来无人机的开发时间和成本，并实现新的部署概念。

（二）拒止环境中协同作战项目从整体上提高分布式协同作战能力

“拒止环境中协同作战”项目主要解决拒止环境作战中，无人系统的自主协同问题，属于系统之系统之类的项目。DARPA支撑空中分布式作战概念，发展了一系列项目（图4），支持分布式作战的体系架构、同步规划及评估、自主协同、作战管理等能力，而“拒止环境中协同作战”项目能够提高分布式作战在拒止环境中整体协同作战的能力，通过飞行器

自主、编队自主、监控界面和开放式架构技术解决了拒止环境作战中的异构飞行器编队协同完成完整战术作战任务问题，即通过这个项目开发的技术，就能使无人机编队完成拒止环境中的3个作战任务。而不像安全网络无线电技术、信息安全技术、紧密耦合的分布式孔径、平台和传感器设计技术等分布式作战的其他项目或技术，只是分布式作战中的一项关键技术，每个单项技术或项目需要和其他项目集成，才能完成分布式作战任务。此外，“拒止环境中协同作战”项目从整体上能实现3个作战任务的模式，可避免因为经费问题中断某个项目而造成的分布式作战任务无法实现的问题。

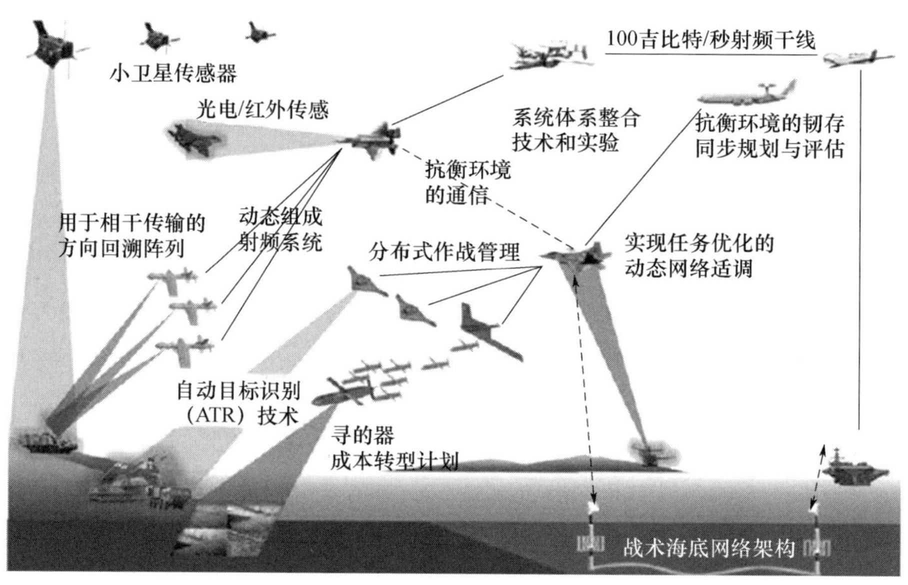

图4　支撑分布式作战的其他项目

四、结束语

DARPA战术技术办公室（TTO）开展“拒止环境中协同作战”项目

的研究重点是利用先进自主和协同算法，全面提升现有和/或新的无人机有效性、生存性和经济性，以适应拒止环境中作战。目前，该项目进入最后的飞行演示验证阶段，该项目的成果将推动分布式作战在战场上的应用。

（中国航天科工集团第三研究院三一〇所　李磊　王彤　蒋琪）

美国航母舰载无人空中加油系统项目分析

2018 年 8 月 30 日，美国海军向波音公司授予了一项价值 8.053 亿美元的“舰载无人空中加油系统”（CBARS）项目工程与制造开发合同，用于设计和开发 MQ－25“黄貂鱼”航母舰载无人空中加油机。波音公司的 MQ－25 无人机将是第一架部署在航空母舰上的无人驾驶空中加油飞机。

一、从 UCLASS 项目到 CBARS 项目

2010 年，美国海军启动了“舰载无人空中侦察和打击系统”（UCLASS）项目，旨在研制一种执行空中侦察和打击任务的航母舰载无人机。在项目支持下，美国诺斯罗普·格鲁曼公司研制的 X－47B 的相关试验进展非常顺利，创造了多项无人机历史纪录。

2017 年 2 月，美国国防部公布的年度预算中，不再为 UCLASS 项目提供经费，转为需求更为迫切的 CBARS 项目提供 8900 万美元预算支持。美国海军决定在航空母舰上搭载 MQ－25 无人机，将其定位为舰载无人加油机，但也明确要求它可以执行情报、侦察和监视任务。

2017 年 10 月，美国海军发布了 MQ－25 的工程与制造开发阶段招标书，要求无人机能够携带大约 6.8 吨燃油为舰载战斗机加油，使舰载机联队

作战半径再延伸 560 ~ 740 千米。之后不久，诺斯罗普·格鲁曼公司认为，在 X - 47B 的基础上研制 MQ - 25 成本过高，无法盈利，宣布退出竞争。2018 年 1 月，美国海军共征集到 3 份电子标书，分别由波音公司、通用原子公司和洛克希德·马丁公司提交。2018 年 8 月 30 日，美国海军将该合同授予波音公司。

根据这份固定价格加激励目标合同，波音公司将负责 MQ - 25 无人机的设计、开发、制造、测试、供应和保障。根据合同要求，波音公司将提供 4 架 MQ - 25 无人机，并负责将该机综合到航母舰载机联队，以提供初始作战能力。

如果美国海军对首批 MQ - 25 无人机性能满意，将追加购买 72 架，总金额将达到 130 亿美元。波音公司需要在接下来的 6 年时间里，完成 MQ - 25 无人机的所有工作，2021 年进行首飞，2024 年形成初始作战能力。

美国海军在 2018 财年、2019 财年研究、发展、试验与鉴定拨款中分别拨付了 7905 万美元和 9040 万美元。但到 2018 年底，波音公司已自行垫付了 1000 万美元的研究经费。

2018 年，美国海军已经拨款对“华盛顿”号（CVN 73）航空母舰进行升级改造，用于 MQ - 25 无人机开展机—舰适配性测试，以及后续的飞行测试。最终目的是将 MQ - 25 无人机纳入“华盛顿”号航空母舰编队，部署至日本横须贺港，实现对西太平洋地区的前沿部署。

美国海军将负责机—舰适配性测试、航空母舰控制中心升级、维护人员和操控人员训练、高效后勤保障流程构建及其他工作，配合波音公司完成所有测试工作，为 2024 年形成初始作战能力提供必要的保障。美国海军舰载航空兵将以 MQ - 25 无人机为基础，成立无人机飞行联队。

二、美国海军对无人空中加油机需求迫切

KS - 3“北欧海盗”舰载加油机退役后，美国海军不得不动用 F/A -

18E/F“超级大黄蜂”来执行空中加油任务。执行任务的 F/A－18E/F 飞机需要在机腹挂载一个空中加油吊舱，翼下挂载 4 个 1817 升大型副油箱，空中加油吊舱本身可载油 1136 升，总外挂油量 8404 升，重量超过 6.5 吨。

F/A－18E/F 成为美国海军唯一的舰载加油机，因此该机有 20%～30% 的飞行时间被消耗在空中加油任务上，可用于作战的战机数量严重不足。此外，挂载副油箱进行重载弹射起飞，更是加速了 F/A－18E/F 飞机的寿命损耗。美国海军部长在 2018 年 8 月初曾透露：546 架 F/A－18E/F 飞机中只有 270 架具有全部作战能力，完好率不足一半。

美国海军希望 MQ－25 无人机服役后，能够将 F/A－18E/F 飞机从繁重的空中加油任务中解脱出来，让它们去执行更重要的作战任务，提高整个机队的战备率。美国海军要求，MQ－25 无人机的空中加油能力要胜过 F/A－18E/F 飞机，能在距离航空母舰 930 千米的指定空域盘旋，为 4～6 架战机补充 6.8 吨燃油。

波音公司的 MQ－25 无人机将是第一架部署在航空母舰上的无人驾驶加油飞机。一旦部署运用，无人空中加油机将有助于提高航母舰载机联队的性能、效率和安全，通过扩大 F/A－18E/F、EA－18G 和 F－35C 飞机的作战半径来提升美国海军战斗机的作战能力。

三、三个候选方案对比分析

招标书发布之后不久，诺斯罗普·格鲁曼公司就宣布退出竞标，因此没有提出自己的 MQ－25 无人机方案。2017 年 10 月，波音公司、通用原子公司和洛克希德·马丁公司陆续提出了自己的竞标方案。

（一）波音公司

波音公司的 MQ－25 无人机方案继承了过去为美国海军 UCLASS 项目提

出的方案，采用的是翼身融合加尾翼的布局（图1）。波音公司给它命名为T1。

图1 波音公司的MQ－25无人机方案

MQ－25无人机的发动机为罗尔斯·罗伊斯公司的AE3007N涡扇发动机。这是一款成熟的发动机型号，美国空军RQ－4B“全球鹰”无人机和美国海军MQ－4C“海神”无人机也采用了该款发动机。

尽管美国海军没有强制要求MQ－25无人机具备隐身能力，但考虑到该机还要执行监视和打击任务，因此MQ－25无人机采用了背负式内埋进气道、V形尾翼、菱形机身截面和翼身融合等诸多有利于隐身的设计（图2）。位于无人机背部的进气道类似于诺斯罗普·格鲁曼公司的“默蓝”（Tacit Blue）验证机，但目前尚不清楚背部进气道在飞机起飞和大迎角飞行时能否得到足够的进气量。

波音公司强调该无人机方案并不是为传统意义上的隐身而设计，因为它的外形并不符合传统的雷达隐身设计，其大且能折叠的机翼很容易被雷达发现。

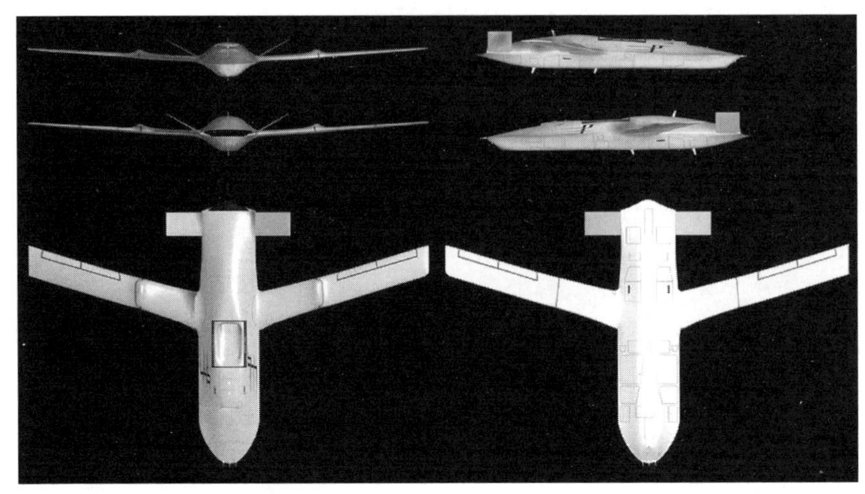

图2　波音公司 MQ－25 方案的全方位视图

波音公司公布的视频显示，MQ－25 无人机方案在无人机机头下方中心线安装有传感器球形转台，可执行较低要求的情报、监视与侦察（ISR）任务；机翼下方有两个外挂点，加油吊舱安装在左侧的挂架上。波音公司并没有透露在甲板上指挥无人机的详细方法，只是说与洛克希德·马丁公司的机载摄像机和通用原子公司的手势识别智能技术有所不同。

总之，波音公司表示，这个方案将足以满足美国海军对 MQ－25 无人加油机提出的要求。

（二）通用原子公司

通用原子公司被认为是波音公司最强劲的对手，但只公布了原型机想象图。此外，通用原子公司借给美国海军一架“复仇者”无人机用于甲板操作测试。

通用原子公司公布的 MQ－25 无人机方案采用了传统的机翼＋机身＋V 形尾翼概念，机翼两端带有上反的翼梢小翼，进气道背负在机身上方，选用了普拉特·惠特尼公司的 PW815 涡扇发动机（图3）。

图3　通用原子公司的 MQ－25 无人机方案

通用原子公司的 MQ－25 无人机方案是基于“复仇者”无人机研制的，所以技术风险较小，且燃油经济性和飞行稳定性较好。通用原子公司一直在用“复仇者”作为 MQ－25 无人机方案的代用飞机进行一系列的试验来验证飞机的性能。

2017 年 11 月公布的一段视频显示，一架“复仇者”在航空母舰飞行指挥员的指挥下在跑道上完成了各种机动。该视频演示了 MQ－25 无人机方案的手势智能识别操纵系统在甲板上的应用，该系统不仅能自动识别人员的指挥手势并做出正确的响应，而且如果出现了识别错误，还可以用手势纠正并重新识别。视频显示，无人机可以全天候识别飞行指挥员的指挥手势，如手势命令无人机行驶到弹射器，准备弹射，转换到飞行状态，以及移动到停机区等，而且无人机每次都能正确地完成。

通用原子公司的 MQ－25 无人机方案采用的发动机是普拉特·惠特尼公司的 PW815（图4）。该款发动机是 3 个方案中推力最大的，可以产生 71 千牛的推力，比波音公司方案 AE3007N 的 40 千牛和洛克希德・马丁公司方案的非加力 F404 – GE – 402 的 44 千牛都高出了至少 1/3。通用原子公司认为这项发动机方案不仅能够达到美国海军的最低要求——把 6.8 吨燃油传送到距航空母舰 930 千米外的战机上，而且能满足更高的目标要求。但是，PW815 是一种尚未完全通过军用认证的发动机，而且推力远超任务需求，很可能造成浪费。

图 4　通用原子公司 MQ – 25 无人机方案采用的 PW815 发动

V 形尾翼的折叠设计可以使 MQ – 25 无人机方案保留"复仇者"的尾翼设计，同时又可减小占地系数。占地系数是美国海军衡量竞争方案的一项重要指标。从经验上来说，MQ – 25 无人机不应占用比 F/A – 18E/F 更多的空间，而且两架飞机必须能同时停放在机库的升降机上。不过，尾翼折叠会增加结构重量和复杂性，但带来的好处却有限，因此很少有舰载机采用折叠尾翼。

（三）洛克希德・马丁公司

洛克希德・马丁公司的 MQ – 25 无人机方案是几张电脑模拟图，最大特点是采用了无尾飞翼布局（图 5）。

从视频可见，飞机左侧有一个加油吊舱，右侧的外挂点用于加挂外部油箱、传感器或武器等。

图5 洛克希德·马丁公司的 MQ-25 无人机方案

该方案采用无尾飞翼式布局，巡航速度约为马赫数 0.7。洛克希德·马丁公司表示，飞翼布局提供了充足的机身内部空间，使其燃料携带量增大了2/3；而且飞翼布局比常规布局的机尾湍流小，可以保证加油软管和锥套在加油过程中更为平稳。

洛克希德·马丁公司的 MQ-25 无人机方案采用通用公司 F404-GE-402 发动机的无加力版本，推力约 44 千牛。该款发动机在未来可以很方便地升级为 F414 发动机，也是就是 F/A-18E/F 的现役发动机，不加力推力为 60 千牛，比 F404 发动机的推力增加了约 27%。美国海军已经完全掌握了 F404/F414 系列发动机的维修设施和修理技术，因而可以减少基础设施部件修建和物流的成本。另外，飞翼机身与 F404 发动机的组合，也恰好使发动机效率达到了最佳。

洛克希德·马丁公司表示由于采用大量成熟技术，如采用来自 F/A-18C/D 的发动机和来自 F-35C 的起落架，因此该设计方案风险较低。

无人机的左侧有一个可伸缩的传感器转台，装有船舶自动识别系统，可使无人机执行低要求的 ISR 任务。

另外，洛克希德·马丁公司发布的视频中还展示了 MQ－25 无人机可投放 JSOW 炸弹，虽然美国海军在项目要求中并没有兼容武器的需要，但洛克希德·马丁公司认为如果无人机的外挂点可以携带炸弹，将更有助于扩展无人机的任务需求。

未来，MQ－25 无人机还将具备侦察、打击能力，将进一步扩大美国航空母舰打击群的打击范围，值得密切关注。

（中国航天科工集团第三研究院第三总体设计部　杨慧君　程进　刘佳）

美国 CODE 项目无人机集群协同监控系统分析

近年来，无人机集群协同作战得到了越来越多的关注和尝试。美国军方重点研究具有高度自主协作能力的无人系统，以便在高对抗环境的空域高效完成任务。为此，在“拒止环境协同作战”（CODE）项目支持下，开发一个具有自主辅助决策功能的无人机集群协同监控系统至关重要。该系统不但可以实现无人机集群与操作员的交互，还可以为无人机集群和操作员提供自主辅助决策功能，以实现高度灵活的人机交互和提高任务执行效率。

一、发展背景和历程

（一）背景

2014 年，DARPA 启动了 CODE 项目，旨在开发并验证无人系统的自主协作能力，聚焦通信受限时无人机集群执行任务和应对突发状况的能力。

从人机交互的角度分析，拒止环境协同作战环境具有一系列挑战：①在大负荷工作量的情况下，操作员如何保持对一支自主、复杂且多变编队的态势感知；②通信中断时，在没有人类监督和控制下，无人机如何充分利用高度自主的能力；③在潜在的恶劣环境（振动、噪声、操作员戴手套时）中，如何以尽可能小的屏幕尺寸和分辨率来实现同级别的态势感知。

为了支持这一愿景，智能信息流技术公司开发“协同和应急规划监控”系统（Supervisory Control for Collaboration and Contingency Delegation，SuperC3DE），这是一个具有自主辅助决策能力的无人机集群协同监控系统，可以使一个操作人员能同时有效地指挥和监督无人机编队，并为其提供辅助决策功能。

（二）发展历程

2004 年，智能信息流技术公司开创 Playbook——人机交互机制，多军种基于该机制不断迭代更新开发适用的 HSI：2004 年，通过美国陆军“多自主控制系统”项目，增加可变自主控制模块，提升交互效率；2008 年，通过美国空军研究实验室（AFRL）“人机界面技术”项目，增加多动态交互模式，增强交互灵活性；2013 年，通过 AFRL“自适应协同控制智能规划”计划，实现多无人机操控能力；2014 年，智能信息流技术公司为 CODE 项目增加 SCOPE 研发工具，以实现通信受限环境中的自主辅助决策能力。

2018 年 1 月，在 CODE 项目的飞行试验中，美国智能信息流技术公司成功利用研发的具有自主辅助决策能力的无人机集群协同监控系统完成单人针对无人机集群任务的人在回路监控试验。试验中，系统监控 2 架真实和 2 架虚拟 RQ－23“虎鲨”无人机集群在通信受限环境下执行情报、监视与侦察（ISR）任务（图 1），验证了 SuperC3DE 系统集群状态监测、自主人/机应急决策方案生成、紧急干预等功能。

2018 年 11 月，在为期 3 周的飞行试验中，实现了 6 架真实无人机和 24 架虚拟无人机编队同时执行任务，验证了装载该系统的无人机在最低限度的人类指挥控制中，在通信受限环境中应对突发威胁和新目标的能力。

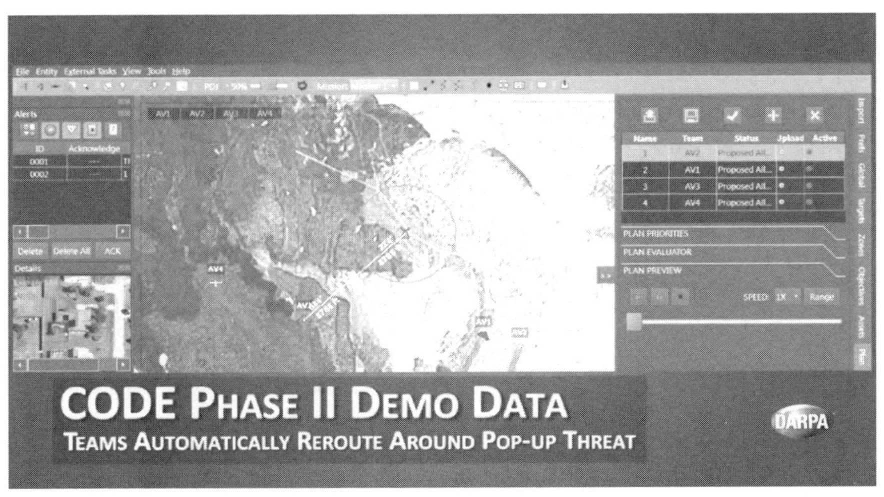

图 1　飞行试验人机交互界面

二、“协同和应急规划监控”系统

SuperC3DE 基于 Playbook① 交互机制，提供了一个全面、多视角的人机交互系统（HSI），通过人机界面可以综合显示集群信息和任务状态(图 2)。为完善系统功能，SuperC3DE 特别增加“应急规划评估”（SCOPE）工具，进行实时任务风险评估和方案优化，以增强无人机通信在受限环境下的自主应变能力。

在无人机集群协同任务中，操作手可通过“4 种任务输入模式”下达任务命令，结合“任务分析规划”模块预置行动方案并按需干预，随时通过“用户界面”监控无人机集群和任务状态。任务下达后，SCOPE 工具及时对外部输入信息（TAP 规划方案、任务命令、环境状态信息等）进行分析和

① Playbook 是一种人机交互机制，由美国智能信息流技术公司开创。

风险预估，预测可能导致任务失败的突发情况，随后识别初始任务条件和环境的变化并形成反馈，迭代生成优化方案，并将推荐方案与操作员和无人机实时共享，即使在通信受限情况下，无人机也能根据共享的方案自主应对突发状况（图2）。同时，SCOPE工具也可以让操作员在通信受限时判断态势演变情况，并结合优化方案进行应急决策，以快速应对通信恢复后的战场情况。

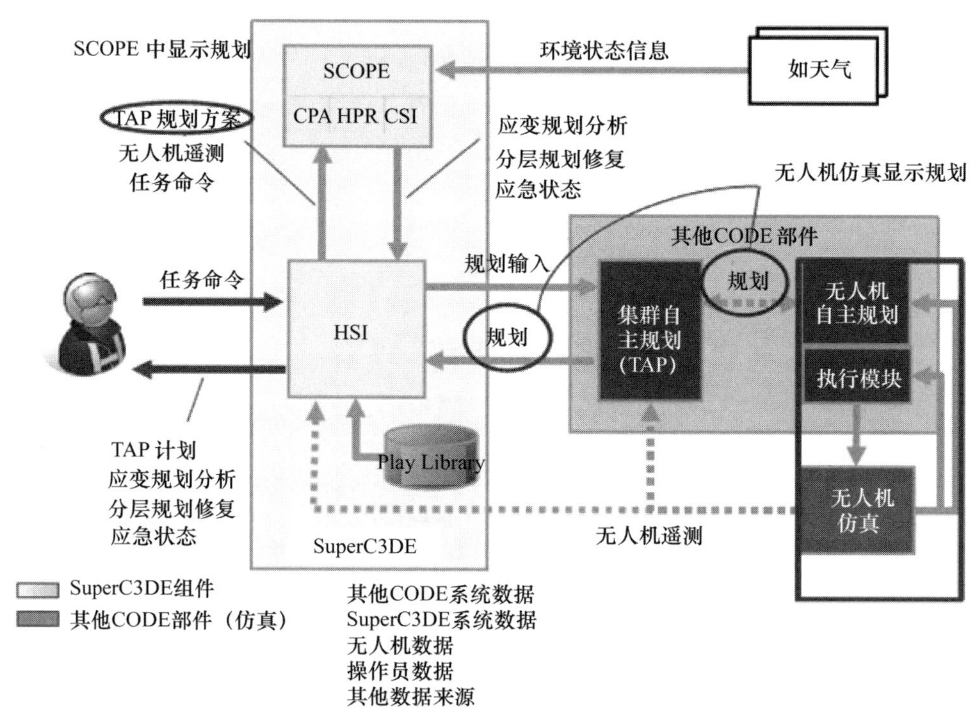

图2　CODE项目SuperC3DE系统工作流程图

（一）人机交互系统

智能信息流技术公司开创名为Playbook的人机交互机制，旨在使机器（不仅限于无人系统）与操作员的交互等同于下属与主管的交流，以实现极高的灵活度。

图3展示了基于Playbook的“人机交互系统”的基本架构。在该架

构中，“人机交互系统”包括“用户界面”（UI）和“任务分析规划组件”（APC）两组件。操作员以期望的目标、任务、约束（限制条件）和/或策略的形式下达任务指令，APC对任务指令信息进行分析并评估它们的可行性。一旦生成可执行的任务规划方案，就会将其传递给执行环境模块。

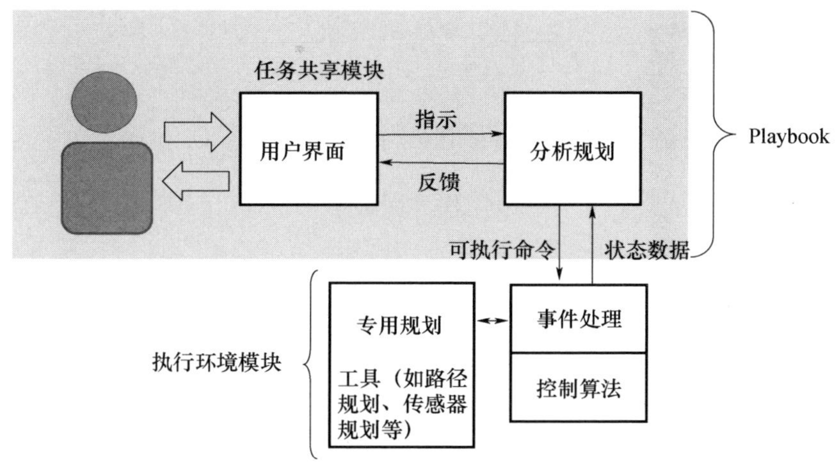

图3　基于任务的Playbook基本架构图

1. 用户界面

用户界面是操作员与机器交互的媒介，操作员能够通过其控制机器的行为。通过用户界面，操作员必须了解与调用系统预设的行动方案（如起飞、盘旋、扫描等）；操作员必须可以下达不同等级的任务命令；且操作员必须可以及时地下达或停止任何任务；UI还必须与APC交互，以发布部分任务指令，接收反馈及预览、接受和/或修改APC生成的规划。

该界面的图形布局是以地图视图的形式呈现的，在屏幕顶部添加通知栏，底部添加反馈栏，以及添加可以动态显示或隐藏的单个显示块，直观且全面地显示飞行器状态、位置、航迹、威胁情况等信息，如图4所示。

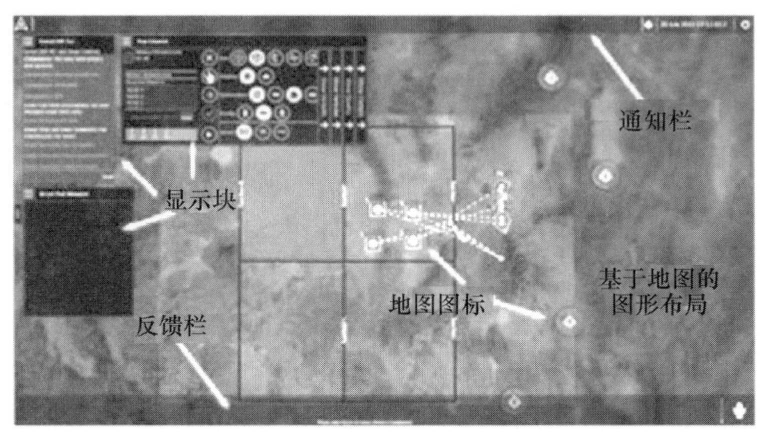

图 4 用户界面显示图例

2. 任务分析规划组件

在战场中，操作员可以选择只给出总体任务目标，也可以给出具体的任务执行细节，这就需要不同级别的控制模式。人机交互可以通过各种支持输入和输出的媒介实现，包括语音、触摸、操纵杆、键盘和鼠标等。为提高人机交互灵活性，满足不同级别的控制模式，开发“纯手动”“航迹”“简单命令”和“复杂任务”4 种任务输入模式，如图 5 所示。

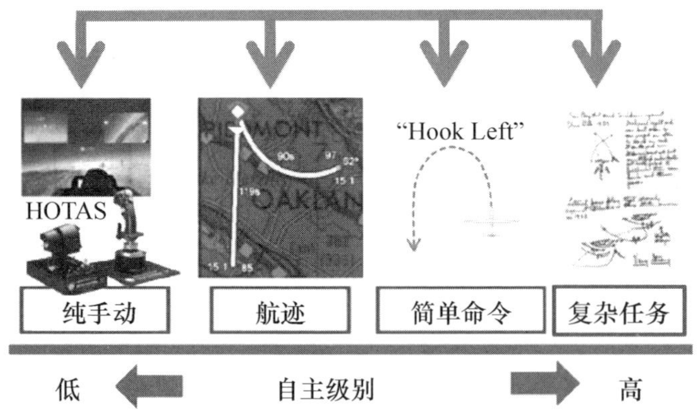

图 5 人机交互系统 4 种任务输入模式

纯手动输入模式要求操作员不管先前已经授权何种行动都能够随时手动控制任何一架无人机；航迹输入模式根据当前的无人机信息（如位置、高度、速度、航向等），为无人机设置特定的未来近期路线，进行战术“预飞行”；简单命令输入模式主要用于快速语言交互，同时提供鼠标等操作，适用于快速命令的下达和修正；复杂任务输入模式具有最高的自主级别，操作员只需下达任务命令，人机交互系统会自动将任务委托给 APC 模块，该输入模式可以最大限度地减少操作员的工作量。

APC 作为 Playbook 的核心部分，可接收不同级别的任务命令。当下达高级别任务命令时，APC 选择合适的预设行动方案以组成可行的任务规划方案；当下达较低级别任务命令时，操作员将给出更具体和详细的要求（如要使用的特定平台、要遵循的路径或者扫描模式）。

（二）应急规划评估工具

应急规划评估工具是一个辅助决策组件，具有在任务进程中独特地对任务规划方案进行自主分析、预估、优化和反馈的能力。应急规划评估工具包括“应变规划分析”（CPA）、“分层规划修复”（HPR）、“应急状态推断”（CSI）和“替代规划评估”（APE）4 个模块，如图 6 所示。

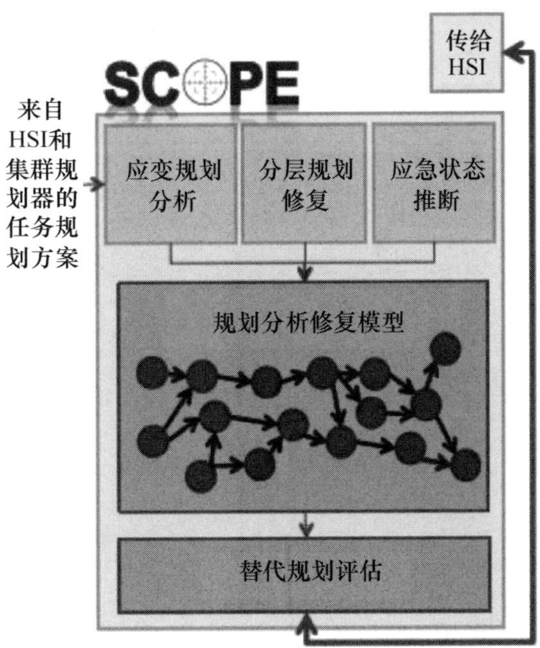

图 6　应急规划评估工具架构

“应变规划分析”模块对外部输入的任务规划方案进行分析和风险预估；“分层规划修复”模块识别任务初始条件变化，并做出相应反馈；“替代规划评估”模块采用计分方式（包括对燃料消耗、持续时间和成功率等）给任务优化方案进行排序（图7），并推荐不断迭代得到的优化方案；而操作手在通信受限时，可以通过“应急状态推断”模块推断战场态势演变情况，并结合推荐的优化方案进行应急决策。

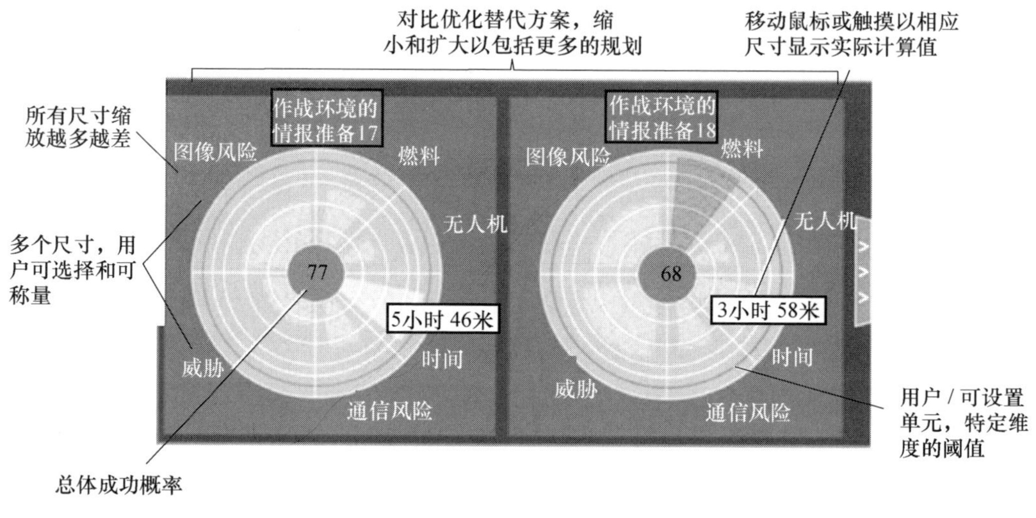

图7　“替代规划评估”方案评估对比界面

应急规划评估工具可以安装在地面控制站，也可以集成在飞机上。一般来说，由于应急规划评估工具计算密集，地面控制站有更丰富的计算资源，而且操作员可以按需优化方案存储空间，因此在地面控制站安装这个工具更实际。

三、分析评述

SuperC3DE 可以使一个操作员在复杂多变的作战环境中，有效地监督控制无人机集群，并为无人机集群和操作员提供决策辅助能力。

（一）SuperC3DE 系统基于 Playbook 人机交互机制，提高显示界面利用率和人机交互灵活性

该系统采用基于地图视图的用户界面设计，直观全面地通过各种动态

显示块展现飞行器状态、位置、航迹、威胁情况等信息，降低大量无人机作战时的界面复杂度，并可随时检索可执行的信息，让操作员清晰阅览界面并全面掌控战场整体态势；采用 Playbook 交互机制，可预设起飞、盘旋、扫描等行动方案，同时支持语音交互，简化操作，提高人机之间信任度；该系统支持可随时切换的“纯手动”“航迹”“简单命令”“复杂任务”4种任务输入模式，有效提高人机交互灵活性。

（二）SuperC3DE 系统增加“应急规划评估”工具，提高辅助决策能力以实现未来无人机集群协同作战

SuperC3DE 系统中的 SCOPE 工具模块可以自主对任务规划方案进行分析、预估、优化和反馈。在通信受限的环境中，无人机集群可以通过选取 SCOPE 工具推荐的优化方案自主应对突发状况，实现辅助决策功能，从而提高无人机集群在变化环境中的性能、生存能力和安全性。而且，操作员可以通过 SCOPE 工具在通信受限环境中推断态势演变情况的辅助，做出决策以应对通信恢复后可能面对的应急状态。

在4架无人机编队执行任务的情况下，一个操作员（不计算飞行时间）的平均“忙碌”时间为23分钟（不使用 CODE/SuperC3DE 系统），但使用 CODE/SuperC3DE 系统执行相同任务只需 5 ~ 8 分钟。因此，采用 SuperC3DE 系统后，无人机集群通过任务优化方案能较好应对突发威胁，且操作员工作量和忙碌工作时间减少了 65% ~ 78%，显著地提高了作战效率。操作员工作量和任务效率得到不断改善；未来大量无人机编队协同作战时，操作员工作量将继续降低，且工作效率将大幅提高，为未来无人机集群作战奠定坚实的基础。

（三）美国全力开展人机协同方面的研究与试验，美军《无人系统综合路线图（2017—2042）》更是肯定人机交互系统的重要性

此前人机交互系统设计和应用的重点是单个无人系统控制，而不是任务或任务目标。SuperC3DE 系统不再是传统的人机交互系统，而是以任务为中心，增加任务规划功能和辅助决策功能，并且一个操作员可以控制多架无人机，从而将人的角色从操作员转为任务监督员。无人机集群通过该系统将拥有执行新任务的能力，如执行异构无人机合作进行广域搜索、多角度识别目标、跟踪移动目标等任务。试验的成功表明，美国在辅助决策和监督控制能力方面取得了巨大的进展。

四、结束语

在 DARPA 支持下，CODE 项目进入最后的飞行演示验证阶段，智能信息流技术公司将继续升级无人机集群协同监控系统，进一步提高在更复杂场景中无人机集群对任务的自主辅助决策能力，实现单操作员对蜂群的监督和控制，全面提升现有和/或新研无人机的生存性、经济性和有效性。未来该系统有望在各军种无人机协同和分布式蜂群作战中推广，加速通信受限情况下的实战应用。

（中国航天科工集团第三研究院三一〇所　王彤　李磊　蒋琪）

Deepmind 公司 Alpha 家族系列化发展分析

过去3年，“人机对战”领域最吸引眼球的成果莫过于美国 Alphabet（谷歌母公司）旗下公司 DeepMind 的 Alpha 家族，目前该家族已推出系列化产品——2016 年的 AlphaGo、2017 年的 AlphaGo Zero、2018 年的 AlphaZero 和 AlphaFold，以及 2019 年的 AlphaStar——从“掌握复杂游戏”到“掌握基本科学问题”，Alpha 家族不断取得“战胜人类”的里程碑。从 2016 年 AlphaGo 论文发表在《自然》上，到 2018 年 AlphaZero 登上《科学》，Alpha 家族除了最新问世的 AlphaStar 和 AlphaFold 之外，AlphaGo、AlphaGo Zero 和 AlphaZero 已经全部在顶级期刊《科学》和《自然》上亮相，引起了业界的广泛关注和深入研究。

Alpha 家族的系列化发展历程，见证了 DeepMind 公司对深度增强学习技术本质的思考和尝试，以及从不断优化中获得的有关无需先验知识、降低资源消耗、提高训练速度等技术方面的进步。

一、AlphaGo 利用监督学习和增强学习训练价值网络和策略网络

AlphaGo 的定位是人工智能围棋机器人。2016 年，AlphaGo 战胜了职业九段棋手李世石；在之后连续 60 局对战中，战胜中日韩数十位围棋高手；2017 年 5 月，AlphaGo 战胜了世界围棋冠军柯洁。围棋界公认 AlphaGo 的棋

力已经超过人类职业围棋顶尖水平。

AlphaGo 在蒙特卡罗树搜索的框架下引入两个卷积神经网络，分别是价值网络和策略网络以改进纯随机的蒙特卡罗模拟，其中前者用于评估局面，后者用于选择落子位置。借助监督学习和增强学习训练上述两个网络，然后主要依靠策略网络和价值网络分别预测下一步落子的位置及评估当前的局势。增强学习介于监督学习和无监督学习二者之间，关注的是智能体如何在环境中采取一系列行为从而获得最大的累积回报（即奖励）。AlphaGo 首先使用人类专家下棋数据作为训练数据（有监督学习技术），然后再让机器自己和自己对弈（增强学习技术），并从中汲取经验。

二、AlphaGo Zero 使用无监督增强学习“无师自通”战胜 AlphaGo

2017 年 10 月，依托无监督增强学习框架的 AlphaGo Zero 围棋程序战胜了 AlphaGo。AlphaGo Zero 采用“无师自通”的“自我对弈”学习模式，其模型可以在没有数据的情况下自主学习。AlphaGo Zero 最初仅了解围棋的基本规则，自学 3 小时后具有人类初学者水平，自学 19 小时后自己总结出了一些“经验”和“技巧”，自学第 3 天后战胜了 2016 年击败李世石的 AlphaGo 版本，自学第 40 天后战胜了 2017 年击败柯洁的 AlphaGo 版本。与 AlphaGo 相对，AlphaGo Zero 不仅显著提高了水平，而且明显节约了算力。AlphaGo 采用监督学习技术与增强学习技术相结合的策略，而 AlphaGo Zero 只使用了增强学习技术，标志着人工智能“自学习”的重大进展。

AlphaGo Zero 和 AlphaGo 在技术手段上基本一致，主体仍然是蒙特卡罗搜索树加神经网络的结构，以及深度增强学习训练方法，但是系统的设计思路和模型逻辑结构都得到了大幅度简化，带来更快的训练和运行速度，以及更高的棋力。首先，将 AlphaGo 的两个预测网络（策略网络和价值网络）合并成一个网络，同时产生两类网络所需的输出；其次，将网络结构由卷积神经网络结构升级为残差网络结构；最后，AlphaGo 需要先把棋局局面转换为高一层的人工特征再作为网络的输入，需要先学习人类棋谱再转变到“自我对弈”的增强学习，并存在一个单独的快速走子网络进行随机模拟，而 AlphaGo Zero 则把局面落子情况直接作为网络的输入，由随机的网络权值直接开始增强学习，舍弃快速走子网络直接用主要的神经网络模拟走子。

三、AlphaZero 通用增强学习算法“自我对弈”精通多种棋类游戏

2017 年底，棋类游戏通用版本 AlphaZero 问世，对于围棋、国际象棋、日本将棋等棋类游戏，均以压倒性优势战胜包括 AlphaGo Zero 在内的当时最强的人工智能程序。AlphaZero 依旧采用“从零开始”训练的策略，自学 2 小时击败日本将棋的最强程序 Elmo；自学 4 小时击败国际象棋的最强程序 Stockfish；自学 8 小时击败与李世石对战的 AlphaGo 版本（而早期的 AlphaGo Zero 达到这一成就耗时 3 天）。AlphaZero 相比 AlphaGo Zero 更进一步，将只能让机器下“围棋”拓展到能够进行清晰规则定义的更多棋类问题，使得这种技术往“通用型”人工智能的路上迈出了重要一步。《科学》期刊评价 AlphaZero“是能够解决多个复杂问题的单一算法，是创建通用机器学习系统、解决实际问题的重要一步”。

AlphaZero 使用了完全无需人工特征、任何人类棋谱、任何特定优化的通用增强学习算法，利用深度神经网络“从零开始”进行增强学习、结合蒙特卡罗树搜索的特点，并在此基础上，更新网络参数，减小网络估计的比赛结果和实际结果之间的误差，同时使策略网络输出动作和蒙特卡罗树搜索可能性之间的相似度达到最大化。第一，由于围棋规则是具有旋转和

镜像不变性的，所以专为围棋设计的 AlphaGo Zero 和通用的 AlphaZero 就需要设置不同的实现方法。例如，AlphaGo Zero 训练中会为每个棋局做 8 个对称的增强数据，并且在蒙特卡罗树搜索中，棋局会先经过随机的旋转或者镜像变换之后再交给神经网络评估，而国际象棋和日本将棋等都是不对称的，所以上述基于对称性的方法就不再适用；因此 AlphaZero 并不增强训练数据，也不会在蒙特卡罗树搜索中变换棋局。第二，AlphaGo Zero 中搜索部分的超参数是通过贝叶斯优化得到的，AlphaZero 则直接对所有的棋类使用了同一套超参数，不再对每种不同的棋进行单独调节。第三，AlphaGo Zero 能够预计胜率，然后优化胜率，但是仅考虑胜、负两种结果；AlphaZero 则能够估计比赛结果，然后优化达到预计结果的概率，包含了平局和其他可能的结果。AlphaZero 在短时间内精通围棋、日本将棋、国际象棋三种棋类游戏，已具备棋类通用人工智能的雏形。

四、从 AlphaGo、AlphaGo Zero 到 AlphaZero 逐步考虑扩展技术方案的通用性

从上述 AlphaGo 的一步步进化策略可以看出，DeepMind 公司正在着重考虑这套扩展技术方案的通用性，使得能够使用一套技术解决更多的问题，尤其是非游戏类，且在真实生活中有现实价值的问题。同时，Alpha 家族系列技术也向广大人工智能研究人员展示了深度增强学习的强大能力，并进一步推动了相关技术的进步，目前我们也可以看到深度增强学习在其他领域应用的实例。此外，AlphaGo Zero 和 AlphaZero 之间是从“零开始学习”到“自我对弈学习”的一次巨大飞跃，所以 Alpha 家族系列技术和当初深度学习技术的到来有着同样的影响：深度学习发现了通用函数近似器，增强学习“自对弈”发现了普遍的知识创造。

五、AlphaFold 用于蛋白质结构预测，探索更广泛的科学理论研究

2018 年 11 月，在第 13 届全球蛋白质结构预测竞赛（CASP）上，AlphaFold 成功预测了蛋白质的三维结构（生命基本分子），击败了所有对手。AlphaFold 进军生物界进行蛋白结构预测并击败人类夺冠，是“掌握复杂游戏”到“掌握基本科学问题”的重大转变，标志着 DeepMind 正在探索更广泛的科学理论研究和更深入的应用领域落地，推动和加速新科学发现；也标志着面向“人工智能 +”的多学科交叉趋势，在开发 AlphaFold 根据基因序列预测蛋白质三维结构的过程中，DeepMind 汇集了来自结构生物学、物理学和机器学习领域的专家。

基于蛋白质的基因序列来建模蛋白质的三维形状是一项复杂的任务，每种方法都依赖大量的试验与误差反馈，每种结构都需要花费数万美元，历时数年进行研究。基于深层神经网络，AlphaFold 使用两种方法预测蛋白质三维结构：一是基于结构生物学常用技术，使用新的蛋白质片段反复替换蛋白质结构的片段；二是通过梯度下降算法来优化得分，该方法应用于整个蛋白质链，从而降低了预测过程的复杂性。此外，AlphaFold 关注从头开始对目标形状建模，且并不使用先前已经解析的蛋白质作为模板。

六、AlphaStar 使用多智能体学习算法，战胜人类“星际争霸 2”选手

2019 年 1 月，AlphaStar 在“星际争霸 2”游戏中战胜职业选手。DeepMind 公司之所以选择“星际争霸 2”游戏作为突破点，是因为该游戏兼具复杂性、策略性和挑战性。与围棋不同，游戏无法看到整张地图，且游戏

是不间断的，整个游戏甚至会有超过5000步的操作。

AlphaStar同样也是一套基于深度增强学习的系统，将游戏看作是长序列建模学习任务的增强学习智能体，其模型设计也就以长序列建模能力为核心，模型从游戏接口接收的数据是单位（及属性）列表，经过神经网络计算后输出在游戏中可执行的指令。AlphaStar使用了全新的多智能体学习算法。神经网络经过了监督学习和强化学习的训练过程，最初利用来自暴雪游戏公司发布的选手游戏实况素材进行监督学习，而后进行强化学习训练。面对许多难以预测的突发情况，人工智能需要既能够作出正确的对策，还要根据实际情况对对策进行细微的调整。

七、结束语

近年来，除了DeepMind以外，已经有越来越多的人工智能研究机构研发游戏类人工智能（如OpenAI于2018年开发了针对“Dota2”游戏的人工智能机器人AI OpenAI Five），开发游戏（特别是“即时策略”类游戏）人工智能主要目标是“打造通用型人工智能”，进一步拓宽人类对于人工智能能力的认知，通过游戏规则进行自主学习，从而达到通用型人工智能。

从2016年的AlphaGo至今，DeepMind公司不断尝试许多基于数据驱动的工具和技术，特别是支持人工智能的机器学习方法。从最开始涉足的游戏智能，Alpha家族不断探索用人工智能方法帮助人类推动基本科学的进步。以Alpha家族为代表的新的深度学习能力可以提高日常生产力，并为医疗保健、交通运输和政府服务等多领域带来应用潜力，可以预见未来将会看到越来越多的人工智能技术应用于人类生活的诸多领域。

（中国航天科工集团第三研究院三一〇所　武坤琳　葛悦涛）

FULU

附　录

2018 年自主系统与人工智能领域科技发展大事记

1 月

美国《2018 年国防战略》指示美军要大力发展人工智能 美国国防部发布新版《国防战略》报告，认为先进计算、大数据分析、自主性、机器人等新技术的发展是影响安全环境的因素。为维持并扩大美国的军事优势、促成相关业务改革，美国国防部必须快速大胆地追求人工智能应用，同时坚守军事伦理和人工智能安全性。

丹麦发布《丹麦数字技术增长战略》 丹麦发布《丹麦数字技术增长战略》，旨在使丹麦成为数字革命的领导者，侧重于人工智能、大数据、物联网的共同发展。

美国国家标准与技术研究院开发出用于类脑计算机的超导开关 美国国家标准与技术研究院开发出一种具备生物系统学习能力的超导开关，具有类似生物体内神经系统的信号传导功能，有望在未来类脑计算机中得到应用。

赛峰电子防务公司研发“狂怒”自主地面车辆 赛峰电子防务公司宣布从法国武器装备总署获得采购合同，研发“狂怒”自主地面车辆。赛峰电子防务公司要研发 3 种外形尺寸不同的验证型无人平台，这 3 种无人平台可在不同环境下执行建筑物侦察探测、为步兵携带载荷等多种任务。这些验证工作将由一个步兵排承担，对不同配置进行试验。

2 月

“数字印度计划”投巨资开发人工智能技术 印度为“数字印度计划”拨款 4.77 亿美元，推动人工智能、机器学习等技术发展。

韩国启动人工智能武器系统发展项目 韩国韩华集团和韩国科学技术院启动了共同开发人工智能武器系统发展项目，主要涉及适用于作战指挥、目标追踪和无人水下交通等领域的人工智能技术。

3 月

法国发布《法国人工智能发展战略》 马克龙政府公布了《法国人工智能发展战略》，该战略重点关注 AI 生态系统、开放数据、政策支持和人工智能监管等领域，拟结合医疗、汽车、能源、金融、航天等法国较有优势的行业来研发人工智能技术，并宣布到 2022 年将投入 15 亿欧元用于人工智能发展，为法国人工智能技术研发创造更好的综合环境。

欧洲关注人工智能道德和法律问题 欧洲科学与新技术伦理组织发布《关于人工智能、机器人及“自主”系统的声明》，认为人工智能、机器人技术和自主技术的进步已经引发了一系列复杂的、亟待解决的道德问题，呼吁为上述技术系统的设计、生产、使用和治理制定共同的、国际公认的道德和法律框架。

欧盟战略研究机构发布人工智能报告 欧盟委员会下属欧洲政治战略中心（EPSC）发布《人工智能时代：确立以人为本的欧洲战略》报告，该报告主要介绍了全球人工智能研发投入和发展情况，欧洲的人工智能发展情况及与其他国家的对比，欧洲树立人工智能品牌的战略，人工智能发展过程中遇到的劳动者被替代的问题和人工智能偏见的问题及应对策略等。

美国智库发布机器智能战略报告 美国国际战略研究中心（CSIS）发布《美国机器智能国家战略报告》，提出了机器智能对国防、经济、社会等方面的广泛影响，以及美国在战略制定方面的策略和建议。

DARPA 启动“指南针”项目开发“灰色地带”应对技术 DARPA 启动了“通过规划活动态势场景收集和监测”（COMPASS）项目，旨在开发软件，通过衡量对手对各种刺激的反应来帮助摸清“灰色地带”敌人的意图。该项目将利用先进的人工智能技术、博弈论以及建模和评估来识别产生关于对手意图的大多数信息的刺激，并为决策者提供关于如何响应的高保真情报。

DARPA 启动神经接口研究项目 DARPA 启动“下一代非手术神经技术”（N3）项目，旨在开发一种将作战人员与技术连接起来的无创神经接口。构建能够与大脑非常小的区域进行精确交互的方法。

美国陆军组建认知计算和机器学习团队 美国陆军组建了一个认知计算和机器学习团队，目的是帮助确定可以增强陆军的电子战、情报、监视与侦察（ISR），侦察、监视和目标获取（RSTA），进攻性网络行动（OCO），信号情报（SIGINT），情报处理、加工和分发以及大数据分析等能力。

法国军工巨头联合开展人工智能空战应用 法国达索航空公司和泰雷兹集团联合开展人工智能技术未来空战应用的预研工作。

美国海军完成了《海军部无人系统战略路线图》 3 月完成该路线图后，于5 月发布了执行摘要。执行摘要中指出，美国海军和海军陆战队将寻求实现无缝集成的有人—无人未来部队，近期内，海军部将把无人系统能力集成到全域作战力量中。执行摘要还概述了无人系统运用概念和企业级体系目标等内容。

俄罗斯曝光“波塞冬”核动力无人潜航器 俄罗斯总统普京向联邦议会发表年度国情咨文，曝光了六型最新尖端武器，其中包括一型核动力无人潜航器“波塞冬”。该无人潜航器直径1.6米，长24米，最高航速100节，最大潜深1000米，可携带核弹头。

4月

欧盟发布人工智能政策文件 欧盟正式发布了《欧盟人工智能》报告，该报告作为政策文件，提出欧盟将采取三管齐下的方式推动欧洲人工智能的发展：增加财政支持并鼓励公共和私营部门应用人工智能技术；促进教育和培训体系升级，以适应人工智能为就业带来的变化；研究和制定人工智能道德准则，确立适当的道德与法律框架。欧盟还宣布将在2018—2020年间投资200亿欧元来推动人工智能加快发展，让各国民众能适应人工智能给就业带来的影响。

欧洲签署《加强人工智能合作宣言》 25个欧洲国家签署《加强人工智能合作宣言》。《宣言》强调作为“欧洲数字化的领导者”的北欧和波罗的海国家将加强人工智能方面的合作（合作的重点是发展和推动人工智能的应用，为社会提供更好的服务），以保持其欧洲数字化领先地区的地位，瑞典将在这一领域合作发挥关键领导作用。

英国人工智能特别委员发布《英国人工智能发展的计划、能力与志向》 英国议会下属的人工智能特别委员发布《英国人工智能发展的计划、能力与志向》，认为英国在发展人工智能方面有能力成为世界领导者，并呼吁英国政府制定国家人工智能战略。

美国麻省理工学院研发出具有“读心术”能力的可佩戴设备 美国麻省理工学院研发出一款拥有“读心术”能力的可佩戴设备AlterEgo，让用户不说话也能操控电子用品。

美国空军成立自主技术研发机构　美国空军研究实验室成立了“自主技术能力第三小组”（ACT3），用以推动军用自主技术或机器学习技术的发展。ACT3 正积极推动一些技术走向成熟，这些技术将为空军所有的自主能力（包括运动和静止）提供一种平台，而该研究所催生的人工智能应用也将被引入到作战系统。

DARPA 启动“人机探索软件安全”项目　DARPA 启动人机探索软件安全（CHESS）项目，旨在融合人工和计算机网络防御系统，发挥各自优势、规避现有局限性，进而发挥“1 +1 >2”的联合效应。项目将开发支持先进人机协作（CHC）的自动化程序分析技术，发现和解决所有类型的漏洞，应对已知和新出现的各种威胁。

欧盟启动“海洋 2020”项目　由欧盟 15 个国家共同开展的“海洋 2020”（OCEAN 2020）项目启动会在欧洲防务局（EDA）举行。该项目的主要目标是支持海上监视和拦截任务，将重点把包括水下无人系统在内的各类无人系统整合到舰队中。“海洋 2020”项目是目前首个跨欧洲军事研究项目，计划于 2019 年和 2020 年分别进行两次演示演习。

5 月

美国政府成立人工智能特别委员会　美国政府宣布成立人工智能特别委员会，该委员会由政府各部门人工智能领域的高级官员组成。该委员会在国家科学与技术委员会内运作，其任务是加强联邦人工智能相关工作的协调，确保美国在这一领域继续保持领先地位，负责评估研发事务优先级，以更好地协调联邦政府在人工智能领域的投资。

美国白宫举行人工智能研讨会　美国白宫举行了一场由谷歌、亚马逊、微软等 38 家公司的代表、政府官员和学术界代表参与的人工智能研讨会，宣布成立就人工智能问题向总统和联邦政府提供建议的人工智能专门委员会，负责协调各联邦机构的人工智能投资，包括与自动系统、生物识别、计算机视觉和机器人相关的研究，其职能是审查美国在人工智能开发方面的优先事项和投资。

韩国政府制定《人工智能发展战略》 韩国政府制定了《人工智能发展战略》，计划在五年内投入20亿美元用于在国防、生命科学和公共安全领域应用人工智能解决方案。并计划在5年内投入20亿美元用于在国防、生命科学和公共安全领域应用人工智能解决方案，该计划还包括呼吁在未来5年内培训5000名人工智能专家。

反绎推理功能为DARPA“对不同方案的主动解释”项目提供技术支撑 北极星阿尔法公司和雷声公司合作开发基于语义的反绎推理功能，为DARPA的“对不同方案的主动解释”（AIDA）项目提供技术支撑，以处理单兵用的多变、混乱、危险的环境下的信息和情报，并对正在真实发生的事情进行解释。该项目寻求能够评估来自多个媒体源信息的技术。

美国国家地理空间情报局拓展人工智能应用 美国国家地理空间情报局借鉴Maven的经验，加强机器学习和先进算法在图像处理中的应用。

美国开发MRZR X多模式自主越野车平台 北极星工业公司透露与美国应用研究协会合作开发的MRZR X多模式自主越野车平台，已被美国陆军选为步兵旅战斗队使用的机器人系统之一。MRZR X采用分层、模块化和开放式架构设计，能够集成传感器和软件，用户更易对车辆进行安全的技术升级。该平台具有多种操作模式，具备从传统驾驶员操作到不同自主等级的多种选择，自主等级包括遥控、远程操作、跟踪、主从式和完全自主。

6月

欧盟数字欧洲计划重点推进人工智能技术发展和应用 欧盟委员会提出数字欧洲计划，预算为2021—2027年的9.2亿欧元（10.4亿美元）。该计划的重点是推进人工智能技术，并确保在整个经济和社会中使用人工智能。

欧盟组建人工智能高级小组 欧盟委员会成立承担咨询机构角色的人工智能高级小组（AI HLG）并举行首次会议起草有关人工智能“公平性、安全性和透明度”的指导方针，初期包括52名顶级专家，负责起草人工智能伦理指南、预见人工智能挑战和机遇，并指导欧洲机器学习投资的进程，这些建议将纳入欧盟人工智能政策制定流程、立法评估流程和下一代数字战略的制定。

日本《综合创新战略》提出人工智能发展措施 日本公布了2018—2019年度科学技术政策基本方针《综合创新战略》，突显大学改革、加强政府对创新的支持、人工智能、农业发展、环境能源等五大重点措施。

印度发布《人工智能国家战略》 印度发布《人工智能国家战略》，以实现“AI for all”为目标，指出了印度人工智能的发展的优势与问题，特别关注军事安全与道德隐私领域，并就印度人工智能国家战略的构建提出了框架方案，该战略将人工智能应用重点放在健康护理、农业、教育、智慧城市和基础建设与智能交通五大领域上。

美国成立国防部联合人工智能中心 美国国防部常务副部长沙纳汉发布备忘录，宣布成立一个由国防部首席信息官主管的联合人工智能中心（JAIC）。组建JAIC的总体目标是加速交付人工智能能力，扩大人工智能在整个国防部范围的影响力，并同步国防部的人工智能活动，以提升联合部队的优势。

DARPA首次公开“电子复兴计划”初步细节 DARPA首次公开讨论了美国“电子复兴计划”初步细节，计划未来5年投入超过20亿美元，联合国防工业基础、学术界、国家实验室和其他创新机构，有望开启下一次电子革命。“电子复兴计划”的开展将加快推动人工智能硬件的进步。

美军核力量应用人工智能技术　美国军方利用人工智能辅助预测携带核弹头的导弹发射，并能跟踪和瞄准朝鲜和其他国家的移动发射装置。

美国陆军开发人工智能人脸识别技术　美国陆军研究实验室开发了一种人工智能和机器学习技术，能够在弱光条件或夜间从捕捉人脸热图像中自动进行人脸识别。

7 月

德国发布《联邦政府人工智能战略要点》文件　德国联邦政府发布《联邦政府人工智能战略要点》文件，加强人工智能基础设施建设，要求联邦政府加大对人工智能相关重点领域的研发和创新转化的资助，加强同法国人工智能合作建设、实现互联互通。

美国智库发布《人工智能与国际安全》报告　美国新安全中心（CNAS）发布《人工智能与国际安全》报告，分析了人工智能在网络安全、信息安全、经济和金融、国家防御、情报、国土安全等方面的应用，研究了人工智能变革对全球安全的不利影响。

DARPA 研发自主系统终身学习技术　休斯研究所与 DARPA 联合推动自主系统终身学习，在 DARPA“终身学习机”（L2M）项目资助下，将为自主系统开发超级图灵进化终身学习架构，该架构模拟人类大脑神经调节系统，结合持续学习的结构和功能可塑性机制，能够根据经验终身学习更新其知识，使自主系统能够快速适应不可遇见的情况。

DARPA 启动“使用更少标签学习”项目　为了减少训练和调整机器学习模型的成本和时间，DARPA 启动“使用更少标签学习”（LwLL）的项目，将研究新的学习算法，减少训练或升级所需的信息量。

美国“专家洞察”项目研发人工智能网络防御技术　美国国家安全局（NSA）将“专家洞察”（Sharkseer）项目转交于国防信息系统局（DISA）。

该项目通过应用人工智能和机器学习等方法来分析潜在的恶意软件的运行规律，达到检测并阻止恶意软件运行的目的。

美国陆军拟利用机器学习软件预测战车维护 美国陆军将与Uptake公司进行合作，开发机器学习软件来预测“布莱德利”作战车辆的部件何时需要维护。利用人工智能技术预测各类部件的故障，可降低计划外的维护频率，提高维修作业的效率。

俄罗斯公司开发基于人工智能的电子对抗系统 俄罗斯Sozvezdiye集团开发了一套基于人工智能的无线电电子系统，以对抗非法飞行的无人机，预计在2019年交付。人工智能将根据一系列迹象、情境和目标行为特征自动敌我识别。

日本发明可预测核电站放射性排放扩散的机器人 日本发明了一种能够学习的机器人，可以预测核电站放射性排放将如何扩散。

快速轻量自主项目进入第二阶段 DARPA完成了FLA项目的第二阶段飞行试验，验证了先进算法。有该算法加持，小型空中和地面无人系统将成为士兵的队友，有能力自动执行一些危险的任务，如遂行巷战前的侦察或者地震后在受损的结构中搜寻幸存者。

8月

美国《2019财年国防授权法案》要求加速美军人工智能发展 美国发布《2019财年国防授权法案》，批准额度7170亿美元军费，在提升人工智能、太空和反太空、网络以及高超声速技术等领域能力的项目上确立了重点，支持DARPA和国防创新单位进行研发和实验，以确保技术优势，尤其在人工智能、机器学习和超自然力计划方面提供了额外资金以加速其研发和应用。

美国组建人工智能国家安全委员会 根据《2019财年国防授权法》要

求，美国正式组建人工智能国家安全委员会，使命是着眼于美国的竞争力、国家保持竞争力的方式和需要关注的“伦理问题”，审查人工智能、机器学习开发和相关技术的进展情况，全面满足美国国家安全和国防需要。

美国国防部正式发布《无人系统综合路线图（2017—2042）》 该路线图是美国自2001年以来发布的第8版无人系统综合路线图，旨在指导军用无人机、无人潜航器（UUV）、无人水面艇、无人地面车辆等无人系统的全面发展。确定了无人系统未来发展的四个关键技术主题和驱动力，即互操作性、自主性、网络安全以及人机协同。

美国将人工智能列入2020财年政府优先研发事项 美国白宫管理与预算办公室发布《2020财年政府研究与开发预算优先事项》备忘录，为各部门制定2020财年的预算提供指南，并指出美国政府必须在人工智能、自主系统、高超声速、现代化核威慑以及先进的微电子、计算和网络能力等重点研发领域进行优先投资，应投资人工智能基础和应用研究，包括机器学习、自主系统和人类技术前沿的应用。

美国利用深度学习算法进行核不扩散分析 美国劳伦斯利弗莫尔国家实验室利用深度学习算法进行核不扩散分析，防止无赖国家或邪恶势力制造核武器。

美国海军分析中心发布《战争中的人工智能和自主系统：理解并降低风险》报告 该报告重点总结媒体和专家对人工智能和自主系统应用于战争的担忧，评估战争中人工智能和自主系统的风险，并提出降低风险的相关措施和建议。

波音公司赢得美国海军MQ－25A无人加油机竞标 美国海军授予波音公司价值8.05亿美元的MQ－25A“刺魟”航母舰载无人加油机工程与制造发展合同，要求其设计、制造、试验、交付4架“刺魟”，并将该机集成到航母舰载机联队，实现初始作战能力，合同工作将于2024年8月完成。

9 月

DARPA 公布“下一代人工智能”计划 DARPA 公布了一项总额超过 20 亿美元的“下一代人工智能”（AI Next）项目，将探索机器怎样才能获得类似人的沟通与推理能力，以及具备认知新态势和环境并适应之的能力。

雷声公司与 DARPA 合作开发可“自我解释”的人工智能系统 在“可解释人工智能”（XAI）项目支持下，雷声公司与 DARPA 合作开发可“自我解释”的人工智能系统，允许人工智能程序“展示其工作”，增加人类用户对机器建议的信心。

DARPA 启动“黑杰克自主”项目 DARPA 启动“黑杰克自主”（Blackjack Autonomy）的项目，以开发用于未来低成本的低地球轨道军事卫星（LEO）的人工智能、机器自主和网络安全技术，支撑自主、集成的在轨网络安全，以及在轨加密解决方案。

10 月

美国交通部发布第 3 版自动驾驶指导政策 美国交通部发布第 3 版自动驾驶指导政策——《准备迎接未来交通：自动驾驶汽车 3.0》，安全法规的修订将为 Waymo 和通用等自动驾驶厂商扫清障碍，让数十万全自动驾驶汽车涌向公共道路。

美国麻省理工学院投巨资研发人工智能技术 美国麻省理工学院宣布投资 10 亿美元发展人工智能。

美国陆军成立人工智能任务小组 美国陆军部长签署《陆军指令 2018 – 18（陆军人工智能任务小组以支持国防部联合人工智能中心）》的指令，要求成立陆军人工智能任务小组。该小组由未来司令部指挥，旨在迅速整合并同步整个陆军体系和国防部国家军事行动的人工智能活动，缩小现有人工智能能力缺口，为国防部联合人工智能中心提供支持。

DARPA 举行“机器常识”项目提案者日活动 DARPA 信息创新办公室举行机器常识（MCS）项目提案者日活动，旨在使机器具有像人类一样的常识推理能力，为将来向通用人工智能系统发展奠定基础。

11 月

德国正式发布人工智能战略 德国联邦政府正式发布名为“AI Made in Germany”的人工智能战略，将人工智能的重要性提升到国家高度。该战略全面思考了人工智能对社会各领域的影响、定量分析了人工智能给制造业带来的经济效益、重视人工智能在中小企业中的应用，并计划在 2025 年之前投资 30 亿欧元用于推动德国人工智能的发展。

英国政府投资促进医疗领域人工智能应用 英国政府宣布将拨款 5000 万英镑，用来更深入地开发人工智能在医疗细分领域的应用。

美国智库发布人工智能生态系统报告 美国国际战略研究中心（CSIS）发布《人工智能与国家安全，AI 生态系统的重要性》报告，阐述了人工智能领域发展现状以及管理和应用人工智能的关键因素，促进人工智能成功融入国家安全应用的关键步骤。

欧洲成立人工智能与量子计算中心 比利时微电子研究中心与法国 CEA – Leti 研究中心成立一个欧洲人工智能与量子计算中心；英国 BAE 系统公司宣布投资 2000 万英镑用于增强现实技术和人工智能的开发力度，来提高未来作战系统的能力；波音成立新部门专注于人工智能和先进计算。

美国空军成立人工智能跨职能小组 空军成立了人工智能跨职能小组，其首要任务包括制定空军人工智能战略，建立一条空军获取人工智能最新技术的快速通道，空军对该小组的要求是探索商业能力、训练优质数据、评估权威数据、获取各种算法以及培养专业的人才队伍。

美国陆军发布《利用机器人与自主系统支持多域作战》白皮书 美国陆军能力集成中心（ARCIC）发布《利用机器人与自主系统支持多域作战》白皮书。白皮书指出，机器人与自主系统（RAS）以及人工智能（AI）提供了跨领域、电磁频谱和信息环境战胜对手的能力，对于联合部队充分发挥“多域作战 1.5”的潜力至关重要。

BAE 系统公司投资增强现实技术以提高未来作战系统能力 英国 BAE 系统公司宣布投资 2000 万英镑用于增强现实技术和人工智能的开发力度，其中部分投资将通过可穿戴 AR 眼镜等产品将增强现实技术应用到海军舰船的舰桥上。这款 AR 眼镜能够支持舰员在舰上的任何位置查看战术数据和操作信息，也可以将友方舰艇的位置或其他数据叠加到真实世界视图上，从而增强舰员对态势的感知能力。

12 月

DARPA 发布“基于模式的知识驱动人工智能推理”项目 DARPA 发布认知人工智能技术领域的“基于模式的知识驱动人工智能推理”（KAIROS）项目，旨在构建基于本体模式的人工智能能力，实现针对复杂现实世界事件的语境推理和时间推理，进而理解这些事件并能预测这些事件的演进。

人工智能技术在侦察及作战理念领域应用 美国中情局旗下风险投资机构 In – Q – Tel（IQT）对 Immersive Wisdom 进行战略投资，支撑其 VR/AR/MR 地理空间协作和情报软件平台以及其他先进的人工智能技术应用于战地态势感知、任务规划和执行，以及军事情报挖掘与分析等。

美国国际战略研究中心《美国机器智能国家战略》摘译

2018 年 3 月 1 日，美国权威智库——国际战略研究中心发布《美国机器智能国家战略》报告，分析了机器智能对经济、社会和国防领域的影响，以及美国制定机器智能战略应注意的问题，并提出意见建议，为美国保持机器智能领域优势和推动其在国防、教育、医疗等领域的研发和应用提供了一个指导性的原则框架。

一、背景

过去 5 年来，机器智能发展速度大大加快，从 Alpha Go 战胜李世石到首辆全自主无人车上路，群发性技术突破引起高度关注。机器智能对人类生活、工作、经济和国家安全的影响范围正在逐步扩大，各国开始重新评估机器智能的变革性影响。

美国在机器智能领域处于世界领先地位，但其他主要国家也已相继发布或正在制定相关的战略。当前，美国正处在有史以来最为关键的时期，为避免在“机器智能革命”中落后，美国需要制定机器智能国家战略，涵盖相关技术研发和产业化，并充分考虑到这些技术的社会影响。

二、机器智能对经济、社会和国家安全的影响

（一）机器智能将掀起两次影响经济发展的浪潮

当前，机器智能已掀起影响经济发展的第一次浪潮，随着机器智能技术发展和投资的增长，这种影响在未来5～10年将迅速扩大。商业巨头已将大量资金投入到机器智能技术研发之中。2017年，全球初级机器智能产品和服务销售额达125亿美元，风险投资和私募投资金额达60亿美元。第二次浪潮将发生在初级机器智能产品向企业级机器智能系统转变之时。当前，只有不到1/4的企业应用了机器智能技术，且其中大多数将其用于IT部门等狭窄的范围。未来，机器智能的广泛应用将带来变革性影响。

（二）机器智能将改变人类生活，但也存在风险

机器智能将影响人类生活：大幅提高医疗水平，实现迅速、精准、高效的智能化医疗；共享无人车可降低汽车数量并减少尾气污染；智能电网可降低能量损耗，进而保护环境与气候。但与此同时，机器智能的广泛应用也会带来诸如伦理、道德等方面的问题。

（三）机器智能将重塑世界军事平衡

如20世纪的航天竞赛一样，机器智能正创造一个战略前沿技术竞争的新时代，将重新塑造未来几十年的全球力量平衡，已引起主要国家领导的高度关注。2017年9月，俄罗斯总统普京表示，机器智能的领导者将成为世界规则的制定者。美国国防部及世界主要军事大国都认为，机器智能将成为驱动下一次军事革命的核心技术。战争形态将从“信息化战争”转变为“智能化战争”或“算法战”。无人机蜂群、自主供给护航以及遥控医疗技术等已成为世界主要军事体重点投资发展的领域。机器智能不但会变革作战平台和武器样式，还将创新战略、战术以及作战行动模式。同时，机

器智能的军事应用也将引发如关于自主杀人武器等伦理道德方面的争论。

三、战略目标

报告提出，制定机器智能战略需实现两个首要目标：一是支持私有企业开展长周期的机器智能技术研发工作，以促进机器智能安全和持续地发展；培育机器智能时代的专业人才；创建机器智能技术的动态商业市场，以获取私营企业领域的创新成果，并主动控制机器智能发展可能带来的风险和危害。二是通过加强创新基地建设和建立战略伙伴关系，最大程度地主导机器智能发展，以保持美国在该领域的优势地位。

四、战略措施

报告提出了 5 项战略措施，可归纳为 26 条建议。

（一）资助机器智能技术的持续研发

（1）长期支持私有企业相关基础研究。

（2）资助支持机器智能发展的相关技术开发。

（3）确保美国政府能够充分利用私有企业开发的前沿技术。

（4）确保美国国防部和国家安全机构在机器智能领域不落后。

（二）培育机器智能时代的人才

（1）增加计算机科学尤其是机器智能领域的学位项目。

（2）培育下一代数字化技能。

（3）重新重视发展“软技能”和文科教育。

（4）组建工作团队研究机器智能对国家教育系统的长期影响。

（5）构建吸引国外相关领域人才的移民体系。

（6）为企业提供物质奖励，使其保持对员工的持续教育培训。

（7）拓展当前及未来工人的持续教育和再教育项目。

（8）强化社会安全网络以帮助工人转型。

（三）构建适合机器智能发展的灵活开放的数据系统

（1）确保美国政府的数据集对机器智能开发和使用者可用。

（2）国家、地方及外国政府合作，向公众用户开放数据集。

（3）建立机器可读的数据集以及可共享共用的数据标准。

（4）鼓励私有企业数据共享和数据创新应用，但同时保护隐私和数据安全。

（5）保护数据在境内的自由流动以及作战数据的本地化。

（四）制定完善的公共政策激励机器智能应用

（1）激励企业投资，以支持机器智能发展。

（2）指导监管者向私有企业咨询降低管理不确定度的方法，支持机器智能安全可靠地用于政府部门。

（3）建立法律和技术专家委员会，完善和检验美国与机器智能相关的法律法规。

（4）为法官和律师提供关于机器智能技术及相关法律法规实际运用方面的实践项目。

（五）采取积极主动的策略管理机器智能带来的风险

（1）通过立法建立国家机器智能咨询委员会，为商业部提供机器智能管理建议。

（2）建立相关标准，确保机器智能安全可靠地发展。

（3）明确企业开发和应用机器智能的领域范围。

（4）与产业界协商机器智能测试评估制度的可行性。

（5）与产业领袖接洽，设计机器智能时代国际通用的隐私保护制度。

五、实施建议

制定和实施国家机器智能政策需要较长时间，但当前必须首先着手制定国家机器智能战略。具体建议：一是总统应在白宫指派一名机器智能主管领导，协调发展和实施这一战略，以确保这是联邦政府的首要工作。这一领导首先要研究和实施国家科学技术委员会提出的《2016 年人工智能研究与发展战略》。二是政府机构和监管者应首先向私有企业界和机器智能学术专家咨询建议，以确保政府提出的措施足够灵活并能经受时间考验和满足技术发展需要。

六、结束语

机器智能是人工智能的基础技术领域之一，是推动人工智能进入第三次发展浪潮的核心动力。美国高度重视机器智能发展，并已在国防领域全面布局，推动相关技术的研发与应用。目前，美国政府或军方仍未发布国防领域的机器智能相关战略规划。国际战略研究中心发布的《美国机器智能国家战略》报告，深入分析了机器智能在国防、经济、社会等领域显露重大影响，并从投资、人才、数据、政策、管理等方面，为美国政府制定机器智能国家战略提供了极具参考价值的、全面的发展建议，值得关注。

（中国船舶工业综合技术经济研究院　王志伟　史腾飞　程之年）

新美国安全中心《人工智能与国际安全》摘译

2018 年 7 月 10 日，新美国安全中心（CNAS）智库发布 2018 年最新版《人工智能与国际安全》报告，报告全文共 28 页，分析了人工智能在网络安全、信息安全、经济和金融、国家防御、情报、国土安全等方面的应用，研究了人工智能变革对全球安全的不利影响。报告认为，人工智能给未来世界发展带来前所未有的机遇，美国应制定国家战略，对人工智能产业发展进行引导，研究如何利用人工智能的优势，同时减轻人工智能带来的不利影响。

一、与国家安全相关的人工智能应用

在美国和其他许多国家，有许多与国家安全相关的人工智能应用的例子。报告研究了人工智能在网络安全、信息安全、经济和金融、国防、情报、国土安全、外交等方面的应用，这些领域并不全面，只是帮助从事国家安全研究的人员去思考人工智能对国家安全的影响。

（一）网络安全

网络安全是人工智能一个突出的潜在应用领域。2016 年 8 月，美国国防高级研究计划局举行第一次网络安全挑战赛，旨在实验性探索无人干预条件下的入侵、补丁、网络防御方面的软件程序。来自卡内基·梅隆大学ForAllSecure初创企业打造的Mayhem“自动攻击系统”在经历95轮的挑战后夺得冠军。美国国防部随后与ForAllSecure公司签署一份为期2年的Voltron实施计划，该计划旨在利用尖端人工智能（AI）技术发现美国军方操作系统和定制程序中存在的编码漏洞。2016年10月，美国国家安全局局长迈克尔·罗杰斯在讲话中指出“人工智能是未来网络安全的基础”。

（二）信息安全

人工智能在不断变化的威胁形势中对信息安全产生重大影响，主要表现在人工智能通过信息时代的机器人和相关系统产生广泛影响。人工智能可以加剧或减轻不断变化的信息生态系统中虚假信息的影响。类似于人工智能在网络攻击中的作用，人工智能提供了一种机制，可以对目标用户进行片面的定制传播，或大规模扩大传播的效果和范围。

1. 开发行为数据

人工智能通过搜集特定行为数据，通过机器学习对数据进行分析，向特定用户推送符合消费者行为的信息。剑桥公司通过对脸书中用户使用网络的数据进行个性化评估，为用户量身定制收到的信息和内容。

2. 模式识别和预测

当应用于人类行为分析时，人工智能通过模式识别来计算未来事件发生的概率。在社交平台上应用机器学习算法优先考虑用户期望支持的内容，自动生成相应的敏感信息。

3. 放大和议程设置

研究表明，机器人占2016年所有在线流量的50%以上。根据“人为推广的内容可以操纵”原则，人们看到某些内容的次数越多，人们往往认为这些内容越重要。人工智能通过学习和模仿真实的人的言论来影响人们对某些事情的判断。在选举中，政治候选人通过政治机器人，夸大候选人的真实追随者数量，从而引导广大选民的选票。

4. 针对目标情感的自然语言处理

人工智能在自然语言处理方面的进步使得人工智能可以针对不同政治倾向的人提供各自意识形态的信息。同样，人工智能可以通过收集量化用户反应的方式最大限度影响用户。谷歌公司2016年开始针对不同政治倾向的用户提供相关意识形态的信息。

5. 深度欺骗

人工智能系统可以通过足够的语音训练合成逼真的人声。当前这项技术尚未取得突破，但相关人士推测，这项技术距离真正投入使用只有不到五年的时间。

（三）经济和金融安全

通过分析和学习大量数据，人工智能可以完成以人为中心的反非法融资系统无法实现的任务。人工智能的异常检测和模式识别功能可以帮助系统从金融机构收集非结构化数据。即使缺乏大规模的模式分析，人工智能也可以改善反非法融资框架，确保持续关注非法融资威胁。人工智能还可以减轻金融机构的压力。银行将不再需要转移注意力来应对不断变化的政府优先事项。人工智能还可以帮助政府和金融机构解决数据隐私和保护问题。

（四）国防

各军事强国正在研发自主系统和机器人。人工智能和机器学习将使这些系统能够在更广泛的环境中应对更具挑战性的任务。在作战行动中，机器人和自主系统有可能加快战斗速度。

1. 态势感知

小型机器人传感器可用于收集信息，采用人工智能技术的传感器和处理器可帮助作战人员更好地了解该信息。当前美国国防部已经将深度神经网络用于无人机视频输入的图像分类，以帮助作战人员处理收集的大量数据。

2. 电磁频谱的优势

人工智能产品可以通过与另一个人工智能产品进行电磁对抗来完成学习和提高。例如，一个人工智能系统可以尝试通过一个有复杂的电磁环境进行通信，而另一个系统试图堵塞发送电磁信号。通过这些对抗方法，两个系统都可以学习和改进。DARPA 于 2014 年开始举行频谱挑战赛。DARPA 现在正在使用机器学习来辅助完成无线电频谱分配。

3. 诱饵和伪装

人工智能可通过生成对抗性网络来制造与军事相关的伪装和诱饵，小型机器人系统可用作消耗性诱饵。随着军队将更多的人工智能传感器用于数据分类，针对此类系统的欺骗攻击也将越来越重要。

4. 策略

进化和强化学习方法可用于在模拟环境中生成新策略，从而在其他环境中提供专门的解决方案。

5. 指挥与控制

随着信息数量和处理速度超过作战人员的能力，人工智能对指挥和控制将变得越来越重要。已被授权执行某些操作的自主系统可以在战场边缘以机器速度做出反应，而无须等待人工批准。人工智能还可以帮助指挥官更快地处理信息，使他们能够更好地理解快速变化的战场空间。通过自动化，指挥官可以更快、更精确地将命令传递给他们的武装力量。

（五）情报

人工智能在情报收集和分析方面有很多用途。人工智能工具可以帮助分析智能设备、物联网和人类互联网活动数据之间的联系，标记可疑活动，融合不同的数据元素，映射网络以及预测未来行为。人工智能在情报分析方面也具有巨大的潜在价值。人工智能系统可用于大规模跟踪和分析大量数据（包括开源数据），寻找可疑活动的迹象和警告。通过异常检测可以帮助找到恐怖分子、秘密特工，或潜在的敌人军事活动的迹象和警告。

（六）国土安全

人工智能还可以用于国土安全和国土安全应用。基于人工智能的数据感知，处理和分析可以更好地为人类决策提供信息。美国国土安全部（DHS）已经开始采用并实施一些人工智能相关技术。

1. 语音识别算法

美国海岸警卫队使用人工智能分析语音，这有助于在法律上解决虚假遇险信号。

2. 用于机器学习的开源数据

与 Alphabet 公司的 Kaggle 平台合作，开发更好的算法来评估非法和存有危险物品的乘客行李。

3. 理解数据

由 DHS 和 NASA 喷气推进实验室开发的人工智能平台集成了实时数据，为消防员提供了如何最好地发挥团队作用的建议。

人工智能还广泛适用于各种国土安全功能，如边境安全。与无人机和地面机器人相结合的人工智能系统可通过自动监视和异常检测技术帮助对美国边境进行监测。

（七）外交和人道主义行动

人工智能的进步也可以重塑外交的实践。图像识别和信息分类中的人工智能技术可以通过监控人员和识别潜在漏洞来提高外交能力。此外，语言处理算法将降低国家之间的语言障碍，允许他们更容易地与外国政府和公众沟通。国际人道主义行动也可以从人工智能技术中获益。人工智能技术可以帮助监督选举，协助维和行动。人工智能还可以通过提高生产力，帮助直接改善欠发达国家的生活质量。

二、人工智能对全球安全的不利影响

除了直接的国家安全影响外，人工智能如何产生与国际安全环境相关的政治和社会变革？鉴于经济和军事力量之间的整体联系，特别是在中长期，理解人工智能创新将如何影响全球经济，信息环境和世界各地的社会至关重要。

（一）经济和未来工作

人工智能将影响劳动力市场的方式有很多预测，而这些预测存在很大程度的不确定性。例如，麦肯锡全球研究所最近的一份报告表明，目前几乎所有行业的工作任务都是自动化的，根据麦肯锡的数据，到 2030 年全球失业人数中值估计为 4 亿人，最高可达 8 亿人。Forrester 研究报告认为，到 2027 年，将有 2470 万个就业岗位将被取代。

在人工智能革命开始时，当今尖端公司创造的就业岗位数量已远远小于数十年前尖端公司创造的就业岗位数量。在这种情况下，执行重复身体和认知劳动的工人变得不那么受重视。

（二）政治和社会混乱

经济混乱也可能助长社会和政治动荡。维持稳定需要一定程度的政治灵活性。在最坏的情况下，政治冲突可能导致国内动乱、叛乱、内战、民族主义、仇外心理和转向威权主义。

人工智能产生的不稳定性已经成为全球民族主义运动兴起的潜在推动力。例如，由于煤炭等行业强大的利益集团经历了显著的衰退，他们变得更加激进，他们希望变革能够回归到无法实现的旧现状。这可能会推动政治两极化。

（三）信息环境

随着计算机越来越能够针对特定用户定位信息，放大消息，过滤信息，甚至生成虚假的音频、图像和视频，人工智能将继续改变信息环境。这种转变会带来深远的影响。人工智能技术可能会削弱（如果不是结束）记录证据作为证据的能力。

（四）政治权力

人工智能可能影响民主进程和专制政权的力量，同时也影响全球公共舆论。通过应用人工智能技术实现的高度细化的选民分析可以通过选举过程影响民主规范。

三、结束语

我们最终会成为什么样的世界？人工智能是否开创了繁荣与国际和平的新时代？它是否会导致全球舞台上权力平衡的变化，伴随着冲突和误判的风险？人工智能是否会导致大规模的混乱，政治动荡，民族主义和保护主义抬头？人工智能是否集中力量控制少数人掌握的信息，或者继续实现计算机、网络和社交媒体释放的信息的民主化？竞争信息的杂音是否会导致从真理转向专制主义和部落主义，或者群众的智慧是否与真理和中间派政策趋同而胜出？

人工智能带来的技术机遇塑造了未来，但并未确定未来。国家、组织和个人可以选择如何使用和响应人工智能的各种用途。他们的政策可以指导、限制或鼓励人工智能的某些用途。为了应对未来的挑战，美国需要采取国家战略，以便更好利用人工智能的优势，同时减轻其破坏性影响。

（中国航天科工集团第二研究院二〇八所　郭彦江）

美国国际战略研究中心《人工智能与国家安全，AI 生态系统的重要性》摘译

2018 年 11 月，美国国际战略研究中心（CSIS）发布重磅人工智能（AI）报告——《人工智能与国家安全，AI 生态系统的重要性》（Artificial Intelligence and National Security，The Importance of the AI Ecosystem）。该研究介绍了人工智能领域发展现状以及管理和应用人工智能的关键因素，促进人工智能成功融入国家安全应用的关键步骤。

AI 具有影响全球经济和军事竞争的潜力。然而，在各国投资和研究 AI 的巨大热情中，忽略了人工智能生态系统的重要性，然而这才是决定 AI 是否成功应用的关键。

报告认为人工智能生态系统包括以下 4 个重要组成：

（1）熟练的劳动力和知识渊博的管理。

（2）获取、处理和利用数据的数字功能。

（3）安全和可靠的技术基础。

（4）人工智能蓬勃发展所需的投资环境和政策框架。

一、人工智能应用的概念框架

从学术角度来说，人工智能是一个研究领域，其中包括各种松散连接

的学科，涵盖知识抽象、学习策略、推理领域和推理机制等主题。而本报告将对 AI 理解的重点放在未来 5 ~ 10 年对国家政策制定者以及人工智能的国防和商业实施者具有重要意义的问题上。在这里对人工智能领域简单地分为 6 个子学科领域：

（1）机器学习以适应新环境，检测和推断模式。

（2）自然语言处理，以实现特定语言的成功沟通。

（3）用于存储机器知道和接收的信息的知识表示。

（4）自动推理使用存储的信息回答问题并得出新的结论。

（5）感知物体的计算机视觉。

（6）机器人操纵物体并四处移动。

人工智能可以大大提升任务的“价值链”。此外，人工智能系统在人机组合中扮演更重要的角色，并将团队合作的人文元素带入一个新的维度与高度。人工智能能力和人力资源相结合，可以实现实体之间的互动。人机团队越来越有能力将更多的机器与团队整合。

二、人工智能领域的投资

对于大多数两用技术而言，在过去 40 年政府投资并不是那么重要，而在关键的 20 年中，私营部门反而在研发中占据了更大的份额。同样，在 AI 开发中也沿袭了这一模式。然而，为了支持人工智能生态系统的健康均衡，美国政府必须确定政府投资在哪些方面可以发挥私营部门投资无法履行的关键作用。尤其是那些对国家安全至关重要的 AI 技术开发方面，以及能够提升国家安全能力的 AI 生态系统。

政府对人工智能的投资包括众多计划、预算和举措，其中一些明确侧重于人工智能，而另一些侧重人工智能和其他军事能力，如网络技术和计算能力。所有这些投资都构成了生态系统的一部分，使得实施人工智能成为一种强有力的国家安全能力。因此，美国政府对人工智能的投资状况至关重要。

以下总结了 Govini 报告中美国联邦政府对人工智能、大数据和云技术的支出。该报告将相关的国防部支出分为三个主要部分：学习和情报、高级计算和人工智能系统，从 2013—2017 财年共计约 17.6 亿美元。下面列举的是 2017 财年的支出以及与 2013 财年的比较。（数据不包括 2018 年 9 月 DARPA 宣布计划在未来 5 年内通过各种相关技术对人工智能进行 20 亿美元的投资）

（一）学习和情报

（1）深度学习支出增加 9.4% 至 1.583 亿美元。

（2）机器学习下降 3.5% 至 1.544 亿美元。

（3）自然语言处理下降 4.7% 至 3800 万美元。

（4）数据挖掘下降 26.6% 至 2290 万美元。

（二）高级计算

（1）超级计算增加 16.1% 至 3.56 亿美元。

（2）神经形态工程增加 21% 至 1.269 亿美元。

（3）量子计算增加 9.3% 至 6850 万美元。

（三）人工智能系统

（1）计算机视觉增加 11.2% 至 3.994 亿美元。

（2）虚拟现实下降 4% 至 3.866 亿美元。

（3）虚拟代理商下降 6.1% 至 5670 万美元。

三、人工智能的管理

战略层面管理 AI 主要是政府或社会性质的。它包括：正式的政策和指导，道德准则和规范，法律和监管框架，验证和确认标准（V&V），操作测试和评估（T&E），培训和理论，以及策略、技术和程序（TPP）。

人工智能的操作使用需要采用监管方法来制定标准和指南。国家安全、医疗保健和金融部门都使用敏感和相关的信息。在滥用隐私和敏感信息的人工智能应用领域，战略层面的指导是必要的，如物联网安全和面部识别技术、医疗设备、边境安全、玩具和汽车等。

AI 的战略级管理并不意味着从头开始，许多现有软件、信息安全、网络风险管理政策和指导可以有效地将 AI 纳入国家安全解决方案。该技术本身与现有硬件和软件集成，一个简单的例子就是在现有计算机、网络和数据集上部署基于机器学习的分析平台。

在运营和战术层面管理 AI 可以解决组织及其员工如何有效使用 AI 技术的问题。虽然战略层面的指导可以设定条件、需求和优先级，但运营和战术层面必须提供部署和管理技术解决方案的要素。此外，有必要构建云计算架构，减少数据障碍，提供逼真和准确的培训数据，以及构建将主题专业知识与数据科学专业知识相结合的跨职能团队。不管这种组织是高度结构化，还是相对平稳的，可以确定的是其中的4 种角色：个人贡献者、一线管理者、中间或二线经理以及高级领导者。

四、人工智能在各国（或组织）的发展

在大国竞争的背景下，AI 关注焦点主要集中在中美两国。但人工智能的国际市场在参与者数量、投资金额和类型以及 AI 学科的重点领域各不相同，因此需要全面考察。

2018 年，全球人工智能和机器人国防工业的价值达到 392. 2 亿美元。预计复合年增长率（CAGR）为 5. 04%，到 2027 年市场价值将达到 610 亿

美元。市场预测将此估值和增长归因于来自美国、俄罗斯和以色列等国家的新系统投资以及沙特阿拉伯、印度、日本和韩国等国家采购系统。根据市场预测，按比例最高的支出和市场份额如下：

（1）机器人技术（主要是由于持续采购）。

（2）计算机视觉。

（3）自然语言处理。

（4）语音识别。

（5）社交媒体分析，多代理系统以及知识表示和推理。

值得注意的是，市场预测并未将机器学习特别确定为团队可用材料的增长或投资领域。虽然多个国家的多家公司同时开发人工智能，但并非所有人都在开发人工智能。这些国家如何处理包括道德、民主原则、基本个人权利、国家角色以及战争法协议在内的问题和解决方案，具有各自文化立场方面的考虑。

（一）俄罗斯

在 2017 年的一次演讲中，俄罗斯总统普京表示，人工智能是人类的未来，无论谁成为这一领域的领导者，都将成为世界的统治者。俄罗斯最近的人工智能计划旨在 2030 年时实现 30% 的军事力量的远程控制以及全自动化的机器人平台，但涉及致命武力时人类仍将参与决策。

俄罗斯军事专家记录了对巡航导弹、无人驾驶水下航行器、无人驾驶地面车辆、电子战和网络安全（特别是区块链）等领域的兴趣。他们还计划建立一个“目标库”（library of goals）以帮助武器系统进行目标识别和导航指导。

俄罗斯也一直在积极地为人工智能的采用和发展创造途径。Era 是一个创新技术城市，于 2018 年 9 月开建，预计到 2020 年将成为一个占地 50 英亩的城市。同时，还创建了高级研究基金会，类似于 DARPA 的政府组织。

然而，部分专家质疑俄罗斯是否真的能够实现其目标。理由是：其技术行业已经缺乏复杂性，2017 年宣布的国防研究资金减少了 7%，2018 年、2019 年预计分别减少 3.2% 和 4.8%。投资资金的潜在不足可能会限制俄罗斯挑战全球人工智能领导力的能力，但俄罗斯的投资可能仍足以支持那些与国家安全密切相关的应用。尽管缺乏投资资金，俄罗斯也可能在围绕人工智能生态系统的许多组织和非技术问题上取得进展。

（二）中国

在中国，商业公司、大学研究实验室、军队和中央政府通常会密切合作。因此，中国政府可以非常直接地指导人工智能的发展。很多时候，中国会优先进行技术的投入使用，而后才发现其中隐私保护的问题。这一点在医疗保健系统、自动驾驶汽车、交通管理和支付认证的面部识别方面是显而易见的。在国防工业中应用 AI 时，中国专注于网络安全、社会治理(面部识别和监视)、巡航导弹和无人系统。然而，国防和民用应用之间的界限非常模糊。

中国的目标是到 2030 年成为人工智能的世界领导者，并培育一个价值约 1500 亿美元的国内人工智能产业，虽然中国政府并没有承诺直接投资 1500 亿美元，并且鉴于中国的经济结构，很难明确划分政府资金和公司投资，但可以表明的是，其核心市场价值可以达到 1500 亿美元。

中国对 AI 人才的需求绝不仅仅局限于“熟练的研究人员”，并且从事 AI 的程序员和专门研究人员数量都十分短缺。因此，国防科技大学增设了智能科学研究所，清华大学将民用和军用研发联合在一个专门从事军事情报的先进实验室，李开复在北京大学开启 AI/机器学习计划等。除此之外，许多美国大学在上海等地区的影响力越来越大，由于政府的政策支持，许多外国大学都搬到了中国，带来了更多的教育机会。

中国还于 2017 年 7 月 20 日发布了人工智能发展计划，其中包含中国向

AI 投资 1500 亿美元的计划。中国的战略目标和时间表如下（转换为美元）：

（1）2020 年：人工智能的整体技术和应用将与全球先进水平保持同步；培养世界领先的人工智能骨干企业；由于相关行业的规模，人工智能的核心产业规模将超过 1500 亿人民币（约 217 亿美元），超过 1 万亿人民币（约 1500 亿美元）。

（2）2025 年：人工智能基础理论取得重大突破，使一些技术和应用达到世界领先水平，人工智能成为中国产业升级和经济转型的主要推动力；人工智能核心产业规模将超过 4000 亿人民币（约合 580 亿美元），相关产业规模将超过 5 万亿人民币（约合 7260 亿美元）。

（3）2030 年：中国将成为世界首要的人工智能创新中心，在智能经济和智能社会应用方面取得明显成效，为成为创新型国家和经济强国奠定重要基础；人工智能核心产业规模将超过 1 万亿人民币（约 1500 亿美元），相关产业规模超过 10 万亿人民币（约 1.5 万亿美元）。中国公司是人工智能开发的重要参与者。百度、阿里巴巴和腾讯统称为 BAT，是中国积极投资国内外的大型科技企业。

此外，政府宣布第一波开放式人工智能平台将依靠百度用于自动驾驶汽车，阿里巴巴用于支持智能城市的云服务，以及腾讯用于医疗保健。DIU 于 2018 年 1 月的一项研究显示，自 2010 年以来，中国对美国人工智能公司的投资增加，从 2010 年的 150 万美元增加到 2016 年的 3.536 亿美元。此外，中国科技公司在争夺第三市场国家的市场份额时正在采用不同的策略。中国企业集团正在购买当地企业的股份，并将其进行系统整合。

（三）法国

法国承诺 5 年内提供超过 18.5 亿美元资金，以推动该国在人工智能的研究。马克龙总统在 2018 年初宣布了一项新的国家战略，以赶上人工智能的世界领导者，即中国和美国，并使法国成为自己的领导者。

这笔资金将有助于执行新战略，特别是在医疗保健和自动驾驶汽车领域。法国认识到要达到其 AI 战略目标，关键在于吸引外国人才，并让法国研究人员“走出去”。同时，部分法国公司也令人瞩目，如大数据公司 Saagie，该公司已经使用 AI 为金融和保险行业的公司提供了一个大数据分析平台。

（四）德国

在 AI 发展上，德国政府主张与其他国家进行密切合作。例如，德国希望将数据中心与法国联系起来，并建立双边研究计划。通过公司层面的合作或投资，私营部门也在进行合作。在美国之后，德国成为中国公司投资于汽车和机器人等先进技术领域的第二大投资目的地。德国汽车供应商 Continental AG 与中国百度合作，共同开发自动驾驶汽车技术。中国电气设备制造商美的于 2016 年收购了德国机器人制造商 KUKA。

（五）英国

英国已同意与法国在包括人工智能在内的若干研究领域进行合作。旨在共同努力提高人工智能能力，以改善数字服务并培养未来在该领域工作的人才。英国公司也一直在研究人工智能及其在私营部门的应用。例如，Streetbees 和 Peak 等公司通过利用人工智能解决方案来满足消费者智能和业务分析的私人需求，取得了成功。

（六）以色列

以色列正与日本、美国等国家的军用无人机进行合作。鉴于日本将重点放在使用无人系统进行安全保障，日本和以色列已宣布联合研究无人监视系统。美国和以色列在军用无人机方面的合作具有新的重要性，因为美国在其“国家防务授权法”中有一节涉及两国之间为打击无人机系统而进行的合作。以色列还独立开发了用于军事用途的无人机，如以色列航空航天工业公司（IAI）制造的 Harop 游荡弹药和以色列国防军为在加沙边境巡逻而部署的全自动 UGV。这些无人系统有助于实现无人团队的建立或开发后续其他无人应用。

（七）沙特阿拉伯

沙特阿拉伯对人工智能的潜力抱有雄心壮志，在 2030 年愿景中计划建设一座城市——NEOM，它将是一座未来主义的人工智能城市，计划投资 5000 亿美元以实现该项目。同时，沙特阿拉伯也表示有兴趣将 AI 用于军事目的，特别是在 UGV、自治和机器人领域。2016 年，沙特阿拉伯同意购买由成都飞机工业集团制造的“翼龙”无人机（Wing Loong）。沙特阿拉伯甚至已经授予汉森机器人公司的“索菲亚”公民身份，这是各国寻求定义人工智能和机器人技术规范和标准的第一个国家。

（八）爱沙尼亚

爱沙尼亚一直站在数字政府的最前沿，以便在制定规范、应对威胁和保护数据方面提高其效率并响应社会需求。从运输到信息安全，继续改进和扩展其电子服务的能力，现在正在寻找将人工智能纳入其改善电子政务举措的方法。爱沙尼亚的私营部门也对人工智能的军事用途做出了重大贡献。位于 Esto－nia 塔林的 Milrem Robotics 公司已经建造了世界上第一台完全模块化的混合无人驾驶地面车辆（UGV），即履带式混合模块化步兵系统（THeMIS）。

（九）日本

日本通过在 AI 和机器人领域进行更密切的双边合作来提高其防御能力。2018 年，印度政府宣布将寻求与日本政府在人工智能和机器人技术方面进行更密切的双边合作，以共同开发无人驾驶地面车辆（UGV）。2016 年，日本还表示有兴趣与以色列进行联合无人机研究。日本对人工智能的投资主要由私营部门负责。2018 年，日本预算为人工智能分配了 7.2 亿美元，而日本的私营部门预计将贡献约54亿美元。

（十）阿拉伯联合酋长国

阿拉伯联合酋长国于2017年发布了第一个国家人工智能战略。到2025年阿联酋人工智能市场预计将达到500亿美元，到时人工智能将成为他们的“新石油”。阿拉伯联合酋长国航空的目标是使海湾国家成为该地区和世界人工智能投资的领导者。该战略旨在通过纳入人工智能解决方案来改善多个行业，包括交通、医疗保健、空间、能源、教育和技术。阿联酋正在成为投资无人系统的枢纽，也有多个国家表达了对无人驾驶地面车辆的热情，包括上面提到的爱沙尼亚THe－MIS系统。

（十一）韩国

韩国长期以来一直是世界技术领先者。2018年，韩国宣布计划在5年内投入20亿美元用于国防、生命科学和公共安全领域应用人工智能解决方案。该计划还包括呼吁在未来5年内培训5000名AI专家。韩国高等科学技术研究院（KAIST）因人工智能和国防计划对“杀手机器人”的担忧而面临国际强烈反对。但是，私营部门的发展仍在继续。总部位于韩国的XBRAIN因其基于云的机器学习助手而获得认可，该助手可帮助开发人员和科学家构建和部署机器学习模型。

（十二）印度

印度在2018年为其“数字印度”计划拨款4.77亿美元，这是政府“推动人工智能，机器学习，3D打印和其他技术”的重要举措。该计划不仅限于治理和服务，还延伸到军事部门。2010年，印度军方提出50%军事行动都要使用智能系统的目标；2013年，印度防卫研究与发展组织（印度相当于DARPA）也在开发高水平的机器人智力。

（十三）澳大利亚

澳大利亚政府积极发展人工智能和机器学习能力，以改善该国若干部门的业务创新，包括农业、医疗保健、能源、采矿和网络安全。为此，在2018—2019年度提出了4年2990万美元的预算。私营部门方面，悉尼Hyper Anna公司在为金融服务提供AI解决方案，以完善供应链的管理，或是开发其他应用。

（十四）巴基斯坦

巴基斯坦计划在3年内投入330万美元用于人工智能。该项目将由Paki－stani高等教育委员会进行并选定6所大学主办。与其他国家使用人工智能相比，巴基斯坦政府希望解决其财政赤字问题，以提高工业部门、战争和监视能力。

（十五）国际组织

隐私标准和遵守战争法是国际人道主义关于道德规范讨论的核心。

联合国拥有自己的人工智能和机器人项目，由联合国区域间犯罪和司法研究所（UNICRI）于2015年成立。2016年，联合国宣布成立人工智能和机器人中心。新办公室的目标是监控人工智能和机器人技术的发展，以增加对这些技术的风险和收益的理解，并允许成员国更好地协调和分享有关该主题的信息。

欧盟（EU）于2018年4月推出了一项新计划，呼吁成员国将重点放在研究和工业等欧洲优势上，以提高AI能力。加拿大也起草了负责任的人工智能的想法。《蒙特利尔责任人工智能宣言》的最终版本已于2018年底发布，旨在汇集利益相关者，讨论有关人工智能的道德和社会责任发展的前进方向。

北约和五眼信息共享协议等国防和安全联盟提供了可支持AI应用的数据共享和共性环境。美国有一个独特的地位，即能够通过建立人工智能技术的伙伴关系和联盟来利用其技术领先地位，并通过首先使用共同数据和共同平台确定合作伙伴的优先顺序来制定指导应用的规范和政策。为了最大限度地发挥人工智能对美国国家安全的利益，美国应该在道德和规范的谈话中起带头作用，因为致命自主武器和人工智能已经是 AI 发展的重要议题。

五、不同发展策略的内涵

投资于人工智能的国家的多样性以及他们所追求的许多重点和专业领域表明，虽然对人工智能的兴趣相对一致，但对于人工智能所产生的优势的理解却存在很大差异。

价值观的差异（如生命和隐私的价值）可能会导致各国不同的进步，也不会以同样的方式限制其发展和实施人工智能。在某些方面，对安全、隐私和可靠性问题的关注较少会使得 AI 以非常快的速度推进，从而在速度上占有优势。但相应地，这些国家可能会从这些决策中产生长期成本，从而使全球商业市场竞争变得更加困难。

道德和价值观通常反映在技术发展的法律中，但是当涉及 AI 时则恰恰相反。在美国，人工智能技术应用的发展速度，已经超过了标准、立法和监管程序的建立速度。在中国，也已经成功地大规模部署了面部识别技术，但其生物识别数据的隐私成本则来自其公民。以中国的 CloudWalk Technology 为例（一个位于广州的初创企业），已在津巴布韦部署了大规模的面部识别计划。

如何有效控制和监督 AI 的发展？政府如何使用人工智能来巩固和集中社会控制？这将决定一项技术长期的优势或劣势。

随着人工智能越来越普及，必须考虑隐私和偏见因素，才能获得强大的技术能力，这也是在建立人工智能隐私和安全的国际规范过程中众多国家和组织共同的努力方向。

六、在人工智能中创造优势

世界各国其他国家将如何在人工智能中创造比较优势？鉴于人工智能的民主化以及开源代码和算法的可用性，初始 AI 实现的主要障碍来自构建强大的 AI 生态系统。比较优势不仅可以获得数据，还可以获得 AI 生态系统的其他元素，包括数字能力和有能力的 AI 工作人员。

各个国家的 AI 生态系统将以不同的优势和劣势开始。例如，中国人口规模大，数据集中能力强，其相对优势在于能够获得大量数据。AI 也可能扰乱行动并改变战术层面的优势，如生物识别跟踪、广泛监控或英国无处不在的面部识别技术，导致俄罗斯特工在 Skripal 中毒案件中被定罪。另外，处理能力最大化的速度也可以产生很大的优势。然而，这些比较优势可能会因人工智能生态系统中的其他弱点而受到破坏。因此，持久的优势足可以全面加强整个人工智能生态系统的能力。

在许多方面，硅谷是成功的 AI 生态系统的最好原型。在这里，公司可以随时获得技术熟练的劳动力、投资资本、大量数据、强大的网络、廉价的计算能力以及经验丰富的技术管理人员。硅谷说明了一个强大的人工智能生态系统如何通过资金、人才和贸易条件的组合在一个地理位置创造持久的优势。虽然想要复制这些因素并不简单，但也并非绝无可能，中国深圳已经在模仿这种模式，并被称为中国的硅谷。

七、先行者的价值

人工智能的第一个台阶就是要建立健全的人工智能生态系统。AI 的先发优势限制了其在军事能力中应用的范围和规模。而要获得先发优势，则取决于几个因素：部署 AI 的部门、部署的规模和广度以及行动的时间表。

尤其在网络安全或防御等领域，人类可能无法迅速做出反应，此时，首先将人工智能应用于这些领域的国家就会有巨大的优势。同样，在电子战领域也是类似的，因为跳频发射的复杂性意味着攻击和防御必须不断地跨越频谱。在网络安全中，人工智能技术可以与僵尸网络（bot nets）一起使用来攻击并打垮防御。

美国和中国的科技巨头都在竞相争夺 AI 的先机，并掀起人工智能的投资风潮。这些科技巨头同时也在收购有前途和具有创新性的小型公司，并由此获得海量客户数据的访问权限。其中大型的公司完全可能在组织内建立一个完整的 AI 生态系统。对于这些公司而言，确保其在人工智能生态系统中具有范围和规模，以便能够在不依赖竞争对手的情况下进行 AI 创新，也为投资和发展提供强大的动力。

八、对美国的影响

美国潜在的竞争对手国家纷纷制定 AI 投资策略。虽然美国在硅谷在人工智能生态系统中具有优势，但如果没有大量的投资和研究，这种优势也将不复存在。另外，美国的合作伙伴和盟友正在进行大量投资，这将非常有利于美国。此外，由于人工智能极有可能使军事和经济产生质的飞跃，因此对于具有技术能力的每个国家来说，都是一个重点领域。

虽然硅谷拥有强大的人工智能生态系统，但是并无法在美国政府内部进行复制，特别是在国家安全和情报机构内。然而只有美国政府拥有强大的人工智能生态系统，国防部才能将 AI 能力迅速转化为军用。此时，速度是关键。

（中国电子科技集团公司电子科学研究院　计宏亮　谭惠文）